MW01630083

GU-RE-N
Ito Noizi Art Collection

紅蓮
（ぐれん）

いとうのいぢ画集

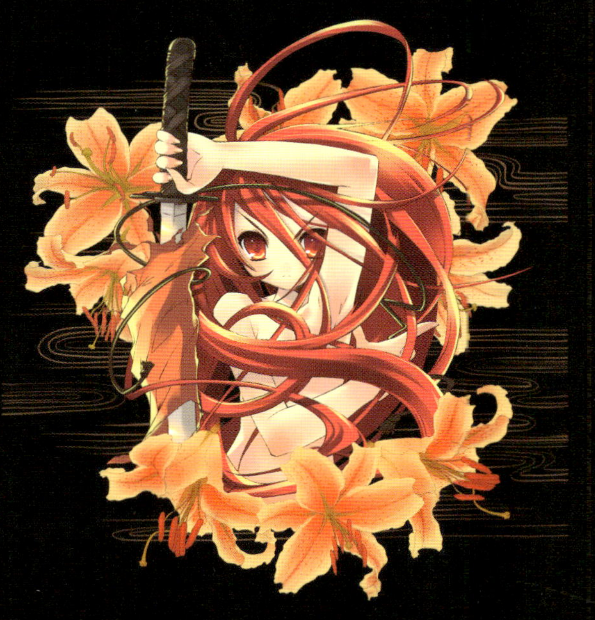

ぐ・れん【紅蓮】——紅色の蓮花。猛火の炎の色にたとえる。（岩波書店「広辞苑 第五版」より）

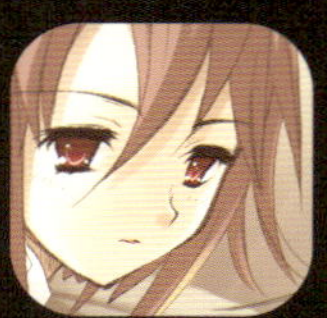
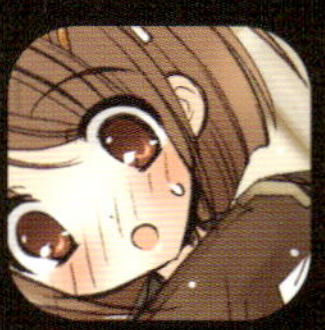
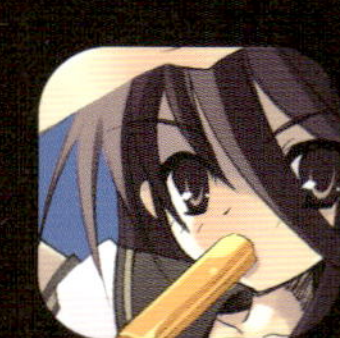

壱

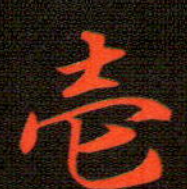
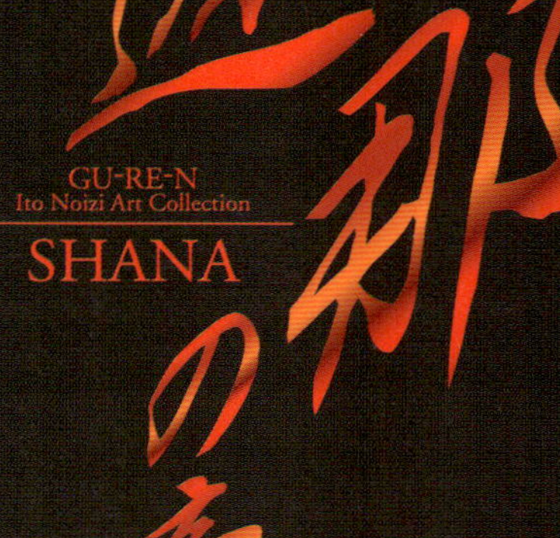

遮那（シャナ）の章

GU-RE-N
Ito Noizi Art Collection
SHANA

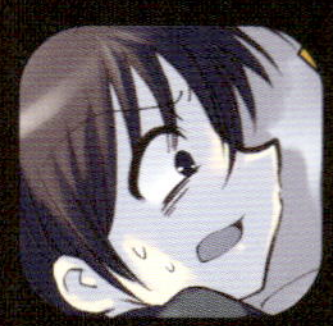
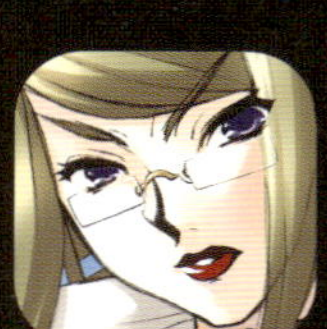

画集描き下ろし／2005年2月

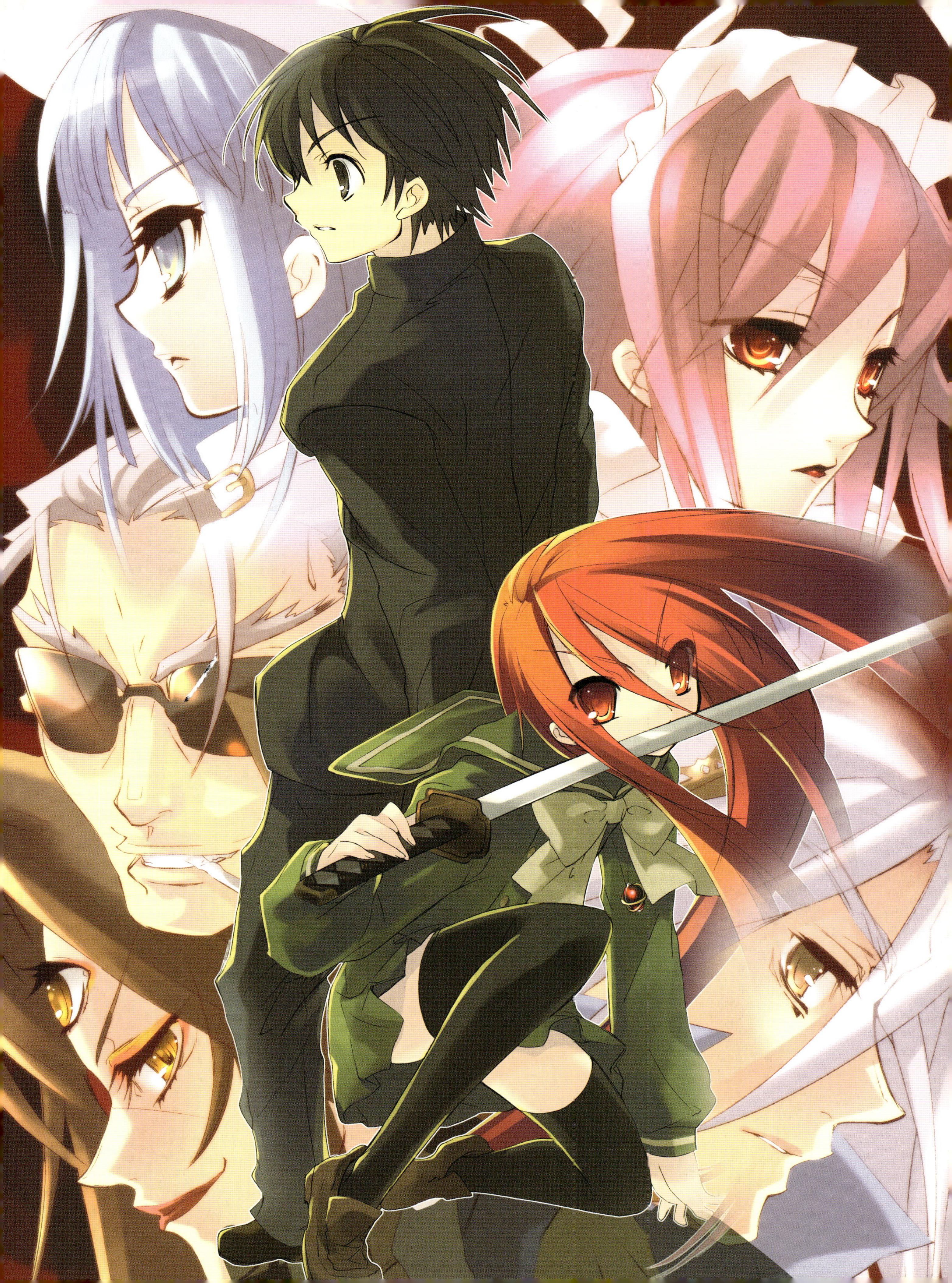

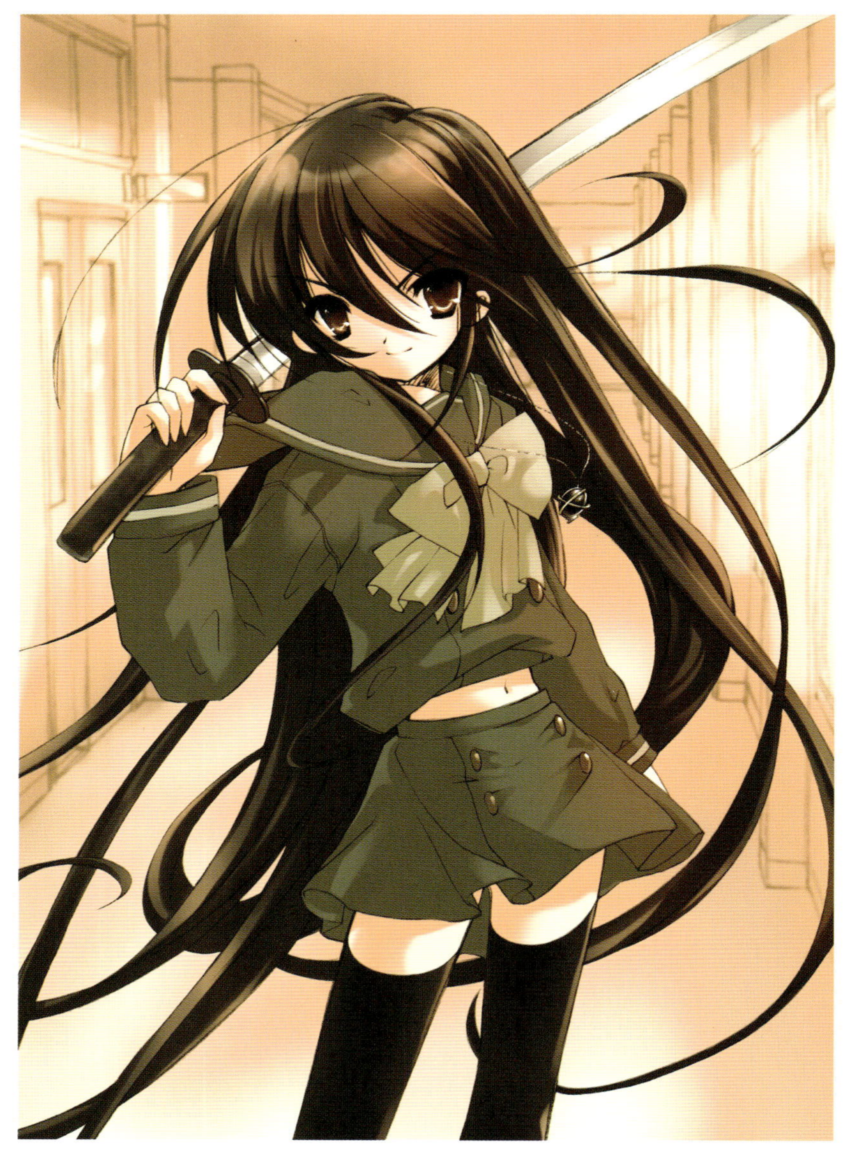

『灼眼のシャナ』（未発表）／2002年11月

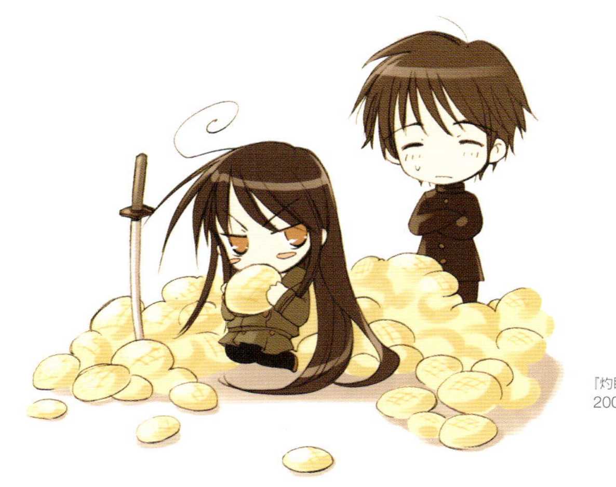

『灼眼のシャナ』口絵
2002年11月

4

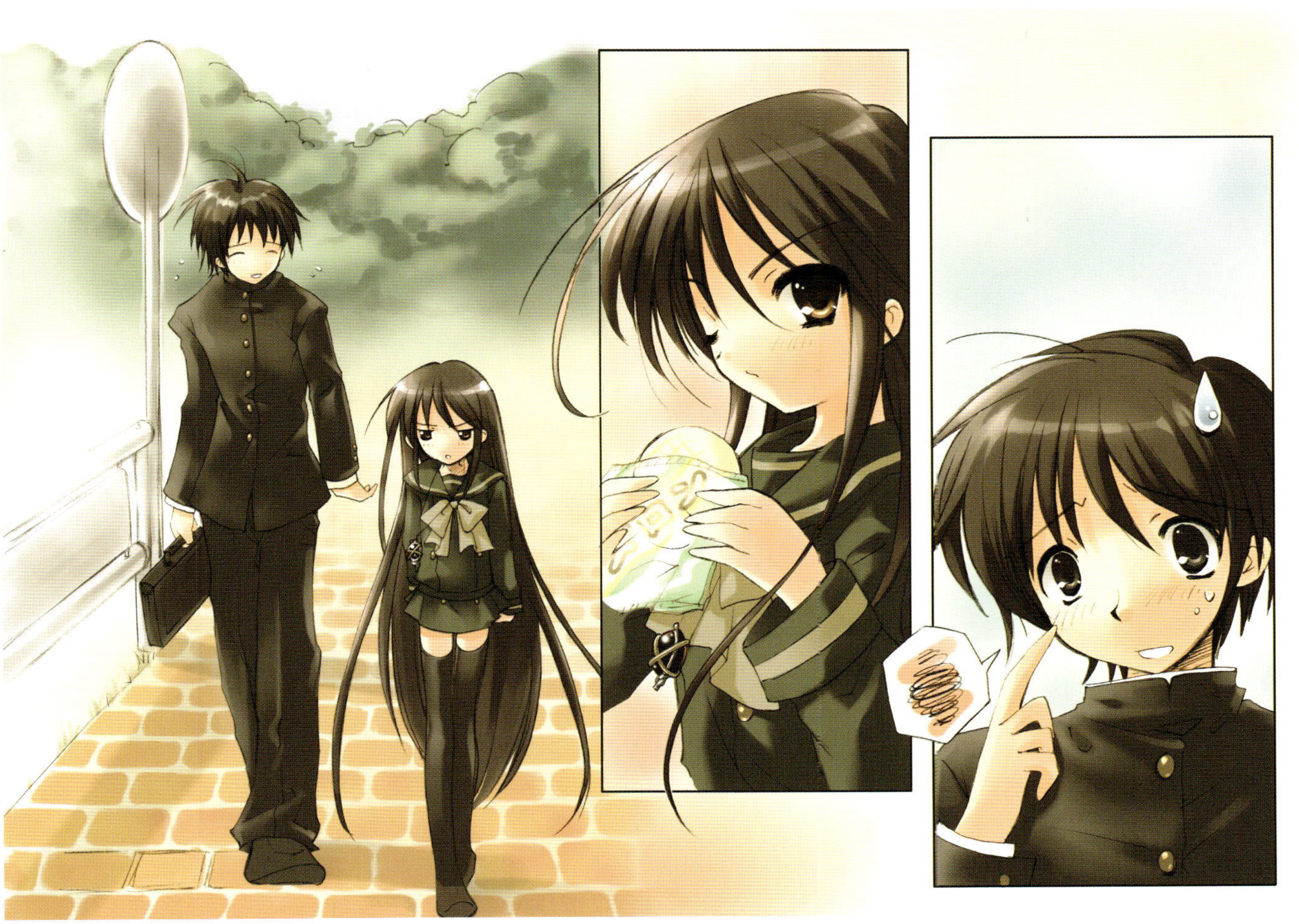

『灼眼のシャナ』口絵／2002年11月

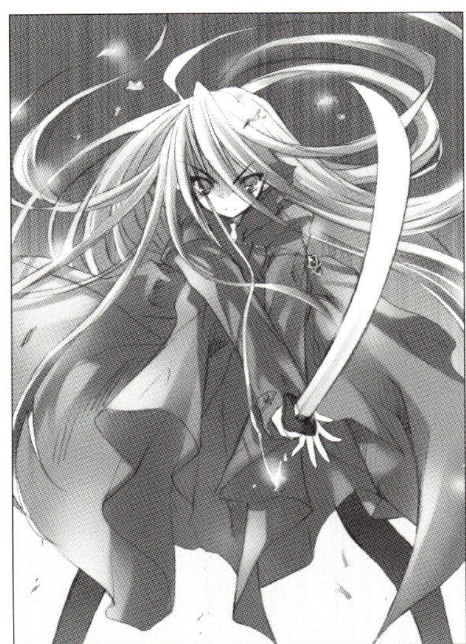

『灼眼のシャナ』本文挿絵／2002年11月

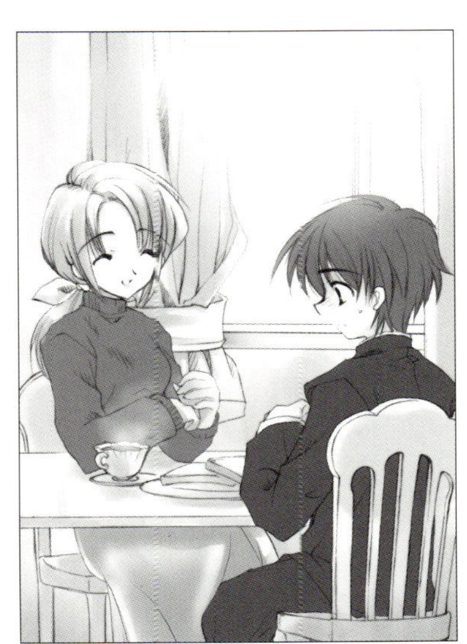

『灼眼のシャナ』本文挿絵／2002年11月

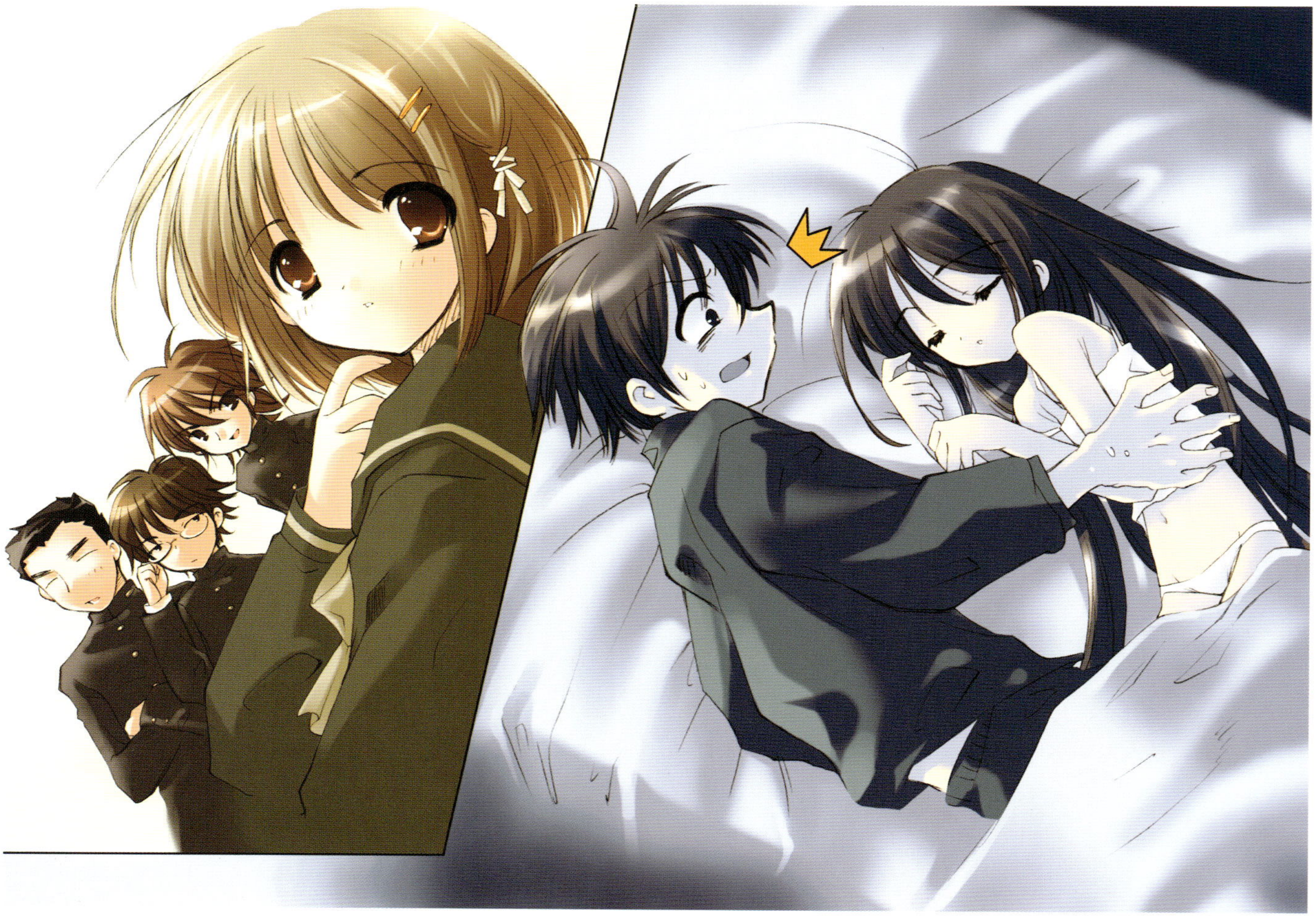

『灼眼のシャナ』口絵／2002年11月

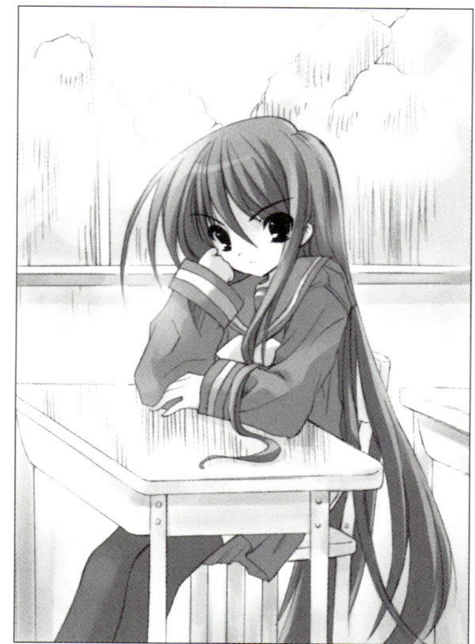

『灼眼のシャナ』本文挿絵／2002年11月

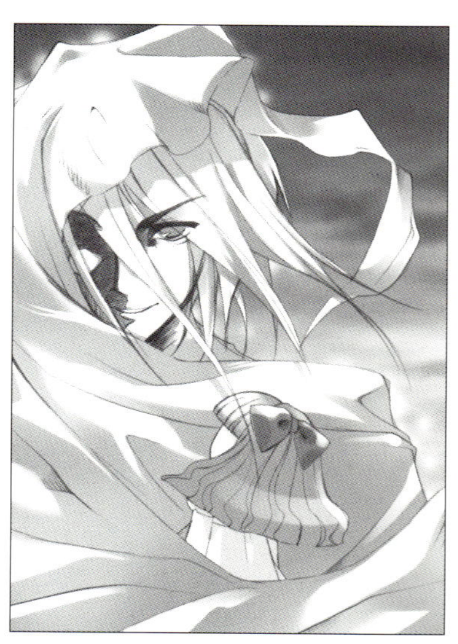

『灼眼のシャナ』本文挿絵／2002年11月

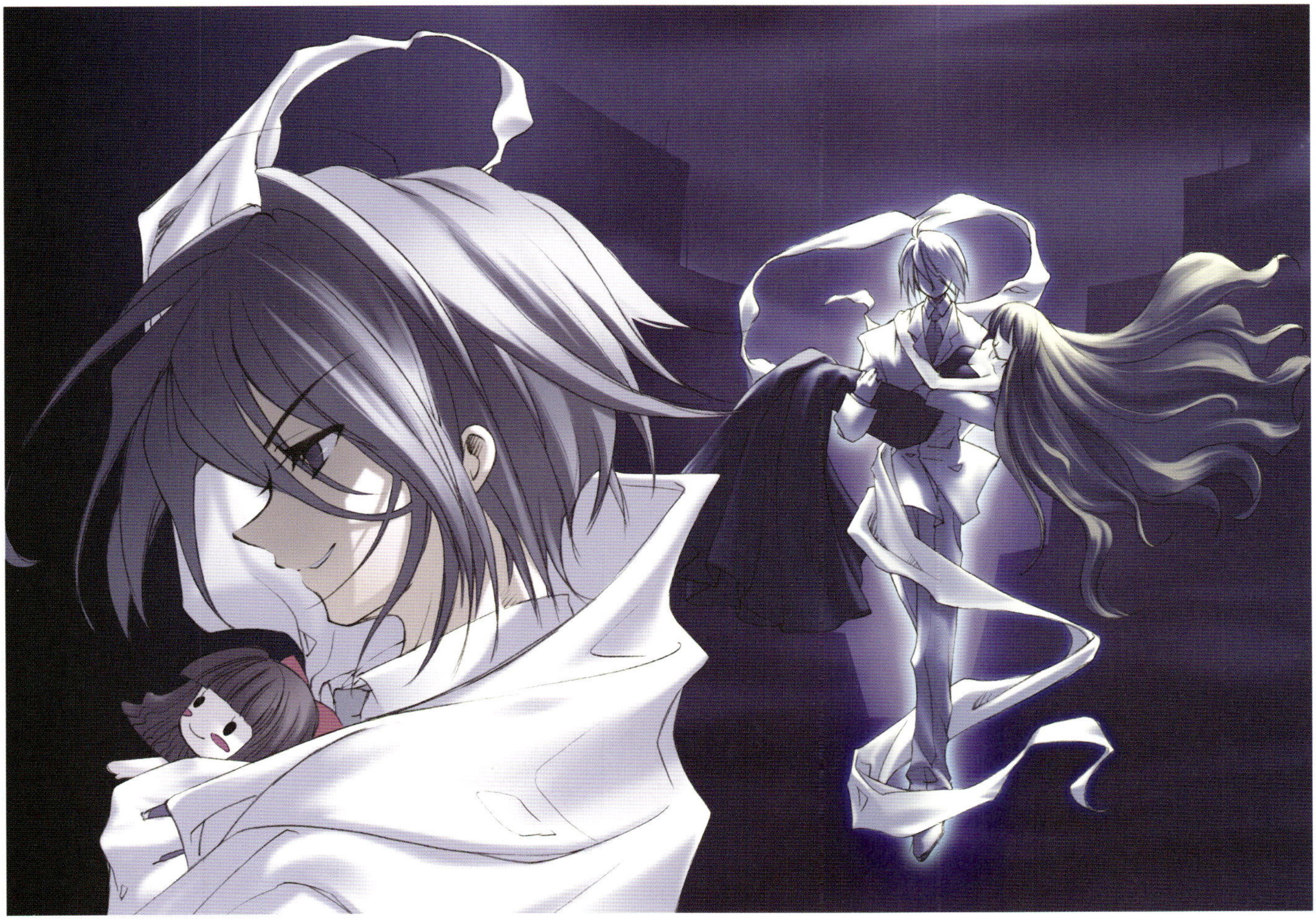

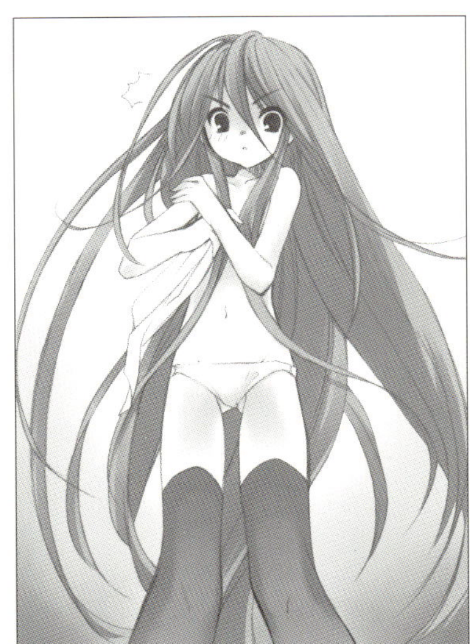

『灼眼のシャナ』本文挿絵／2002年11月

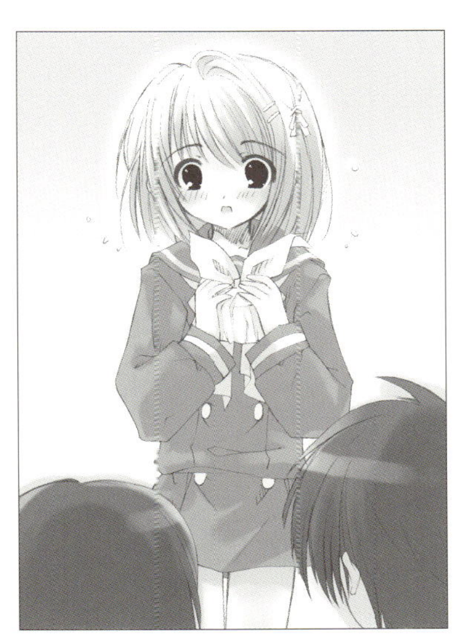

『灼眼のシャナ』本文挿絵／2002年11月

『灼眼のシャナ』口絵／2002年11月

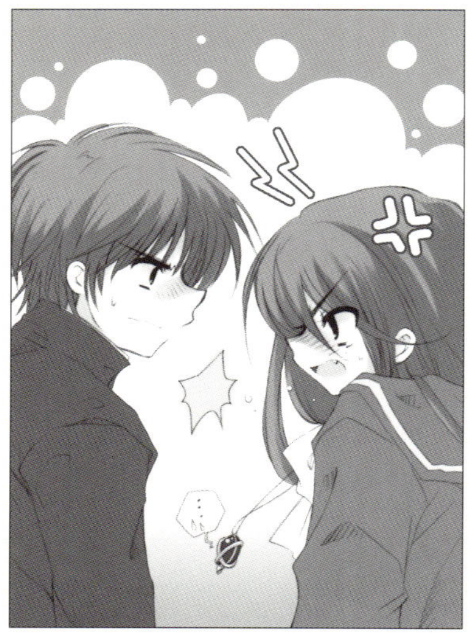

『灼眼のシャナ』本文挿絵／2002年11月

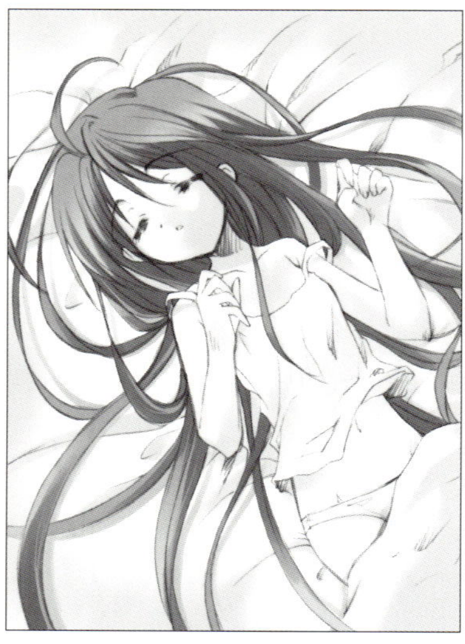

『灼眼のシャナ』本文挿絵／2002年11月

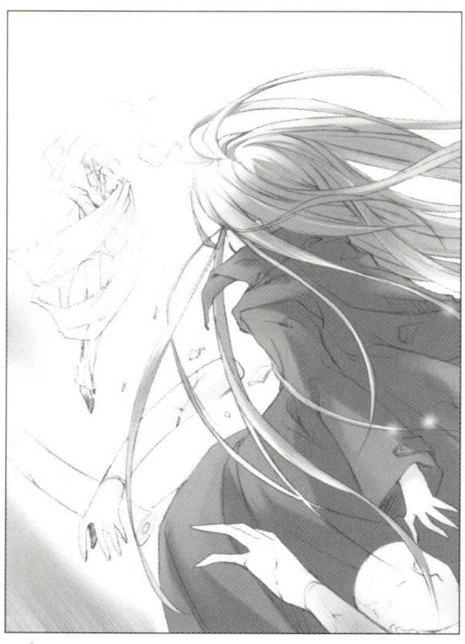

『灼眼のシャナ』本文挿絵／2002年11月

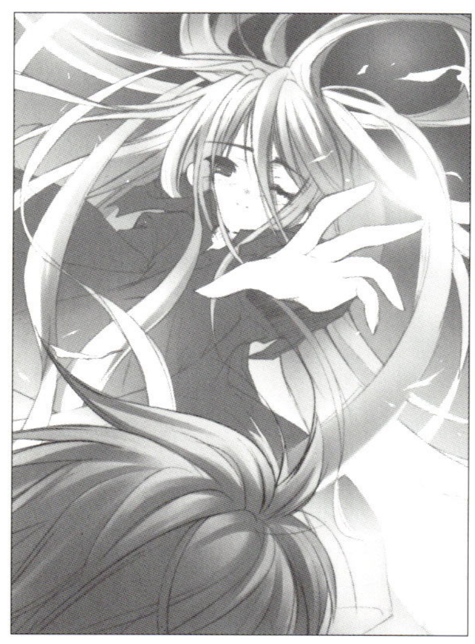

『灼眼のシャナ』本文挿絵／2002年11月

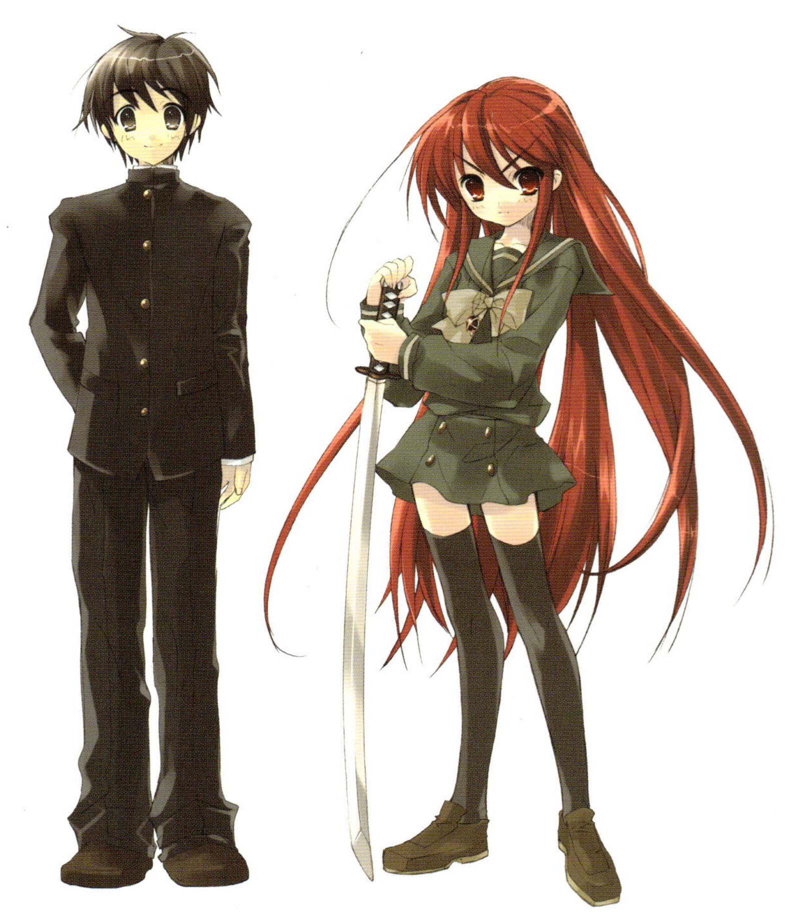

『灼眼のシャナ』Drama Disk　ポスター／2004年6月

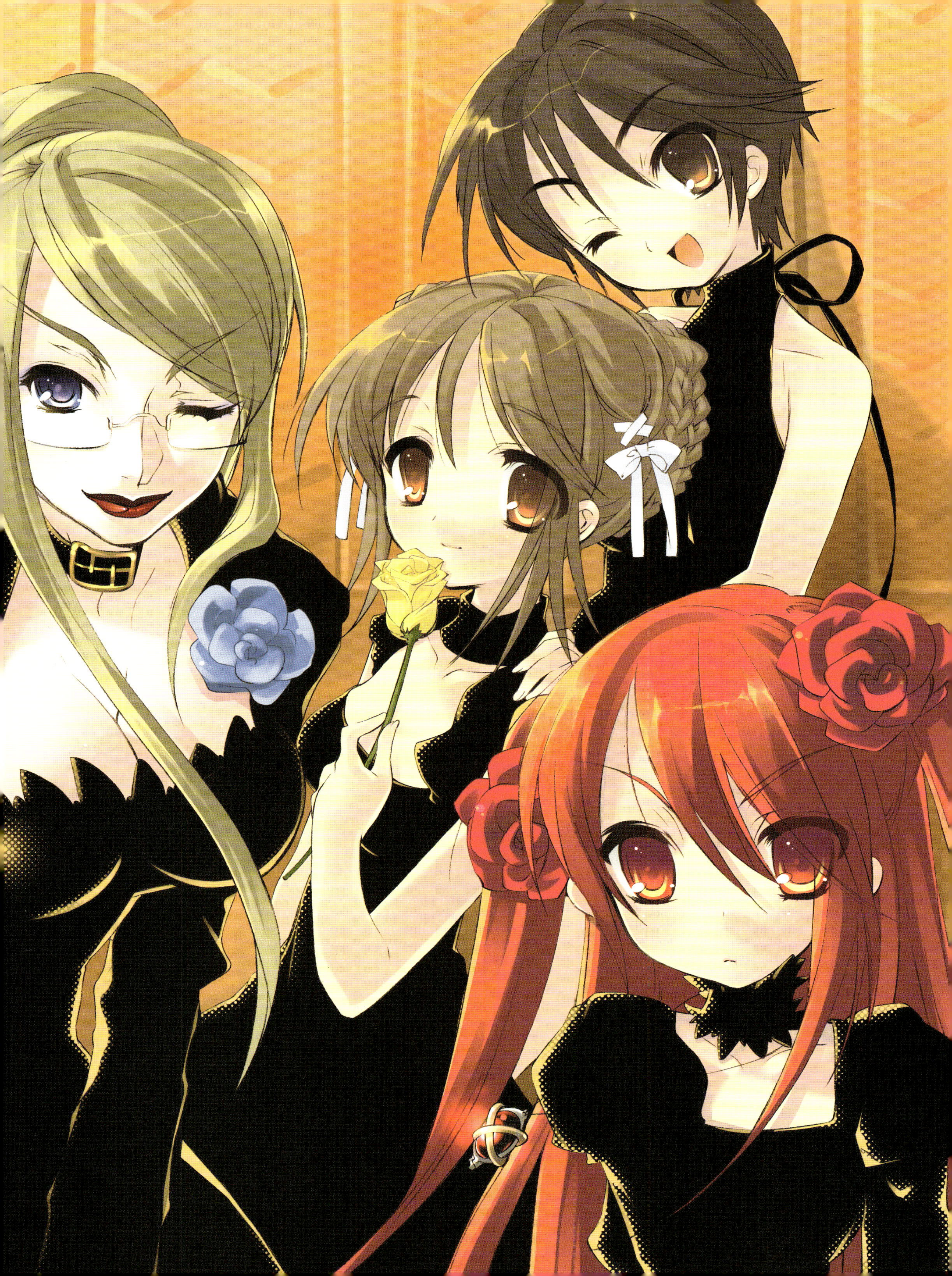

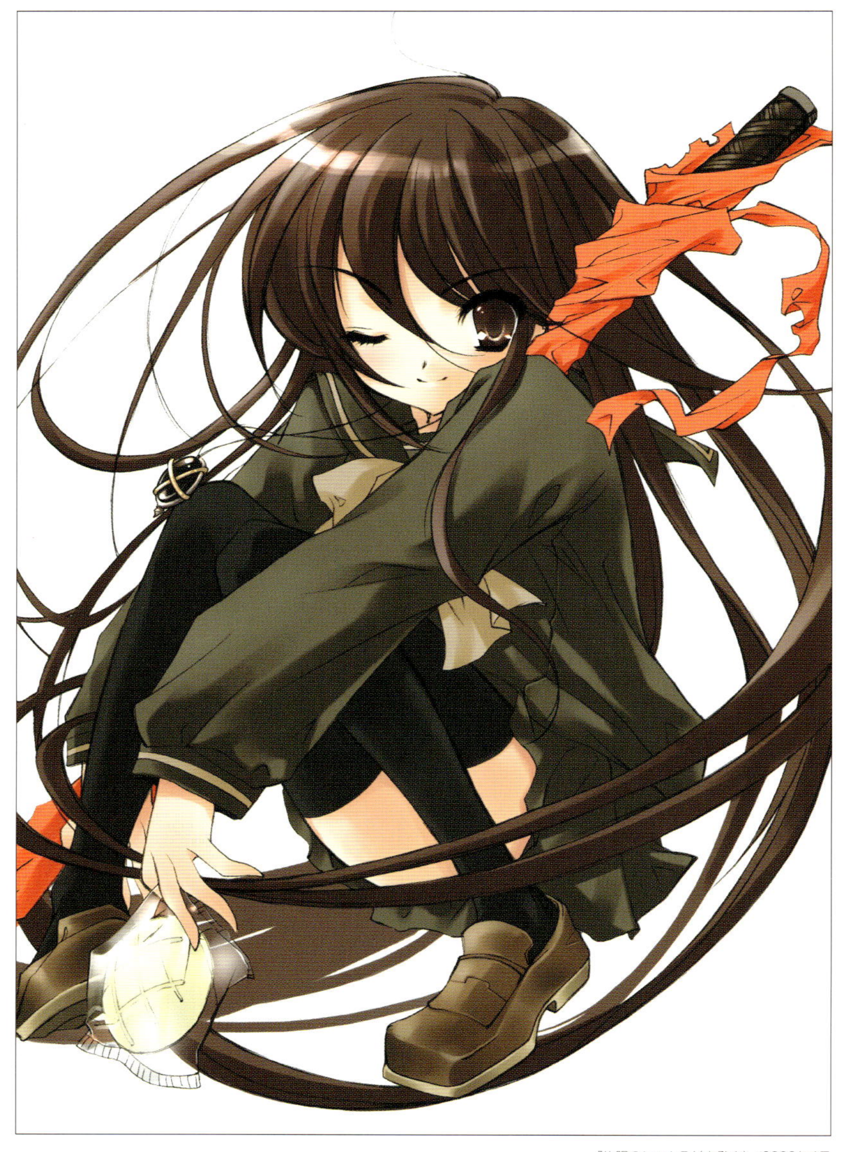

『灼眼のシャナⅡ』(未発表)／2003年4月

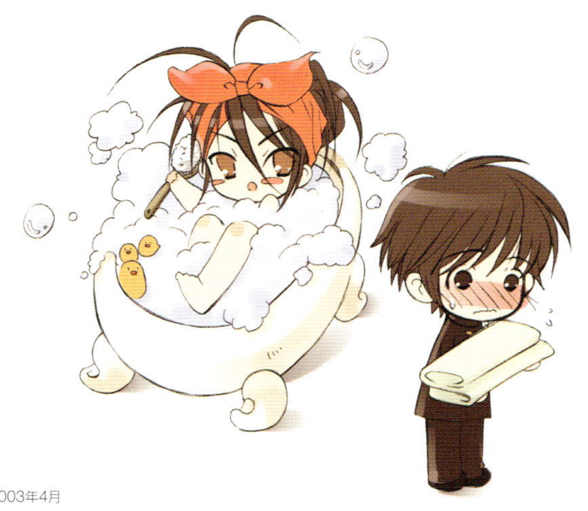

『灼眼のシャナⅡ』口絵／2003年4月

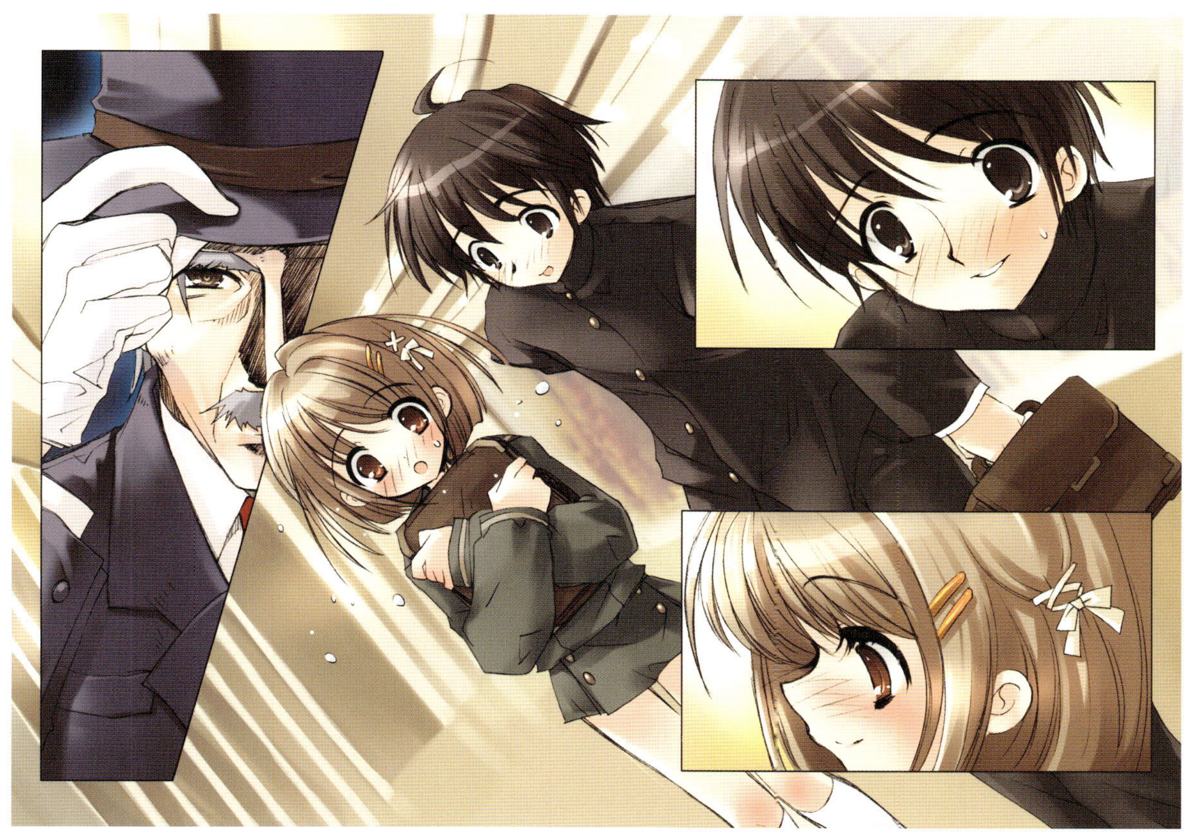

『灼眼のシャナⅡ』口絵／2003年4月

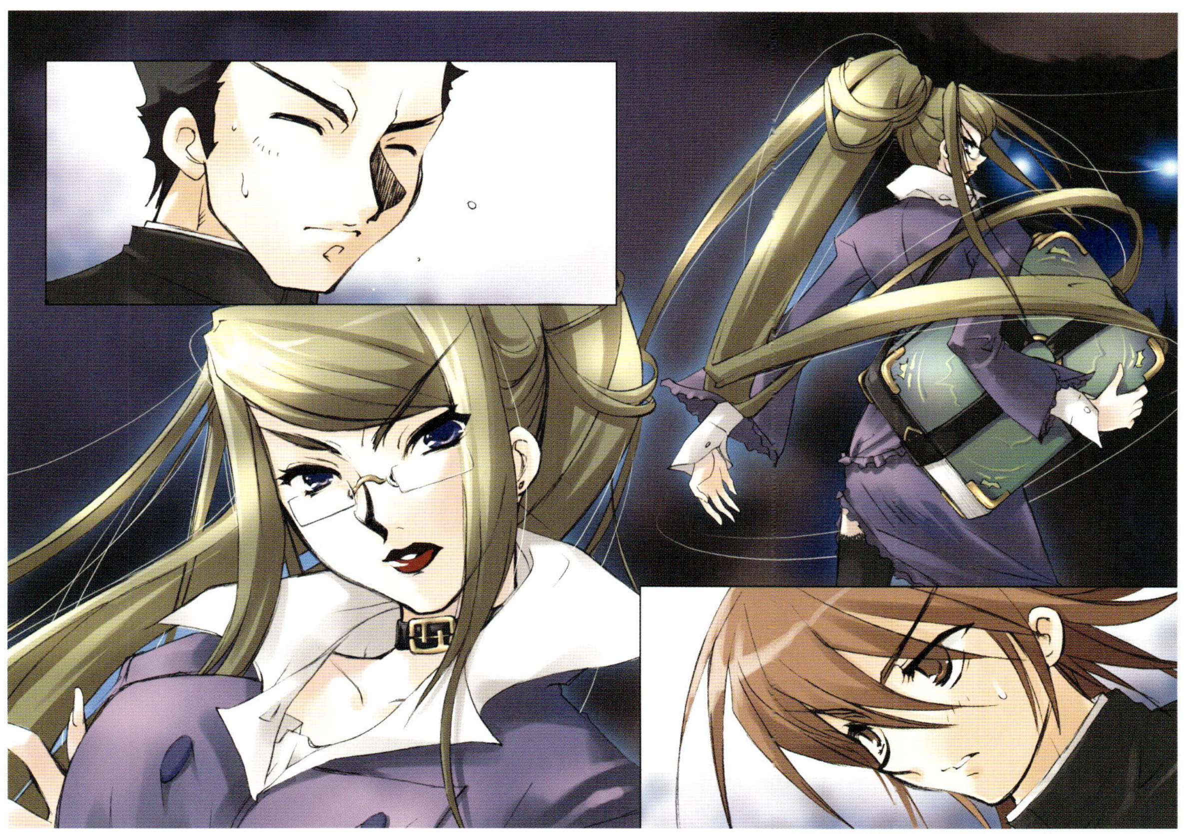

『灼眼のシャナⅡ』口絵／2003年4月

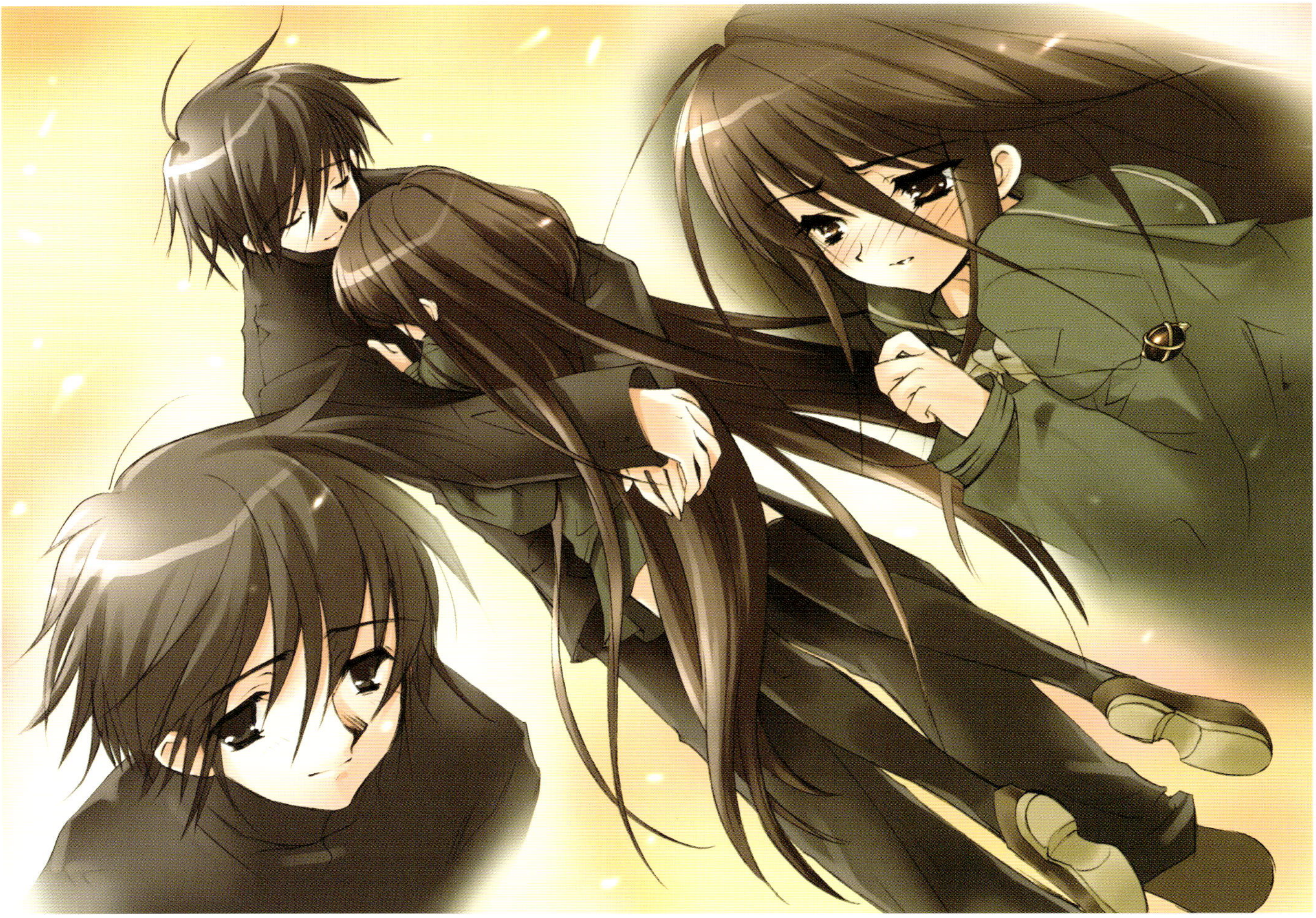

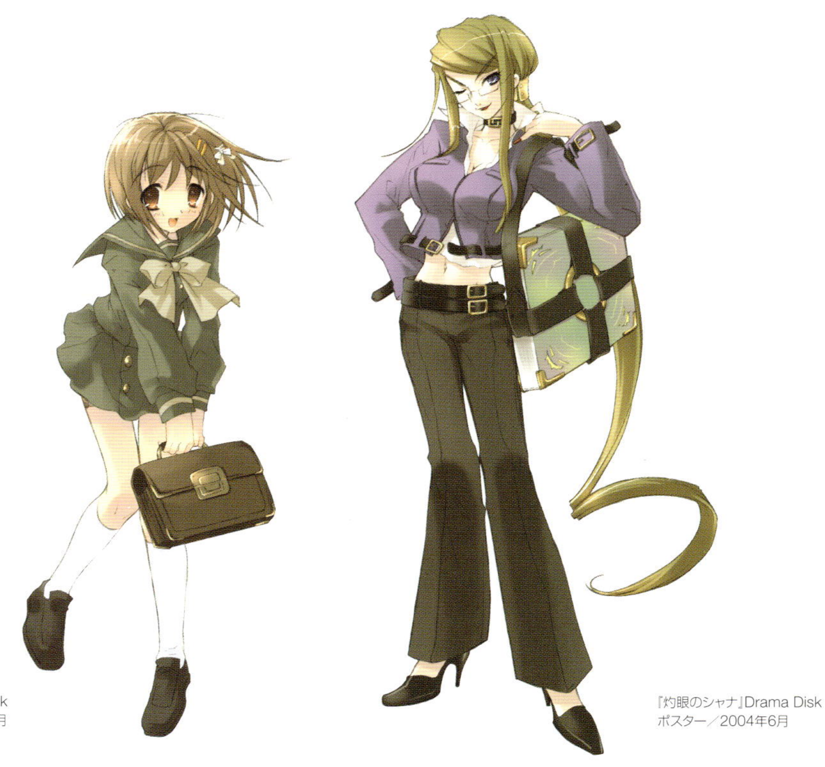

『灼眼のシャナII』口絵／2003年4月

『灼眼のシャナ』Drama Disk
ポスター／2004年6月

『灼眼のシャナ』Drama Disk
ポスター／2004年6月

画集描き下ろし／2005年2月

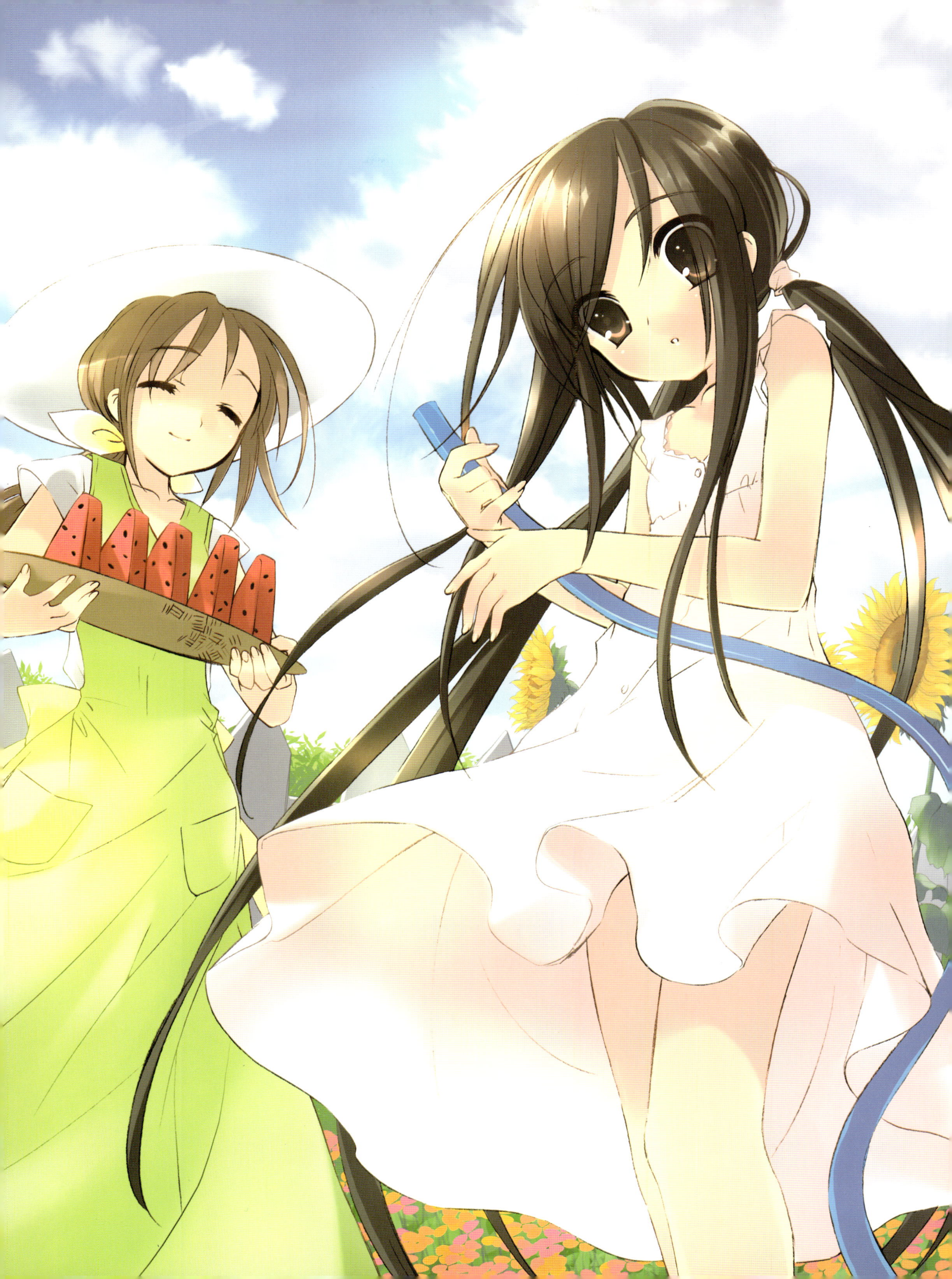

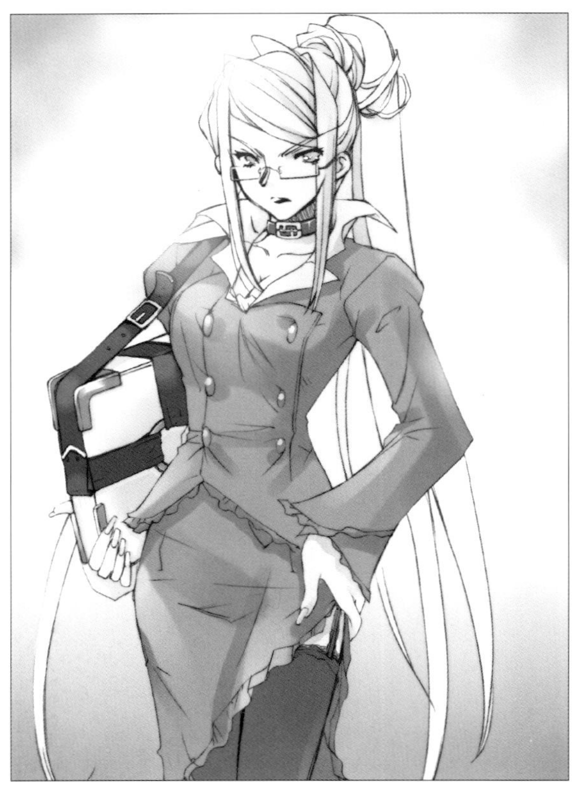

『灼眼のシャナⅡ』本文挿絵／2003年4月

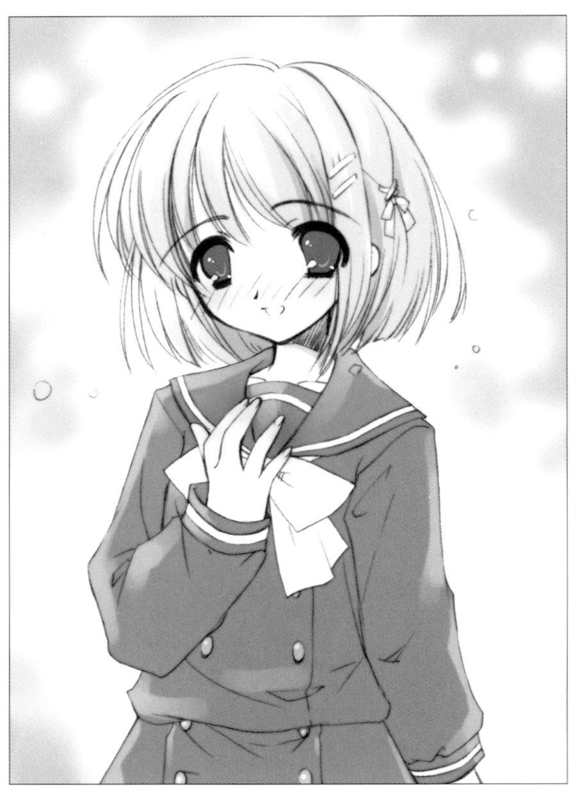

『灼眼のシャナⅡ』本文挿絵／2003年4月

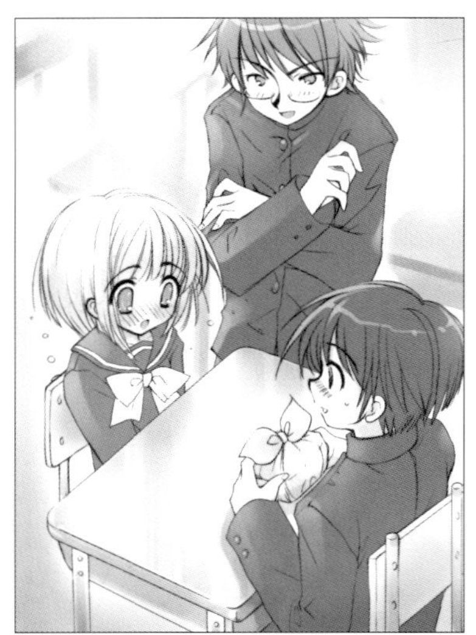

『灼眼のシャナⅡ』本文挿絵／2003年4月

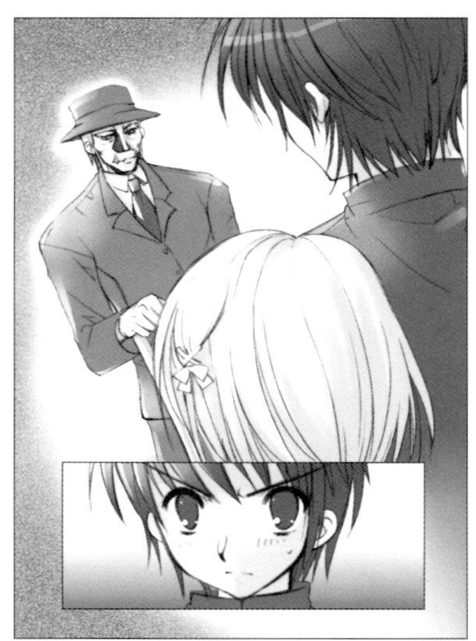

『灼眼のシャナⅡ』本文挿絵／2003年4月

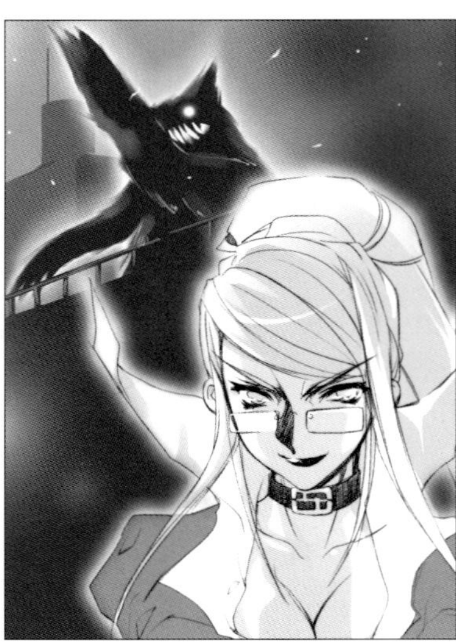

『灼眼のシャナⅡ』本文挿絵／2003年4月

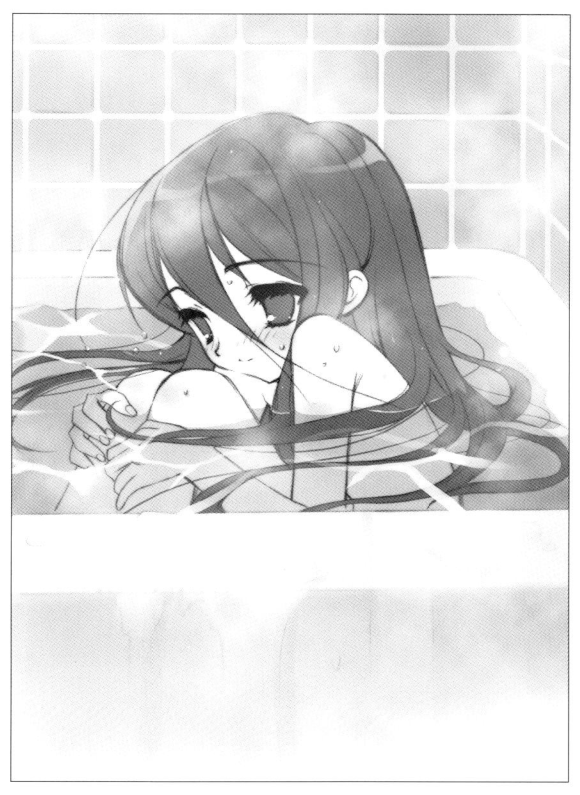
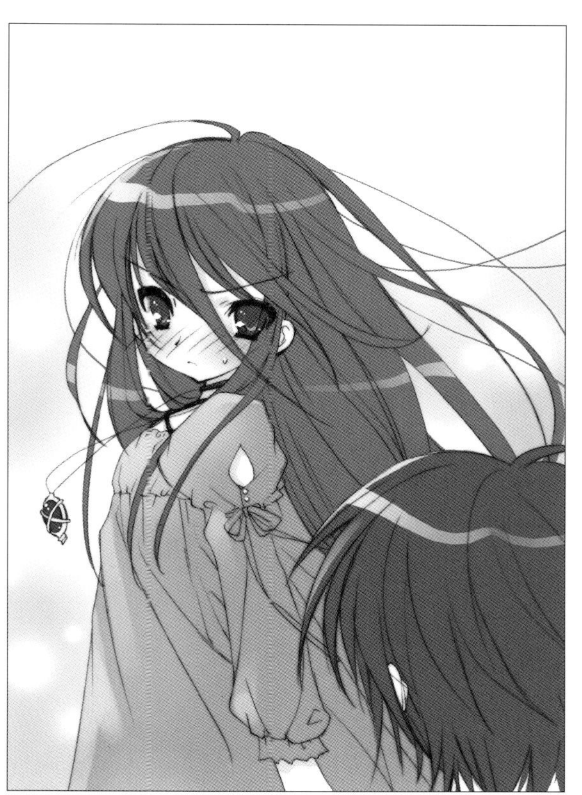

『灼眼のシャナII』本文挿絵／2003年4月　　　　『灼眼のシャナII』本文挿絵／2003年4月

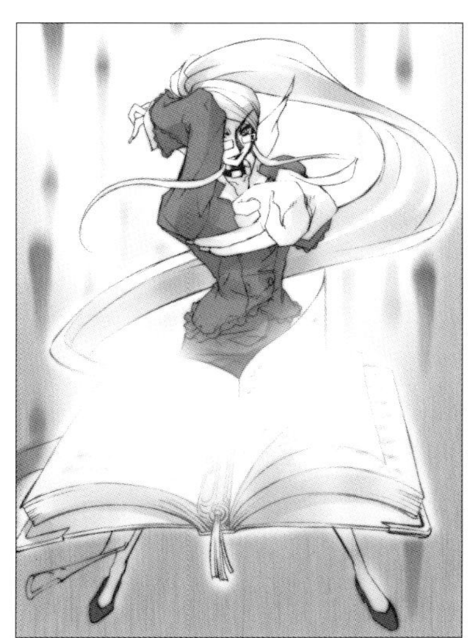
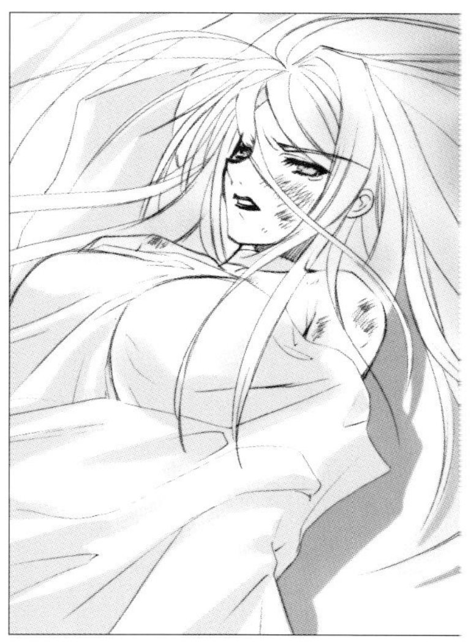
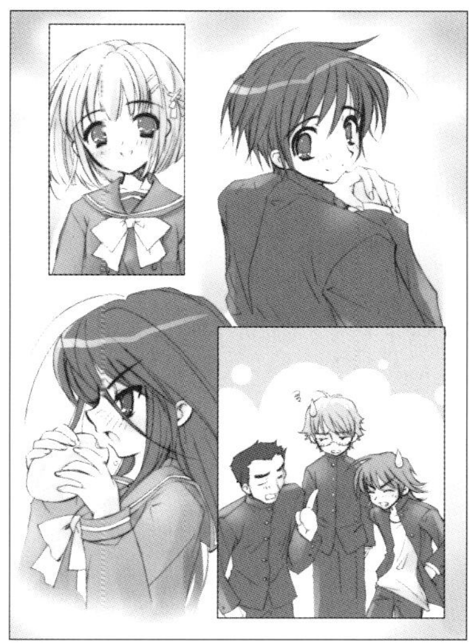

『灼眼のシャナII』本文挿絵／2003年4月　　　『灼眼のシャナII』本文挿絵／2003年4月　　　『灼眼のシャナII』本文挿絵／2003年4月

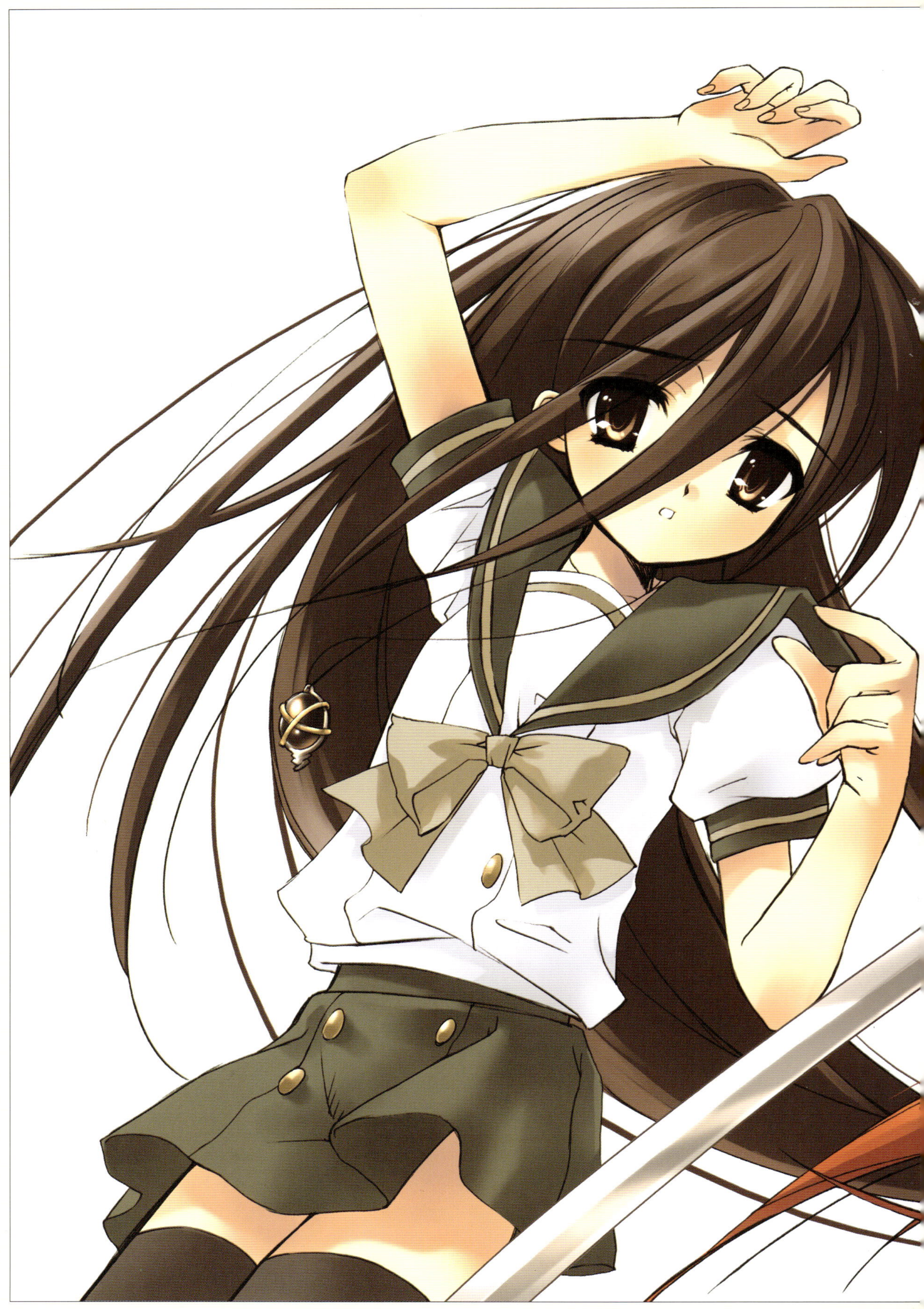

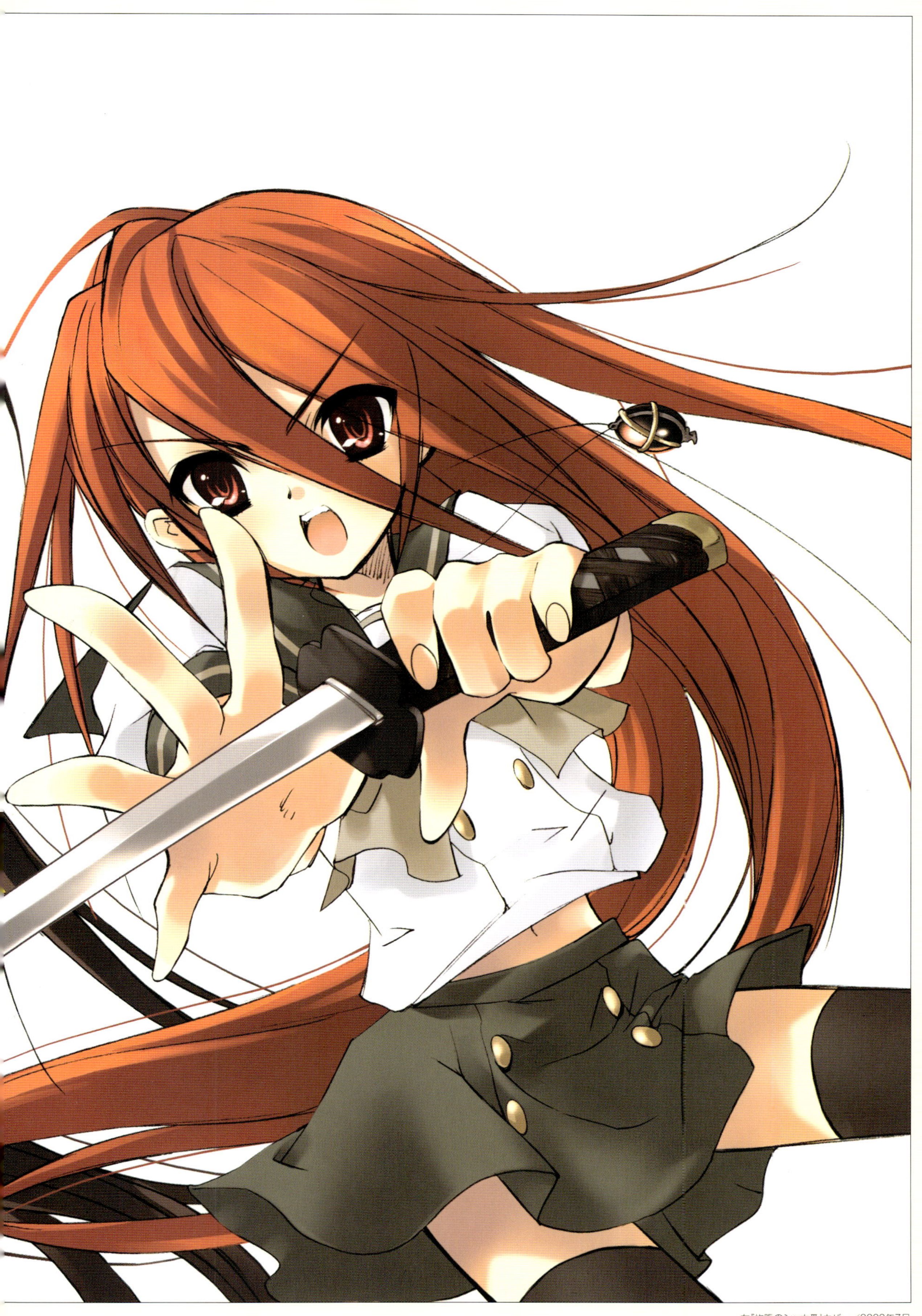

左『灼眼のシャナⅢ』カバー／2003年7月
右『灼眼のシャナⅣ』カバー／2003年8月

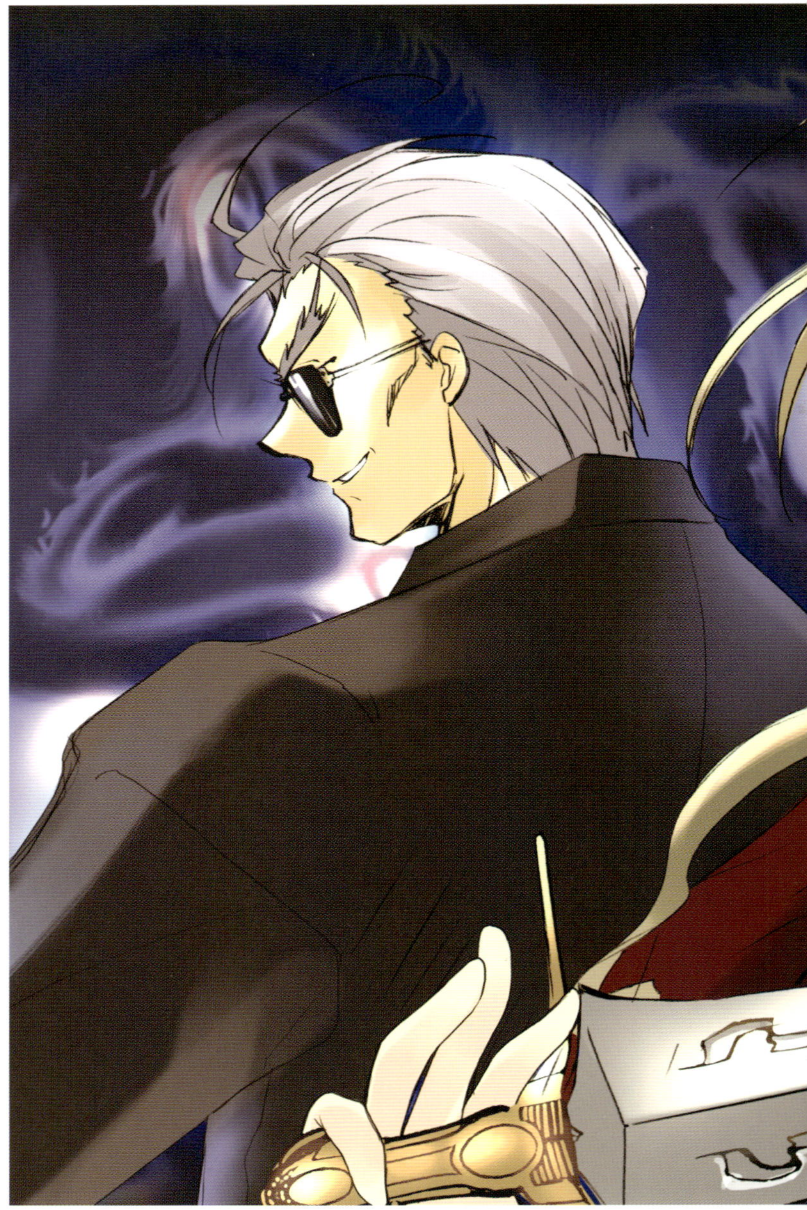
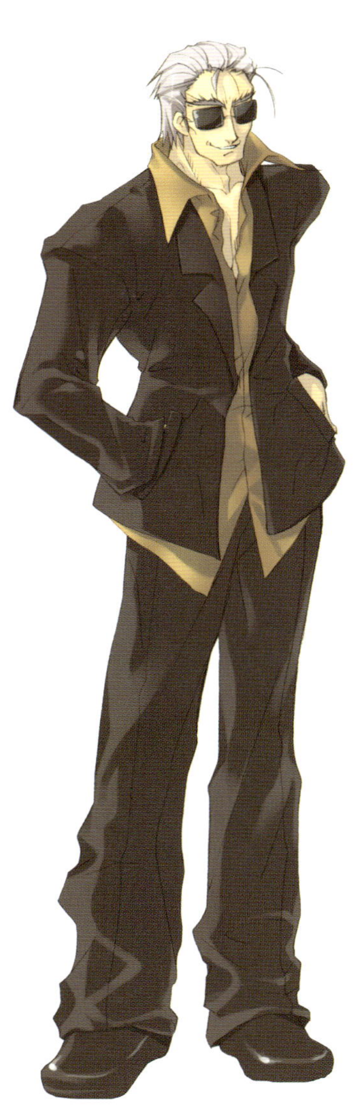

『灼眼のシャナ』Drama Disk　ポスター／2004年6月

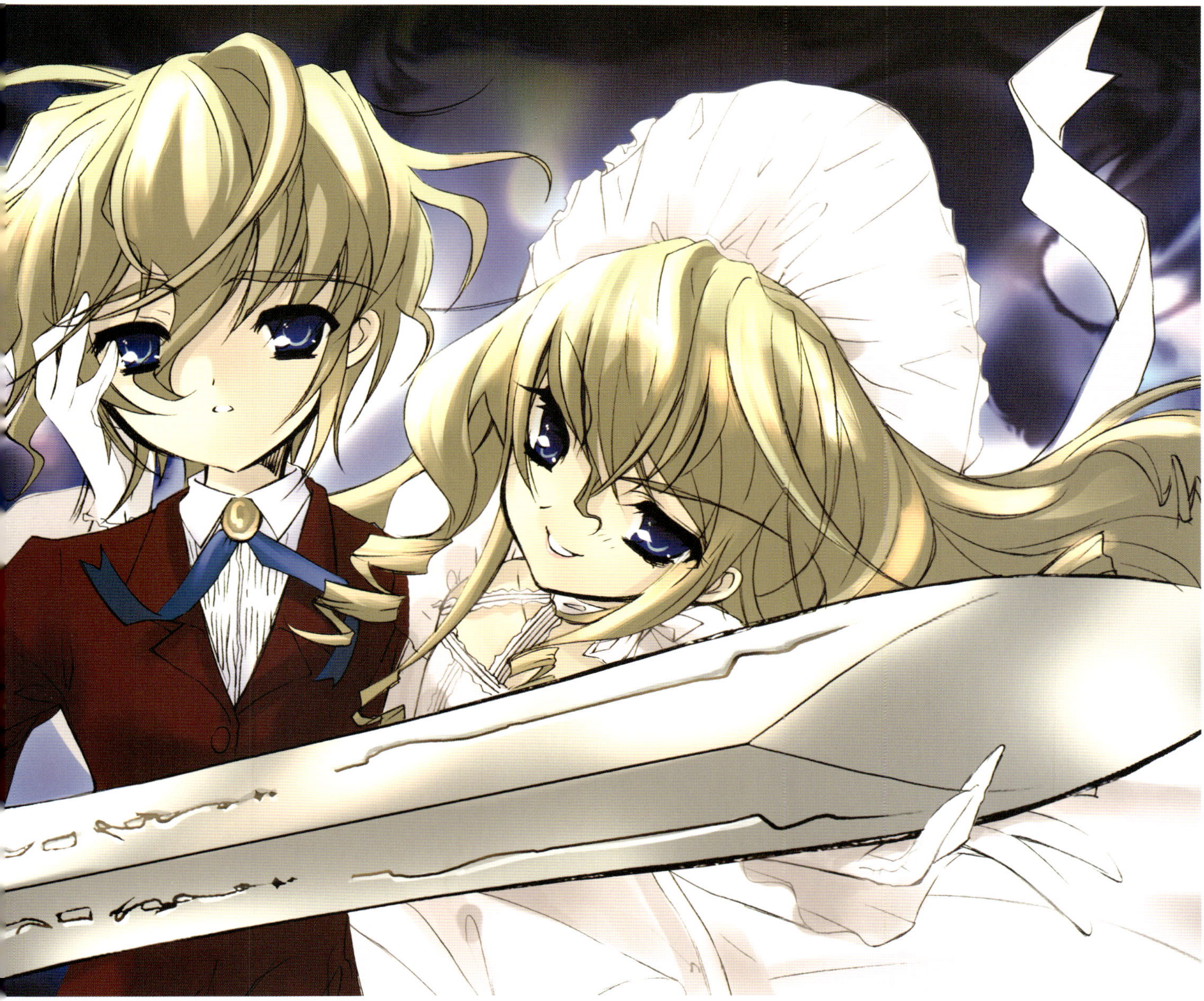

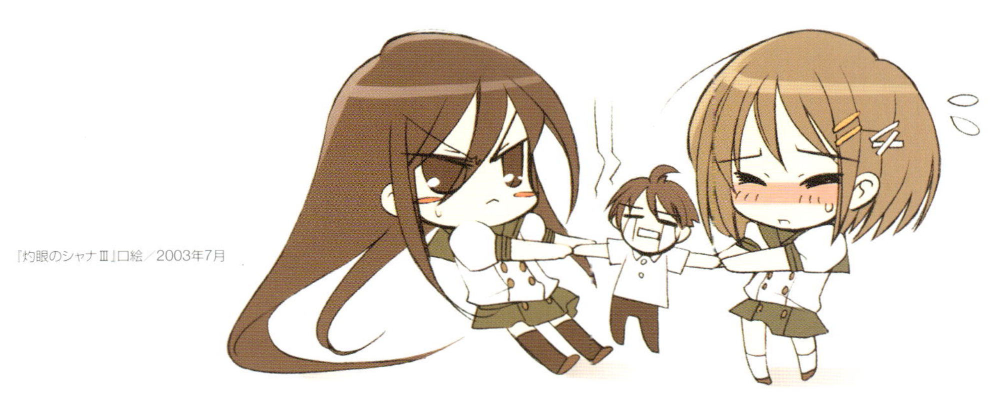

『灼眼のシャナIII』口絵三つ折りポスター／2003年7月

『灼眼のシャナIII』口絵／2003年7月

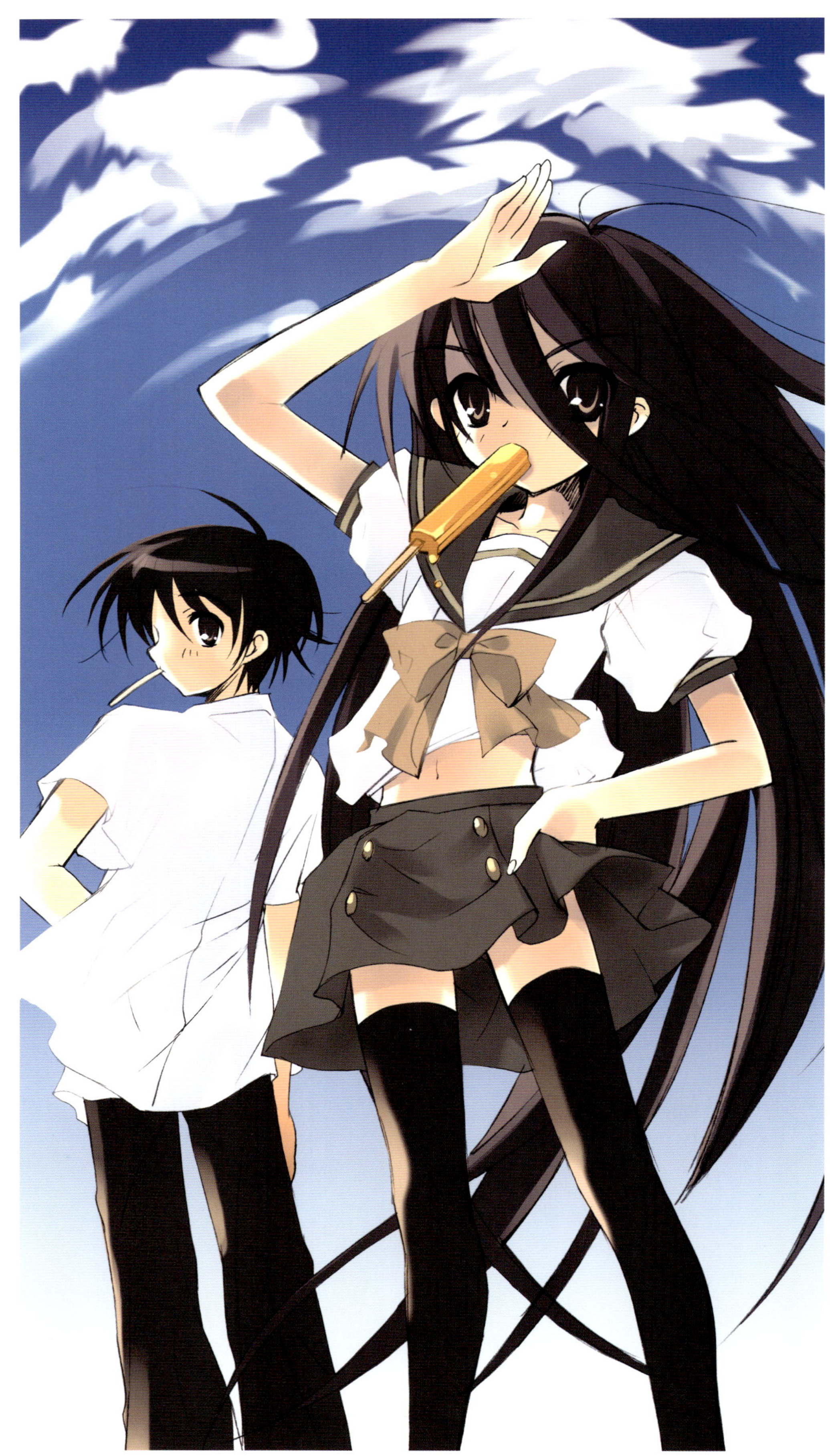

『灼眼のシャナIII』口絵三つ折りポスター／2003年7月

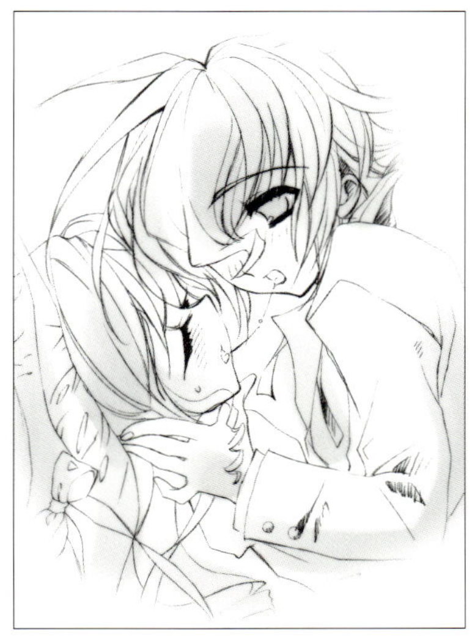

『灼眼のシャナⅢ』本文挿絵／2003年7月

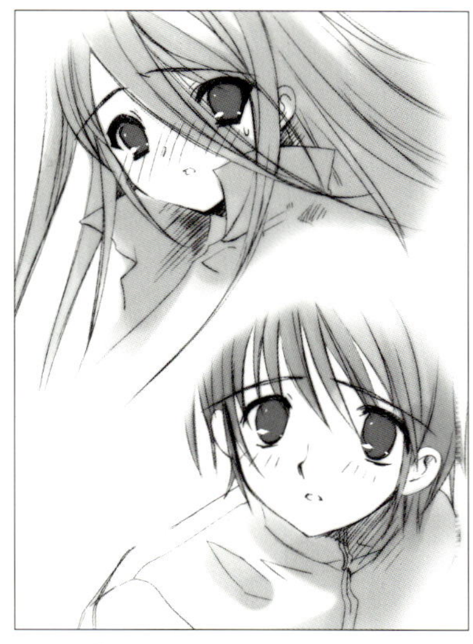

『灼眼のシャナⅢ』本文挿絵／2003年7月

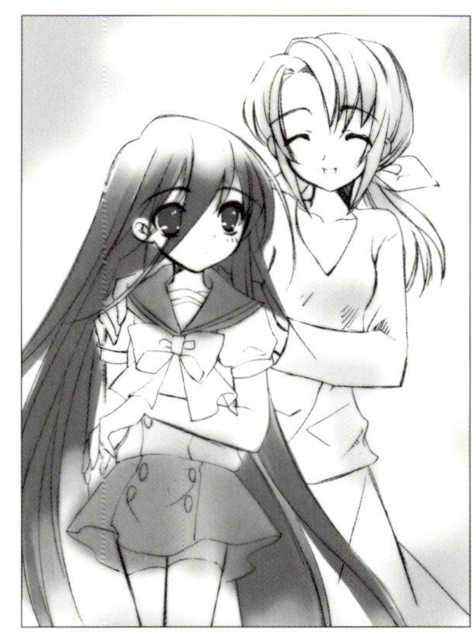

『灼眼のシャナⅢ』本文挿絵／2003年7月

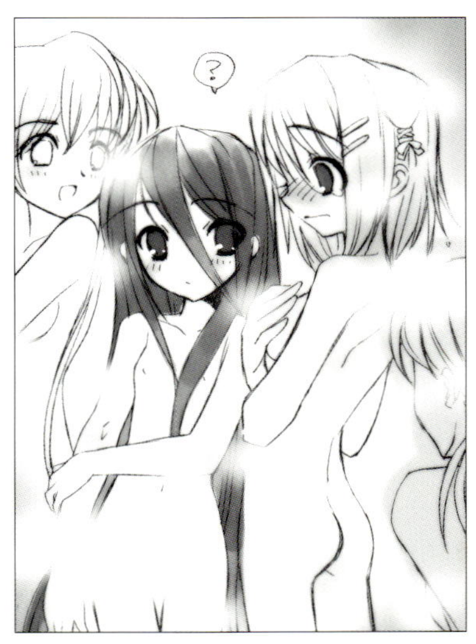

『灼眼のシャナⅢ』本文挿絵／2003年7月

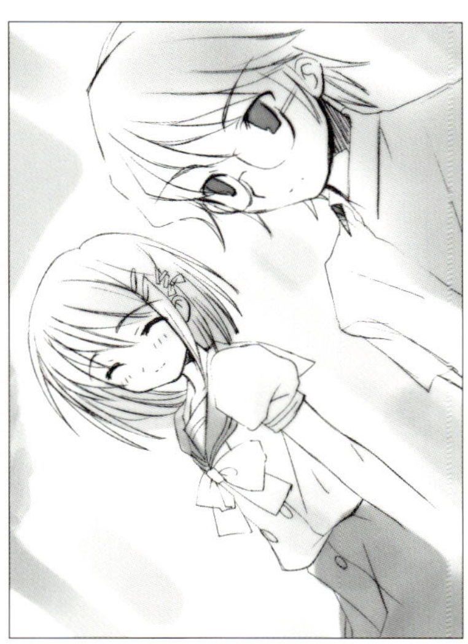

『灼眼のシャナⅢ』本文挿絵／2003年7月

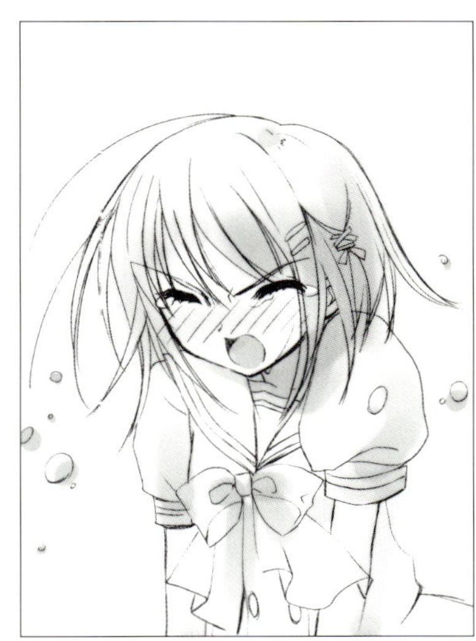

『灼眼のシャナⅢ』本文挿絵／2003年7月

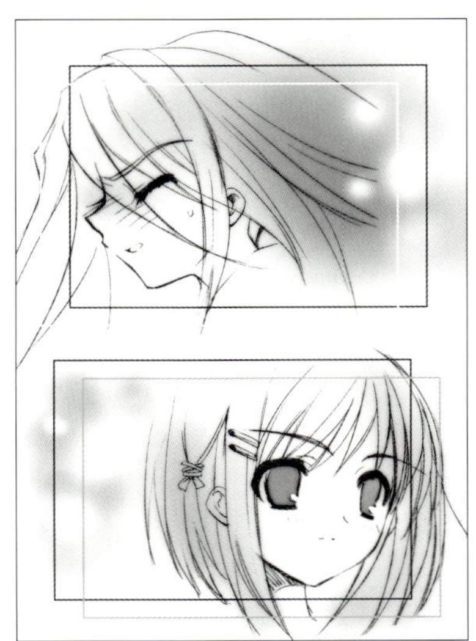

『灼眼のシャナⅢ』本文挿絵／2003年7月

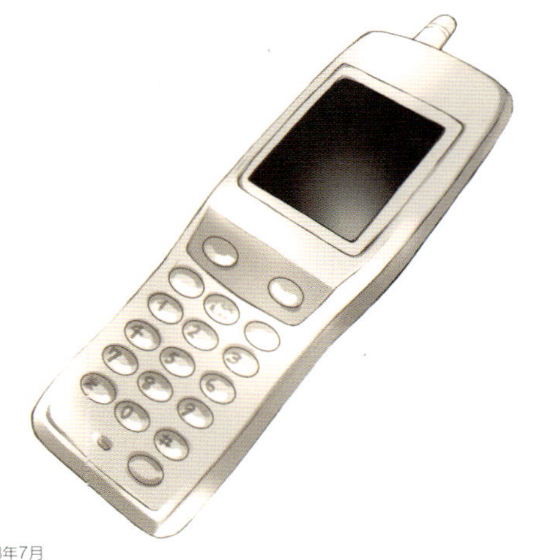

『灼眼のシャナⅢ』口絵／2003年7月

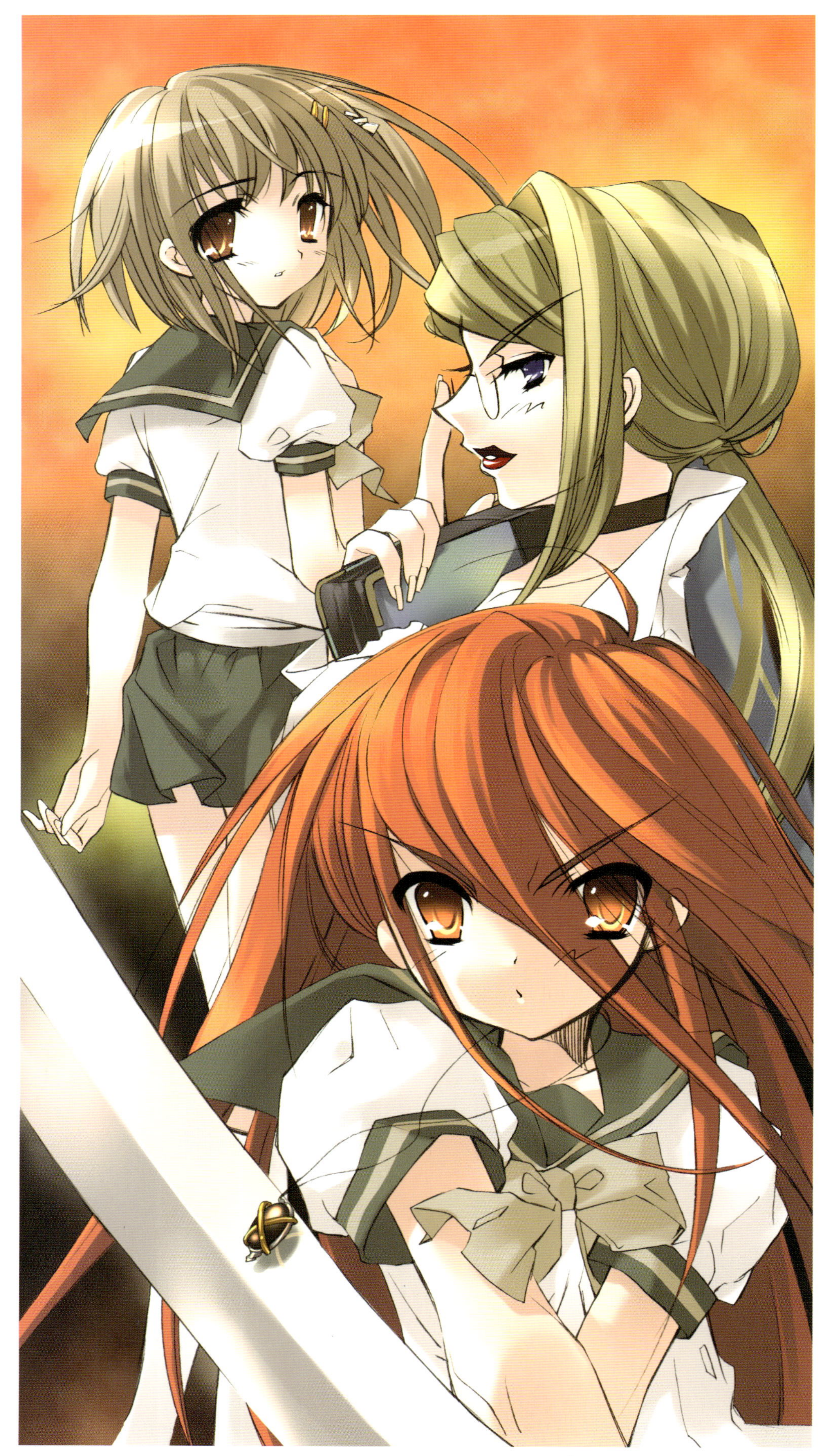

『灼眼のシャナⅣ』口絵三つ折りポスター／2003年8月

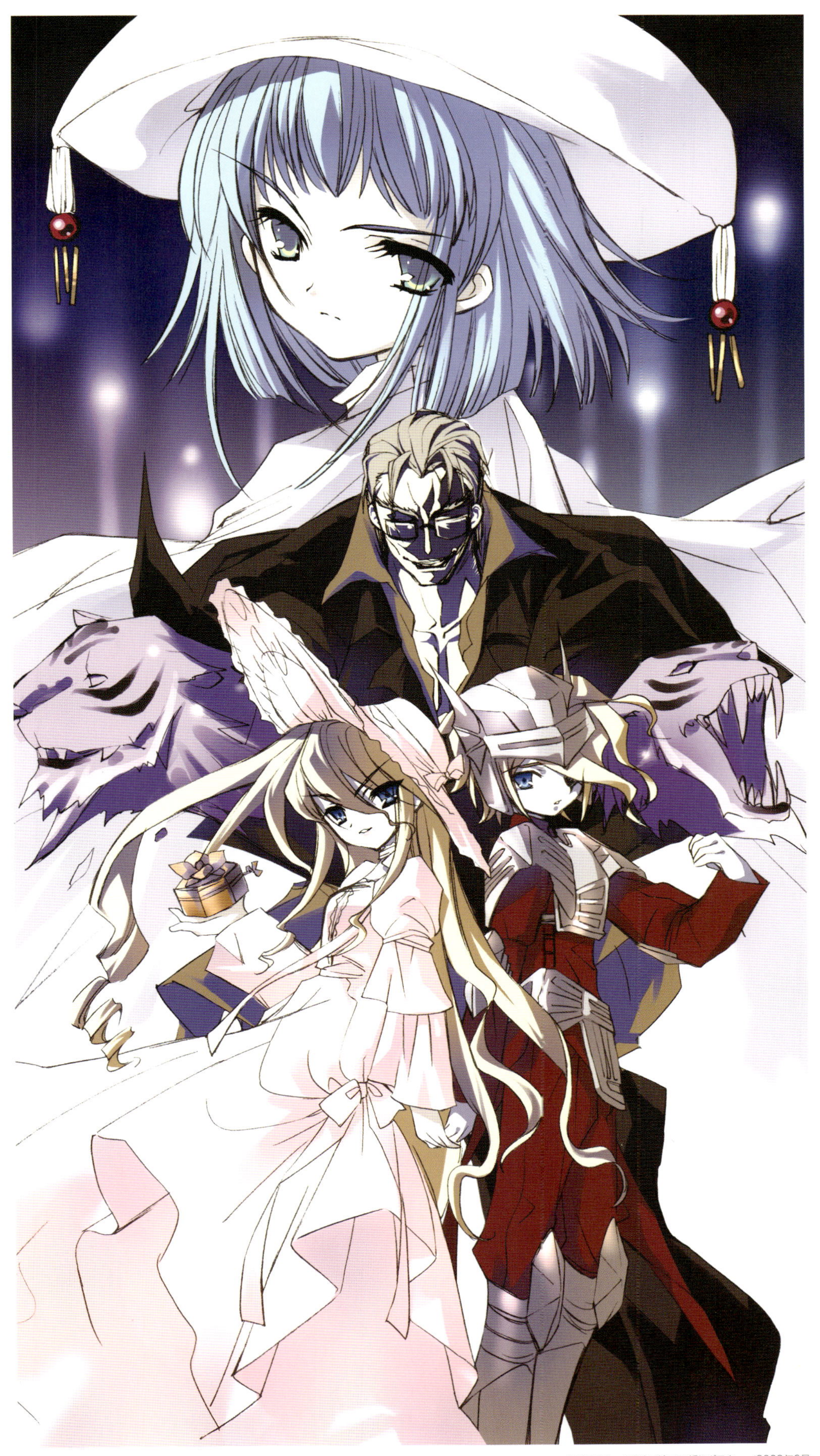

『灼眼のシャナII』口絵三つ折りポスター／2003年8月

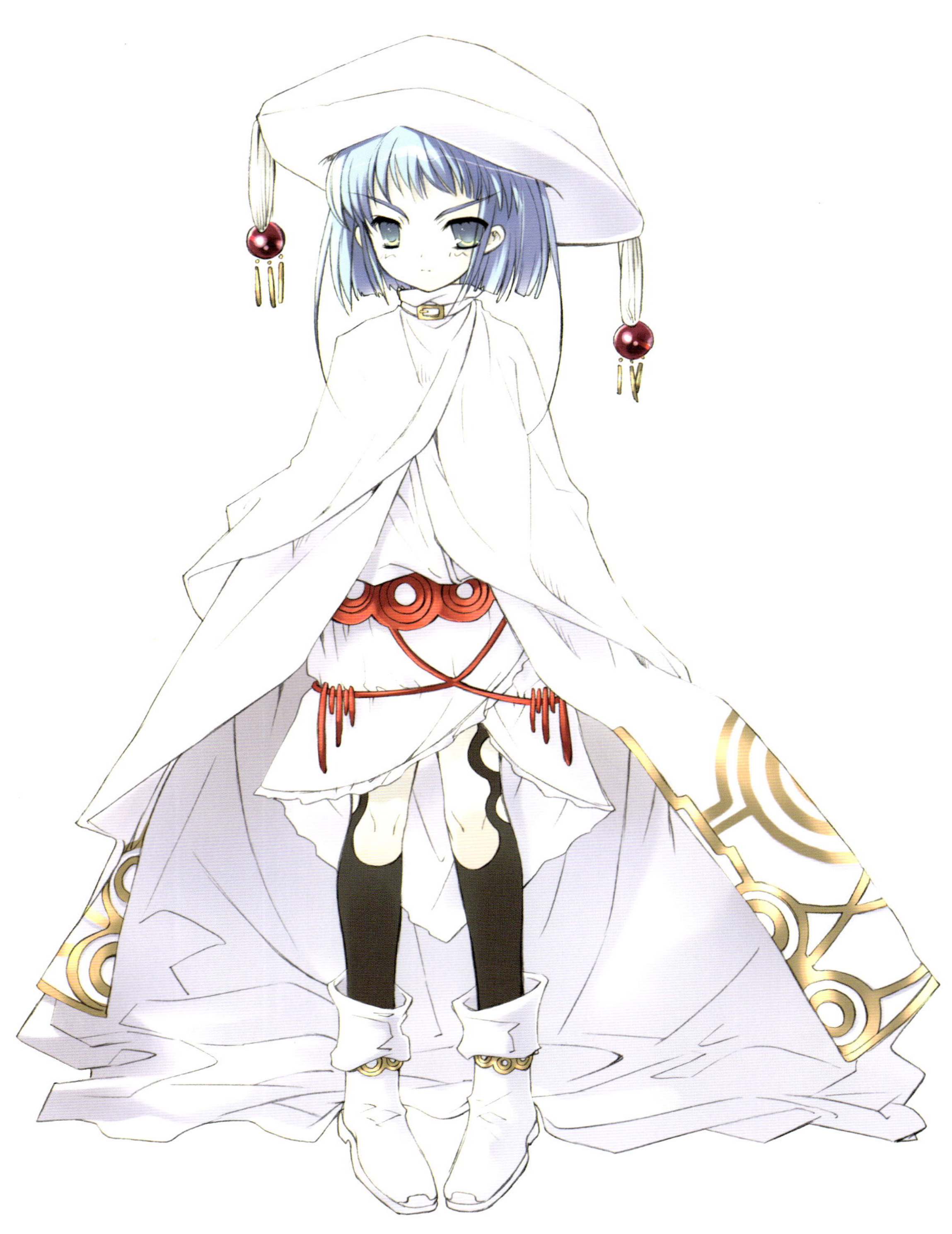

「灼眼のシャナ」Drama Disk　ポスター／2004年6月

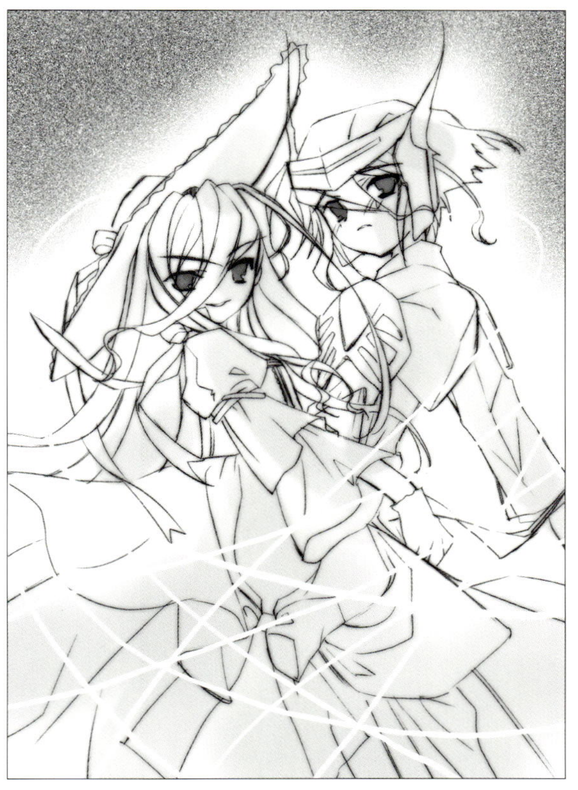

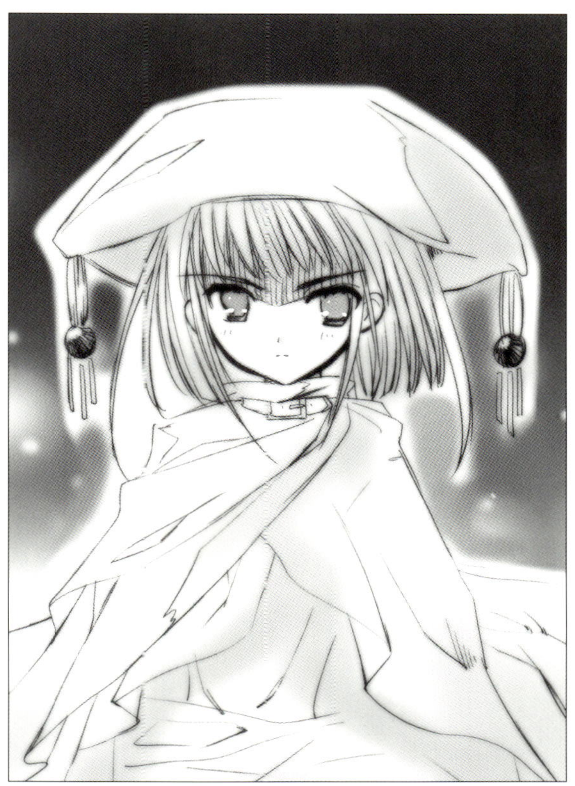

『灼眼のシャナIV』本文挿絵／2003年8月

『灼眼のシャナIV』本文挿絵／2003年8月

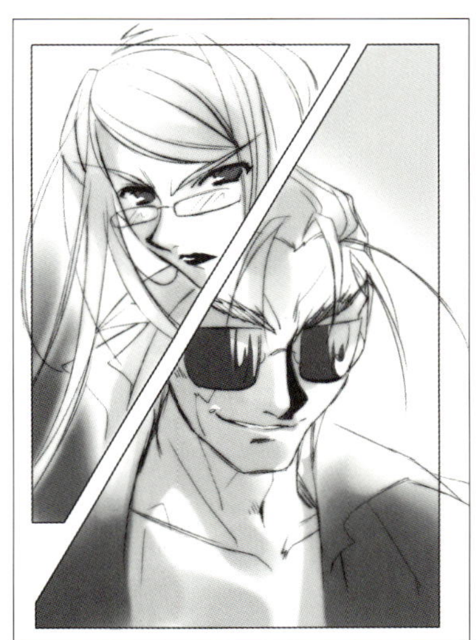

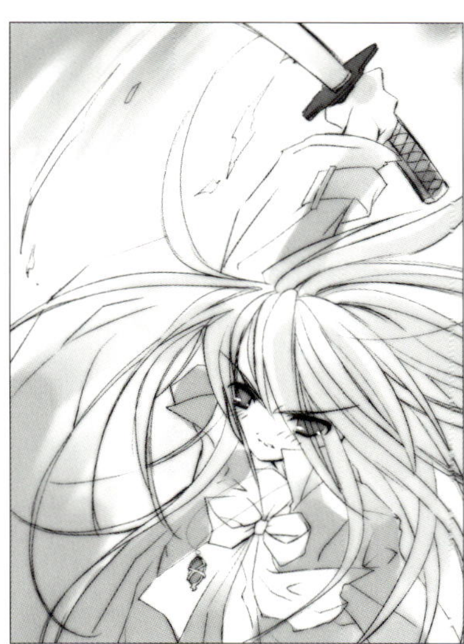

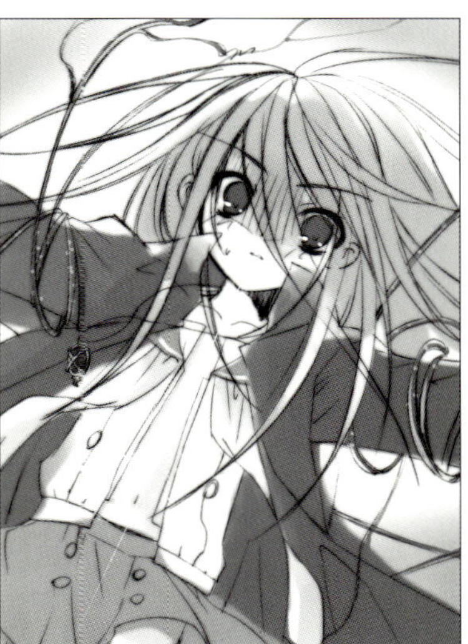

『灼眼のシャナIV』本文挿絵／2003年8月

『灼眼のシャナIV』本文挿絵／2003年8月

『灼眼のシャナIV』本文挿絵／2003年8月

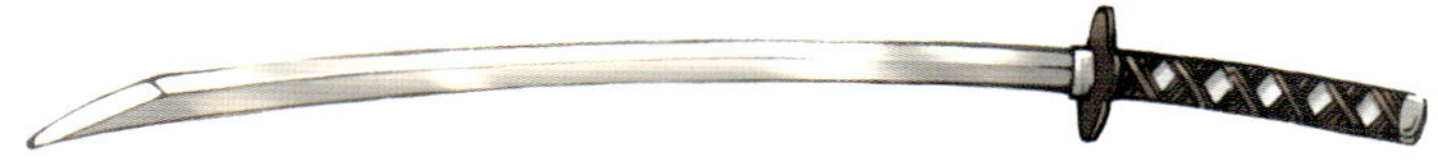

『灼眼のシャナIV』カバー裏／2003年8月

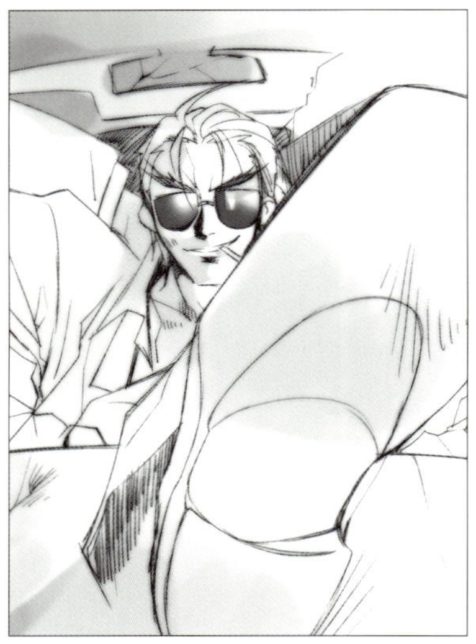

『灼眼のシャナⅣ』本文挿絵／2003年8月

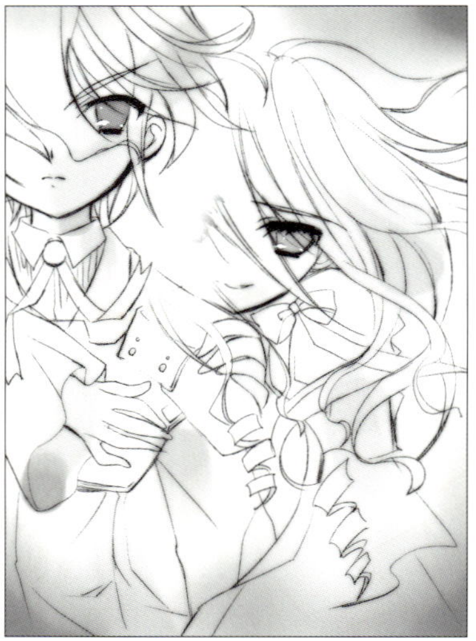

『灼眼のシャナⅣ』本文挿絵／2003年8月

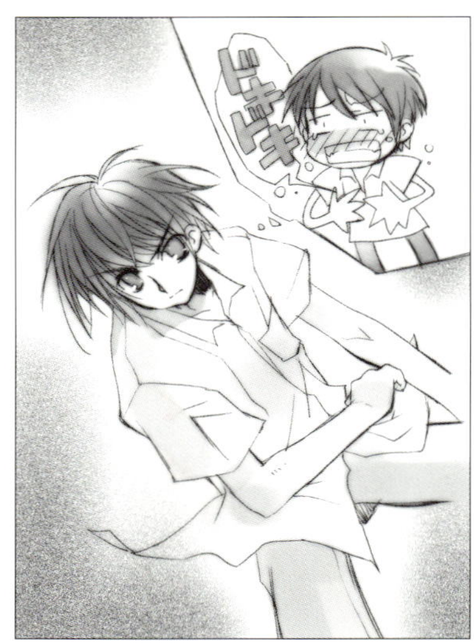

『灼眼のシャナⅣ』本文挿絵／2003年8月

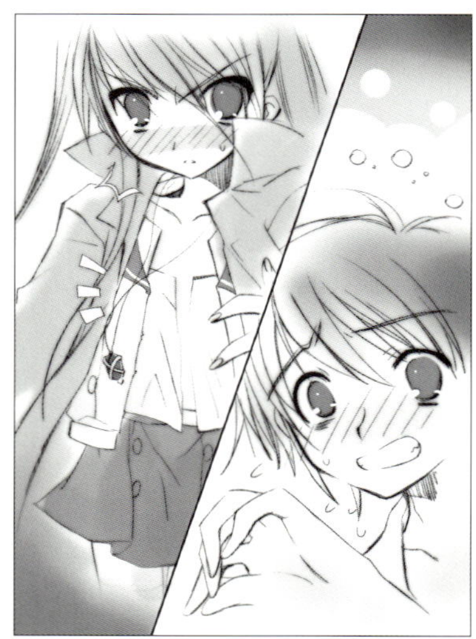

『灼眼のシャナⅣ』本文挿絵／2003年8月

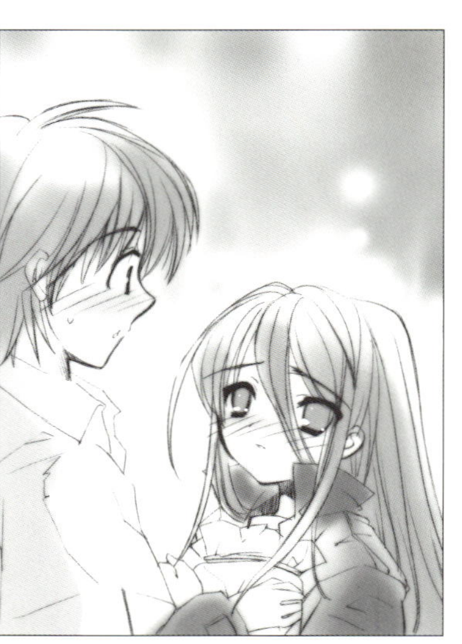

『灼眼のシャナⅣ』本文挿絵／2003年8月

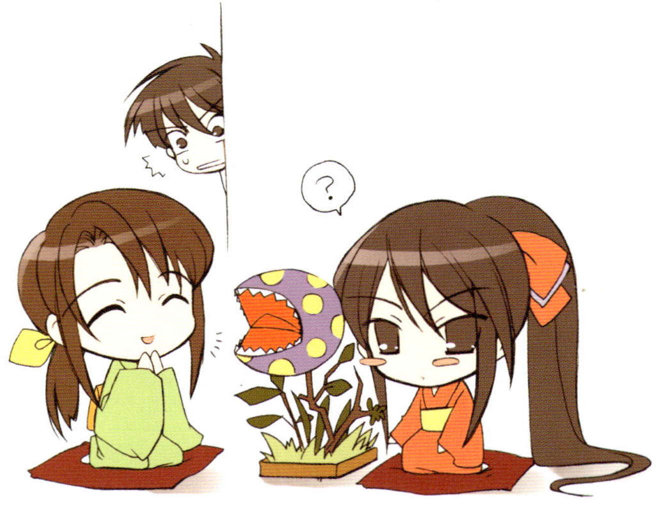

『灼眼のシャナⅣ』口絵／2003年8月

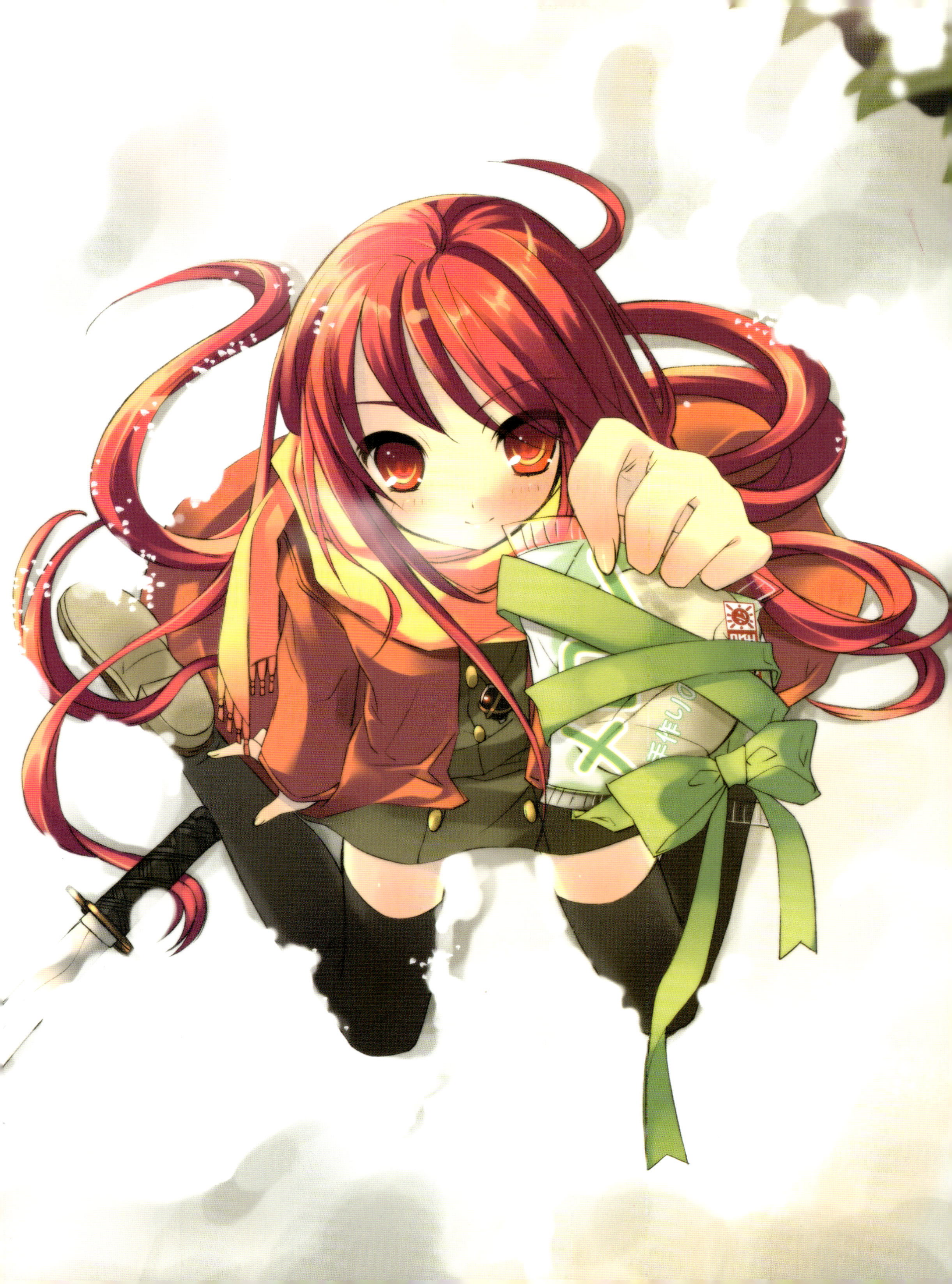

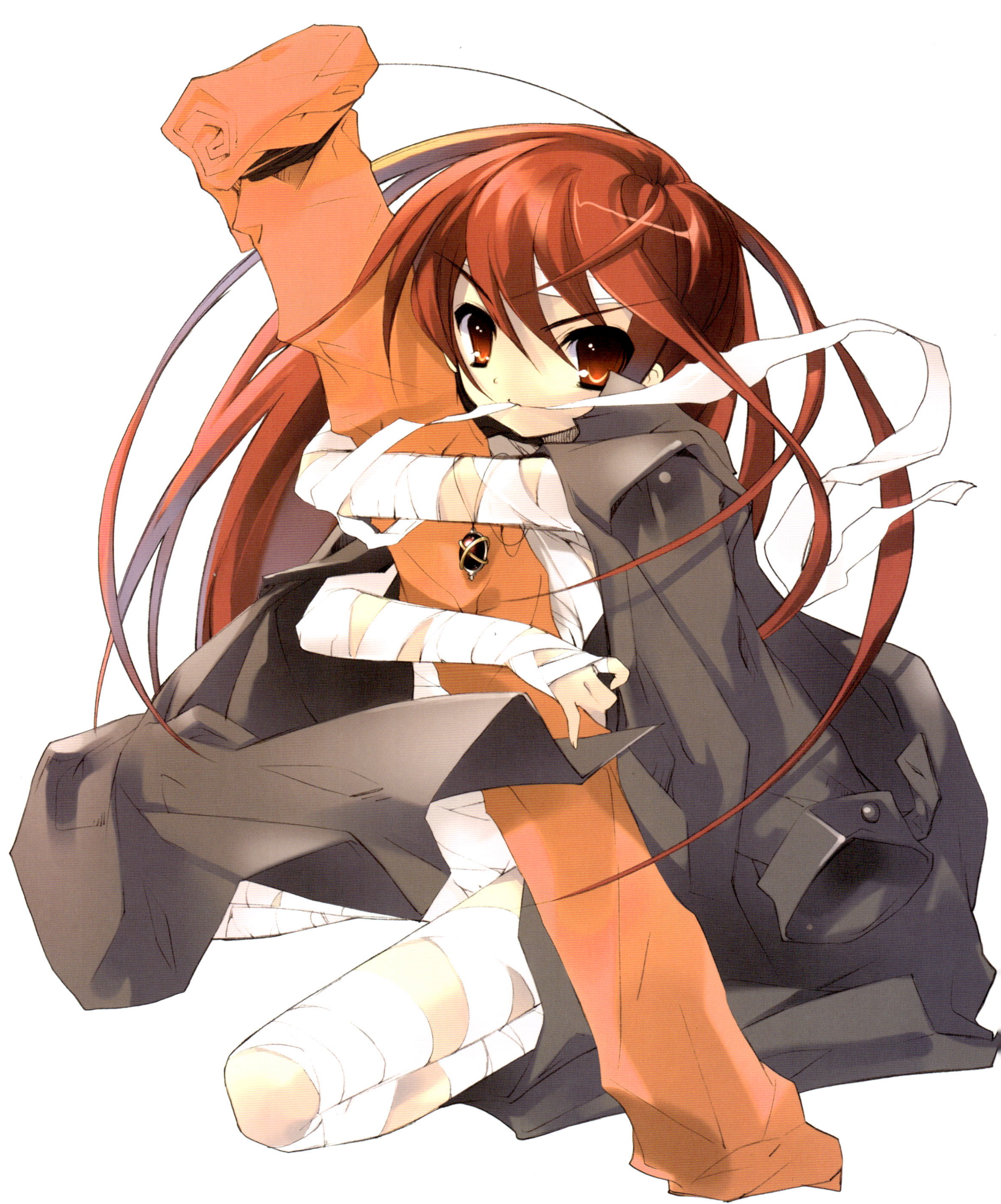

『灼眼のシャナⅤ』カバー／2003年11月

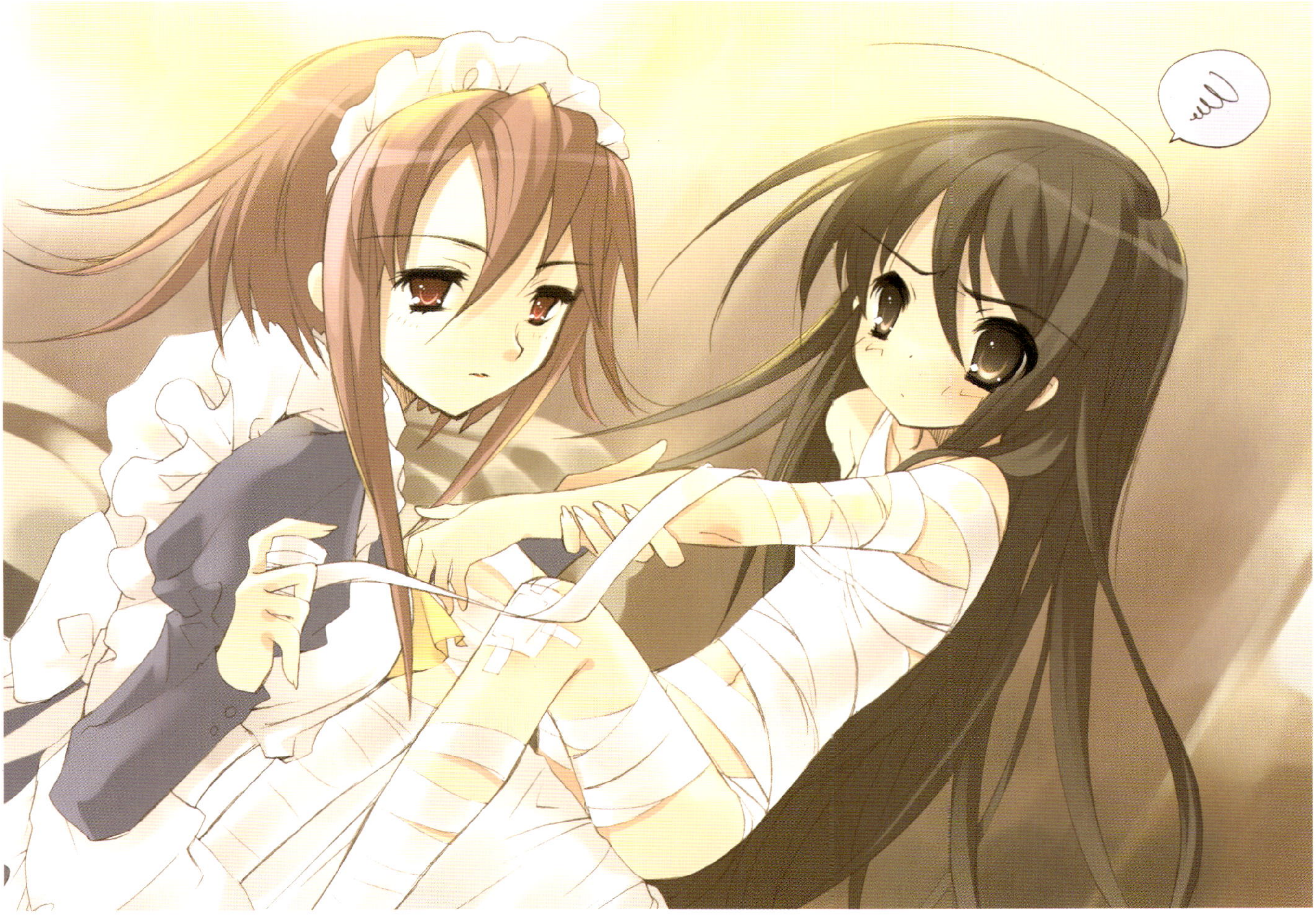

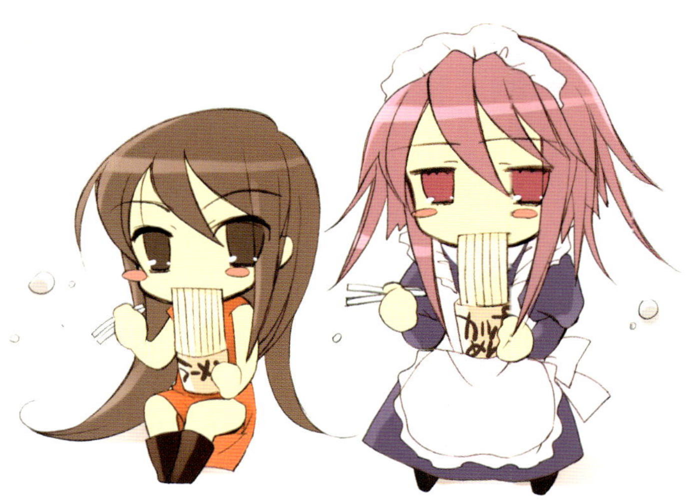

『灼眼のシャナV』口絵／2003年11月

『灼眼のシャナV』口絵／2003年11月

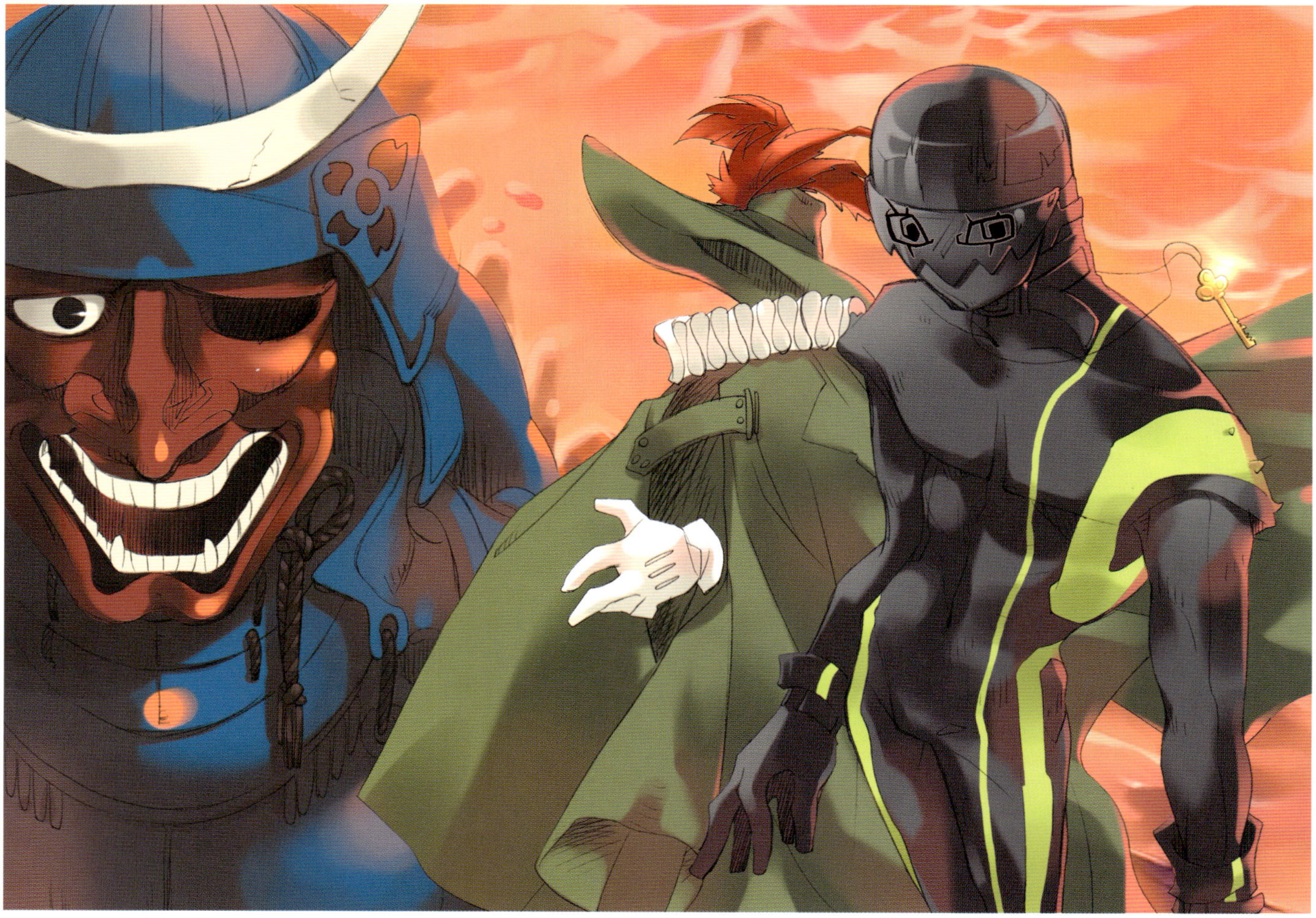

『灼眼のシャナⅤ』口絵／2003年11月

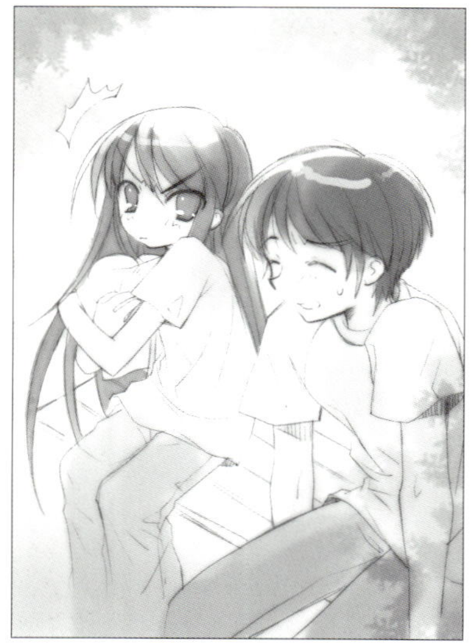

『灼眼のシャナⅤ』本文挿絵／2003年11月

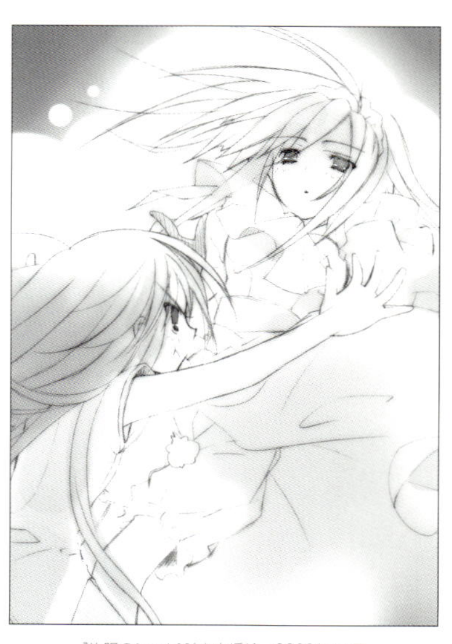

『灼眼のシャナⅤ』本文挿絵／2003年11月

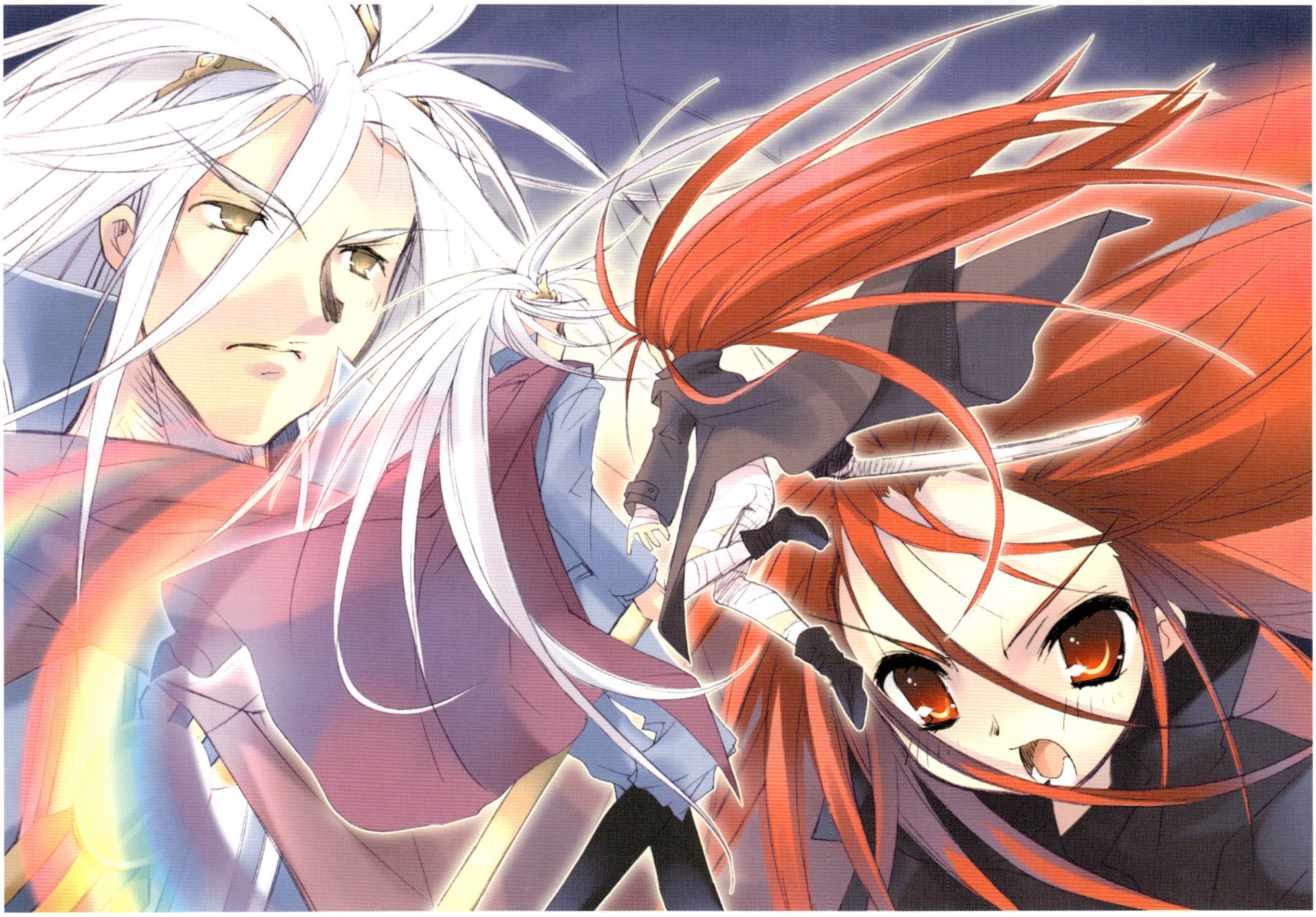

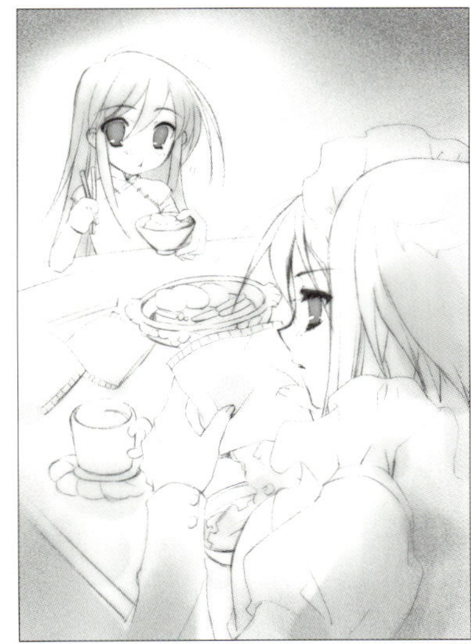

『灼眼のシャナⅤ』口絵／2003年11月

『灼眼のシャナⅤ』本文挿絵／2003年11月

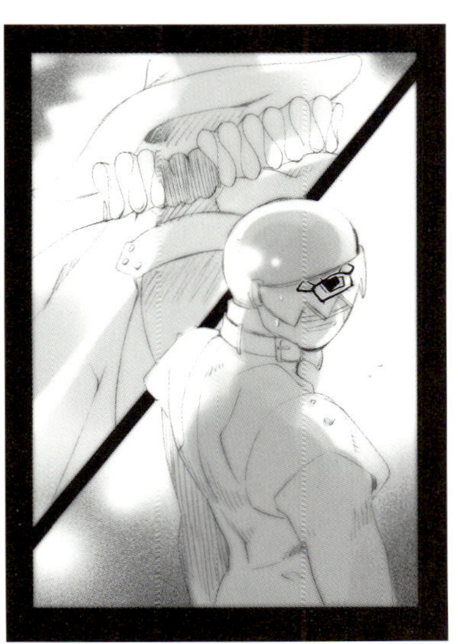

『灼眼のシャナⅤ』本文挿絵／2003年11月

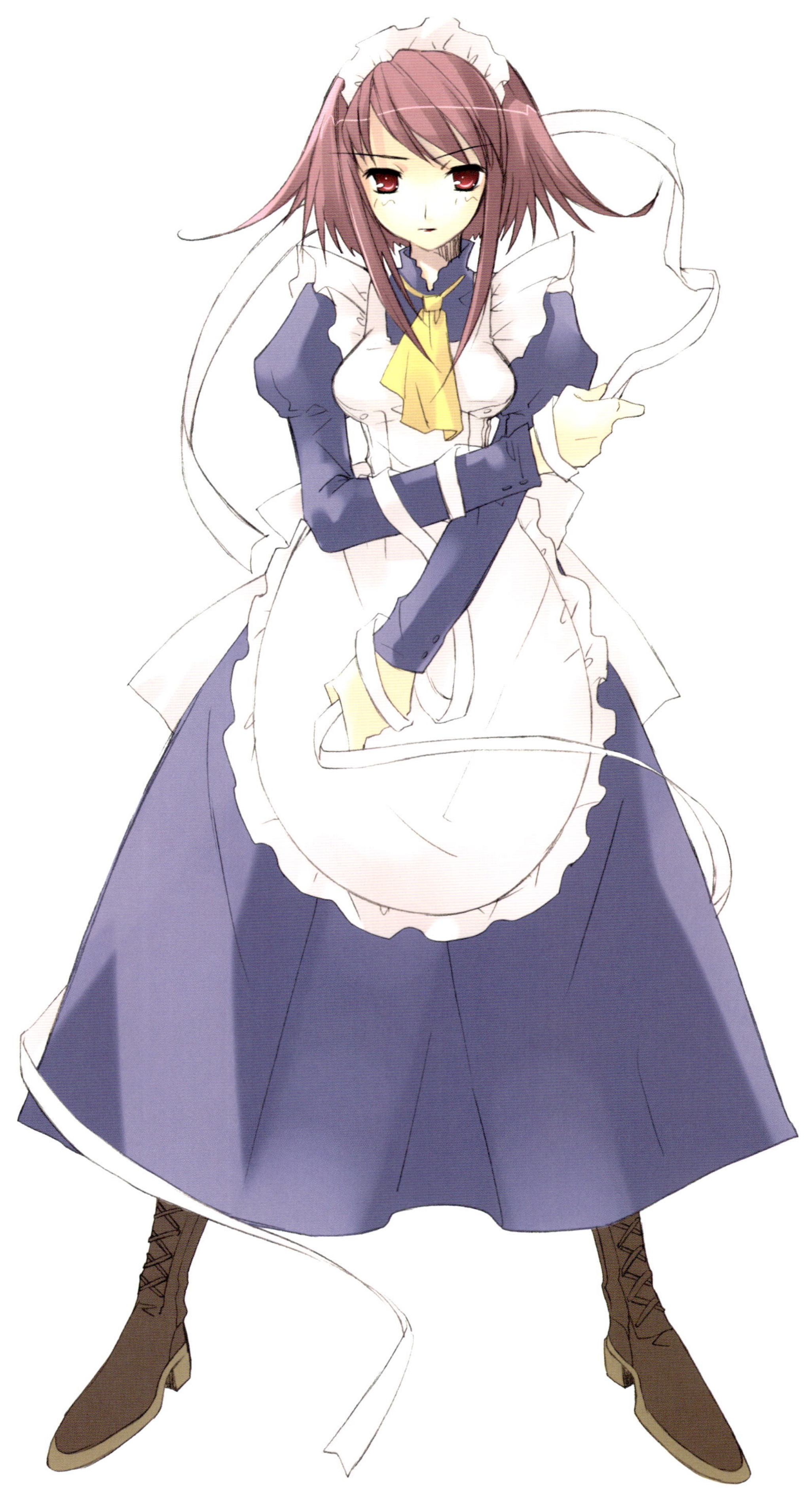

「灼眼のシャナ」Drama Disk　ポスター／2004年6月

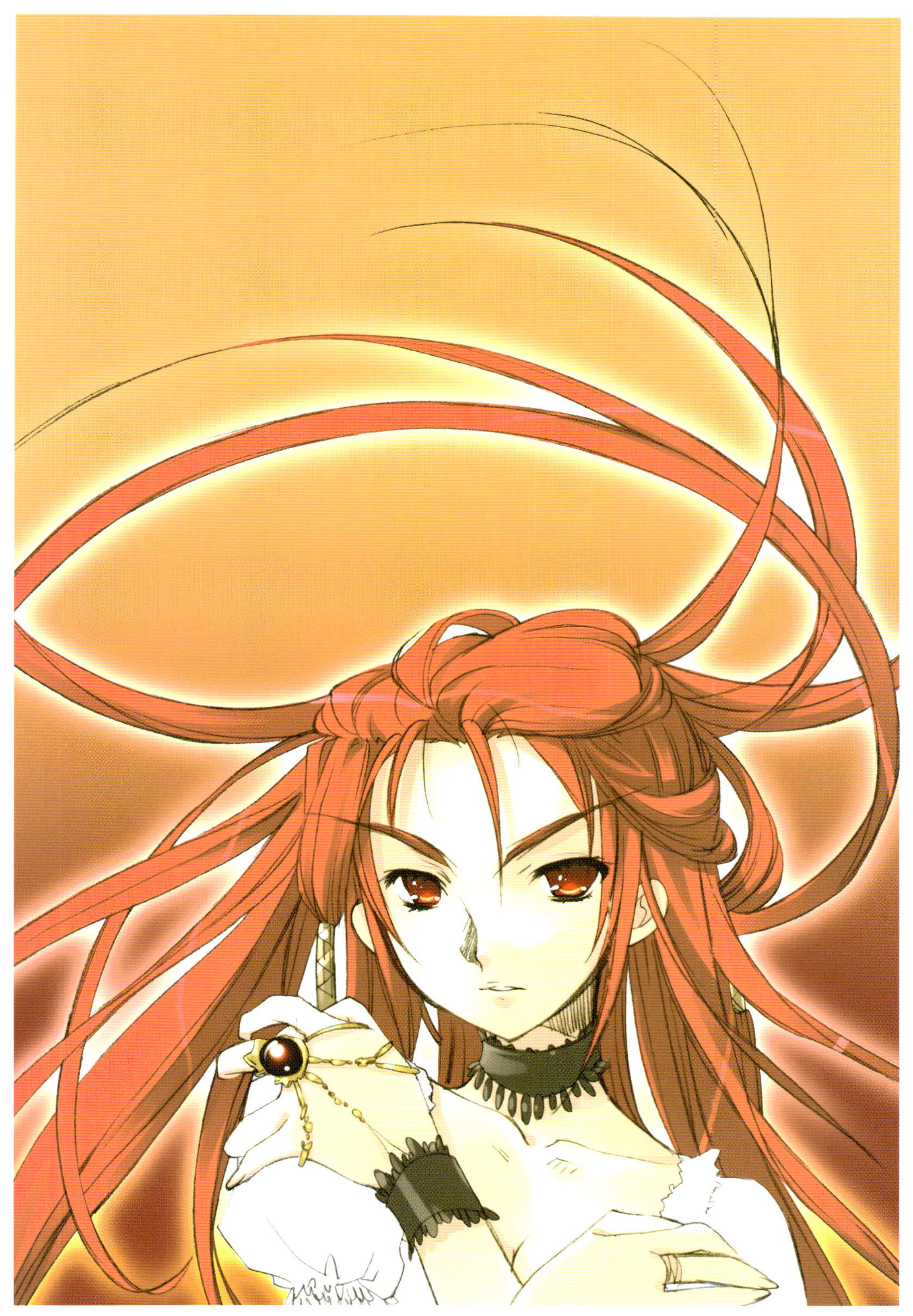

「灼眼のシャナⅤ」口絵／2003年11月

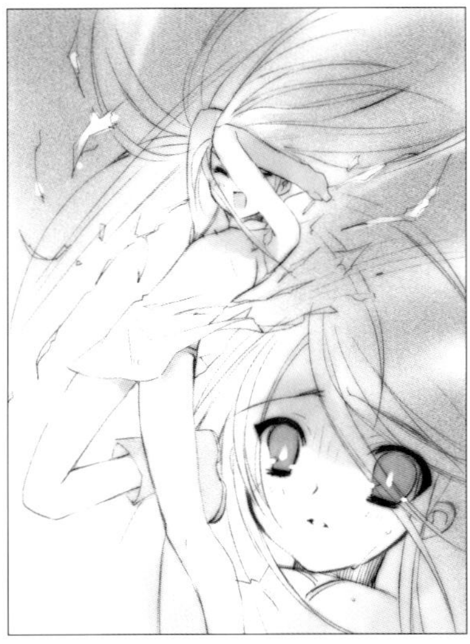

『灼眼のシャナV』本文挿絵／2003年11月

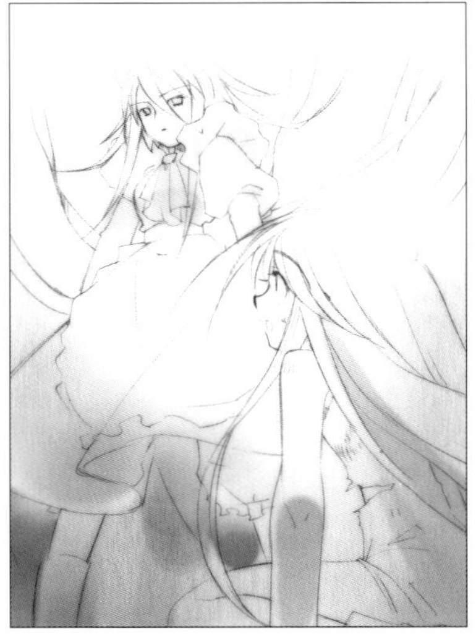

『灼眼のシャナV』本文挿絵／2003年11月

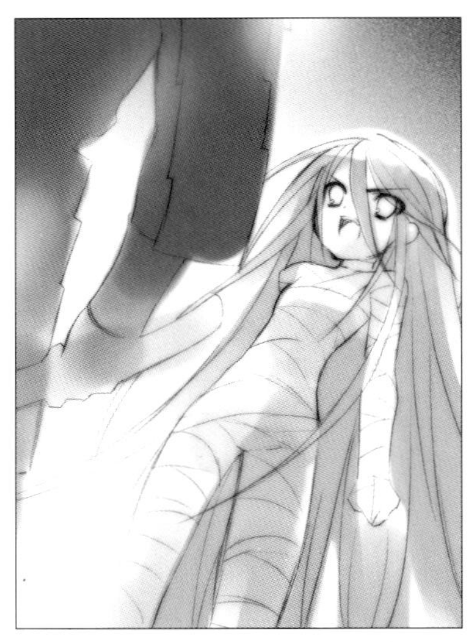

『灼眼のシャナV』本文挿絵／2003年11月

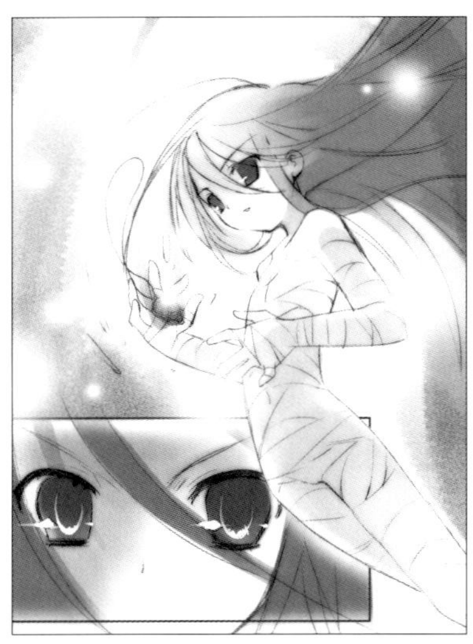

『灼眼のシャナV』本文挿絵／2003年11月

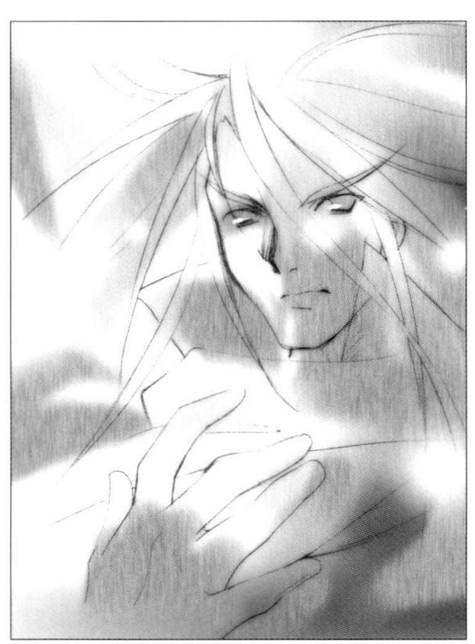

『灼眼のシャナV』本文挿絵／2003年11月

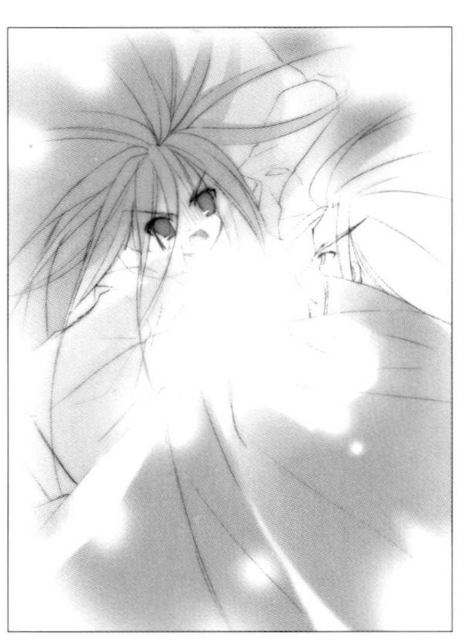

『灼眼のシャナV』本文挿絵／2003年11月

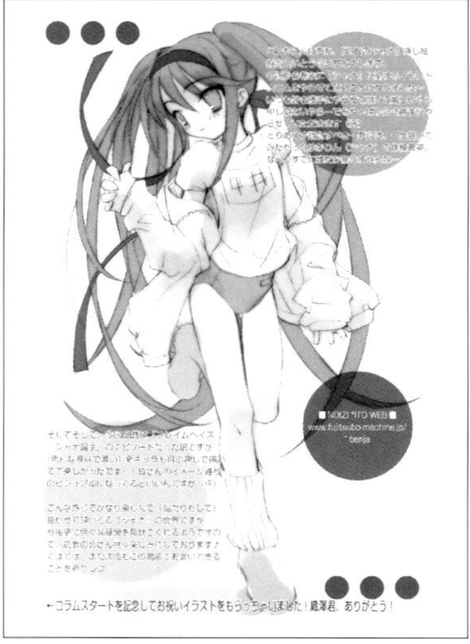

『灼眼のシャナV』本文絵師あとがき／2003年11月

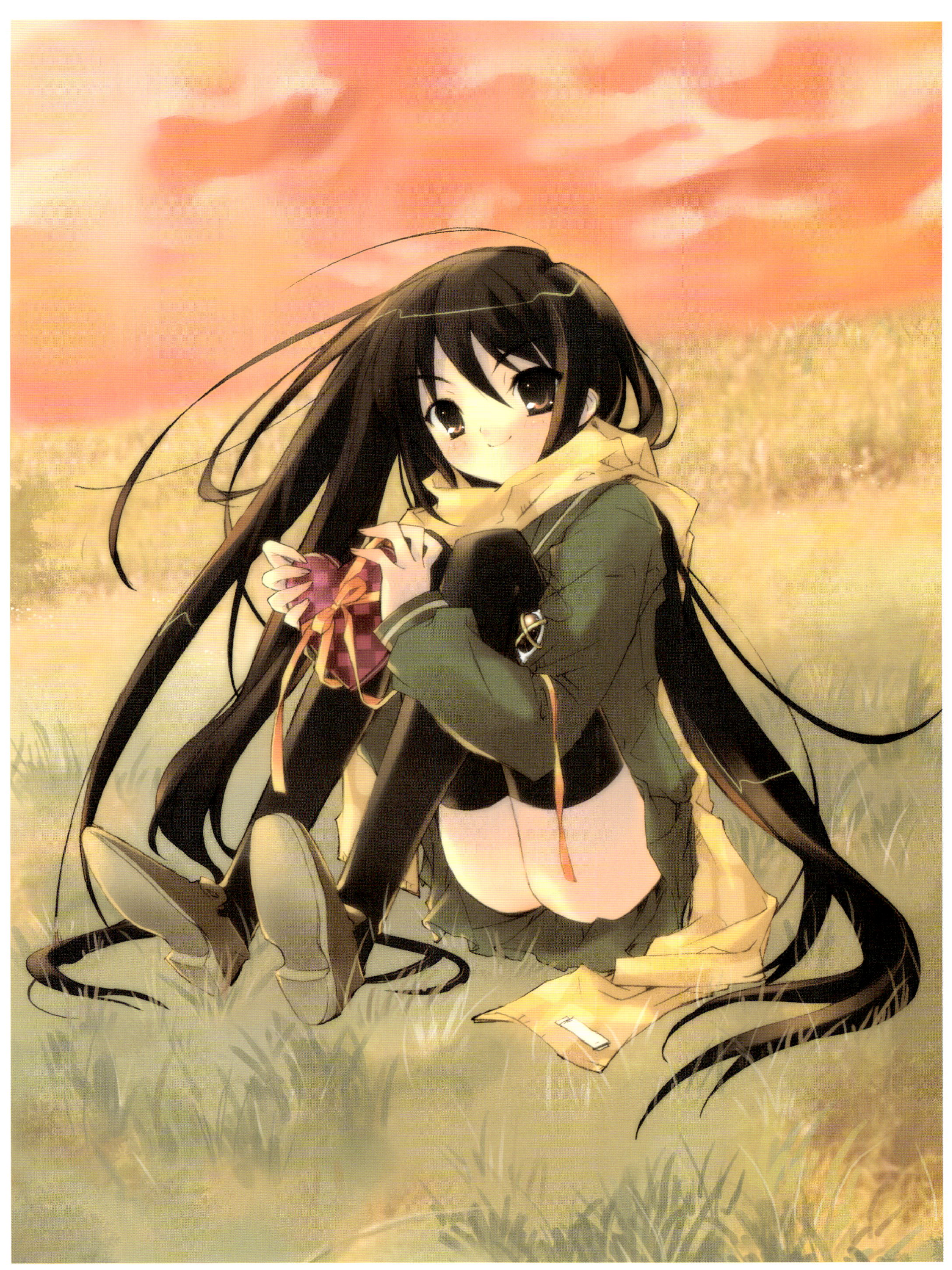

「電撃hp Volume.28」表紙／2004年2月

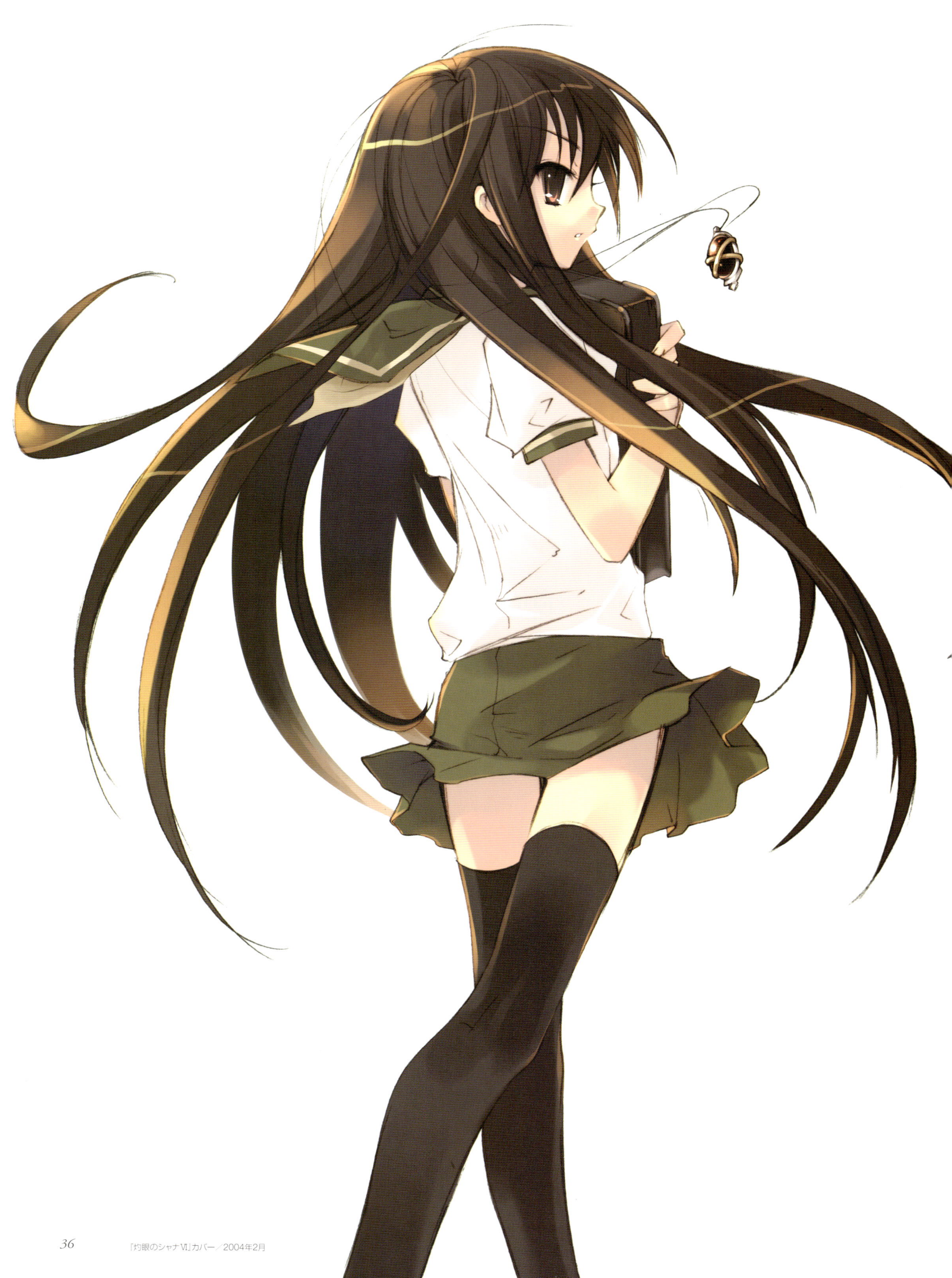

『灼眼のシャナⅥ』カバー／2004年2月

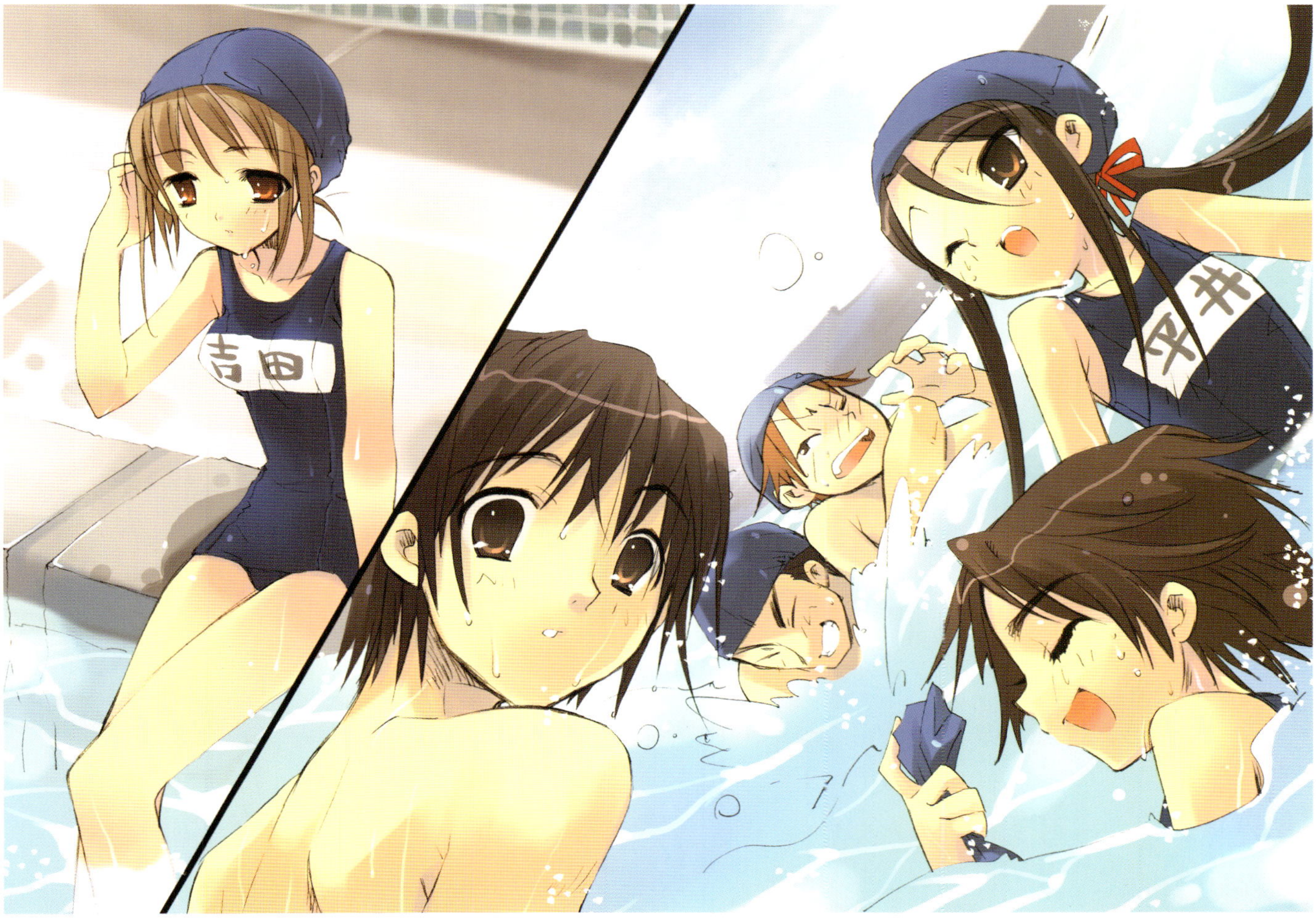

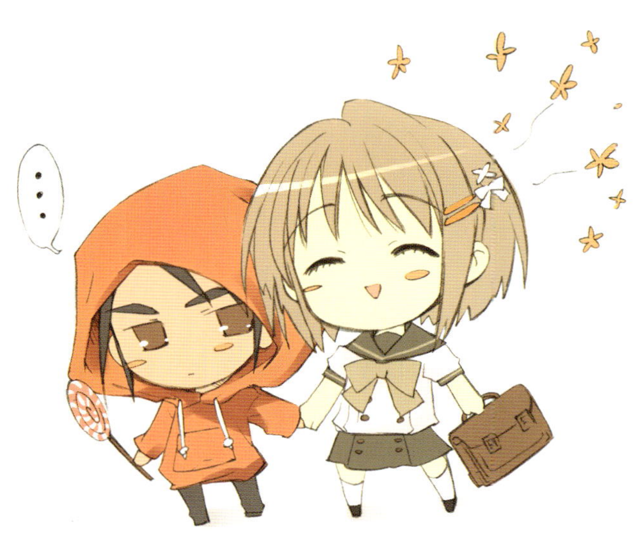

『灼眼のシャナVI』口絵／2004年2月

『灼眼のシャナVI』口絵／2004年2月

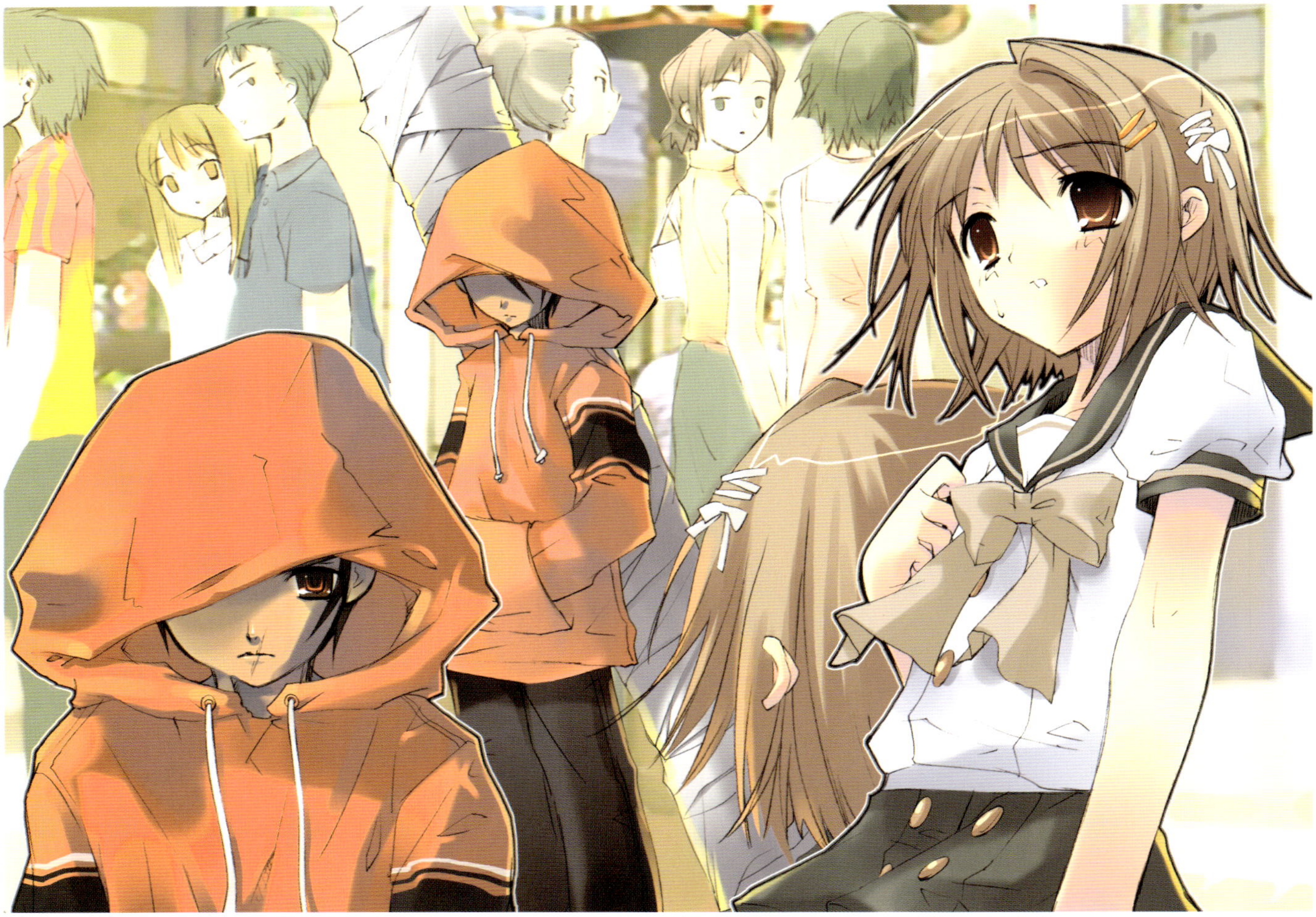

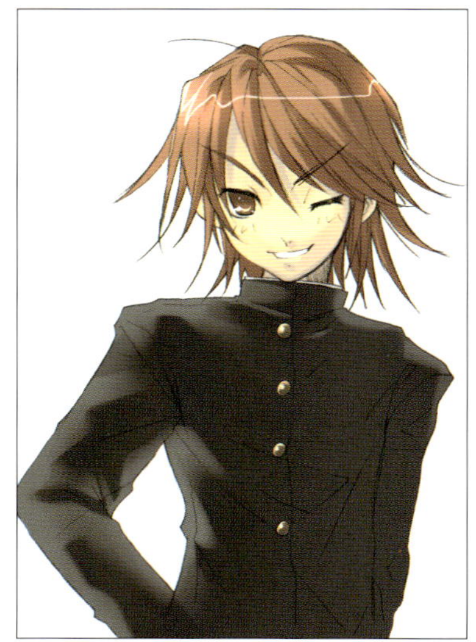

『灼眼のシャナ』Drama Disk　ポスター／2004年6月

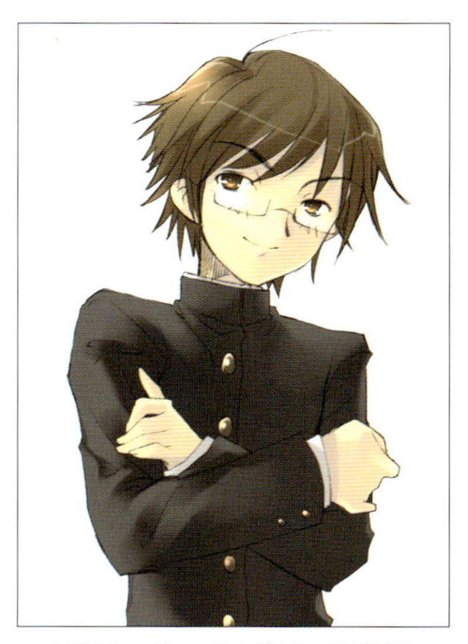

『灼眼のシャナ』Drama Disk　ポスター／2004年6月

『灼眼のシャナVI』口絵／2004年2月

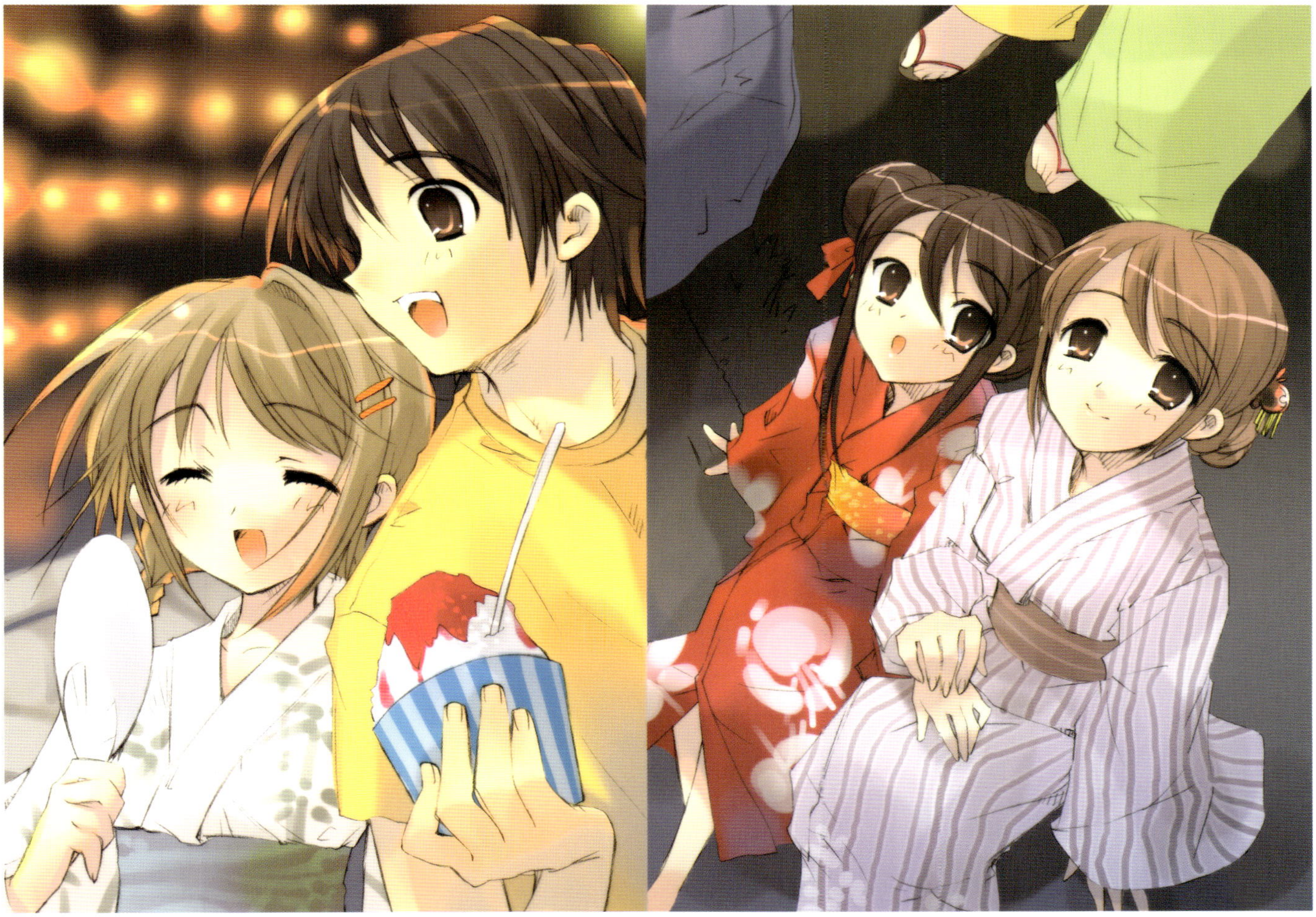

『灼眼のシャナⅥ』口絵／2004年2月

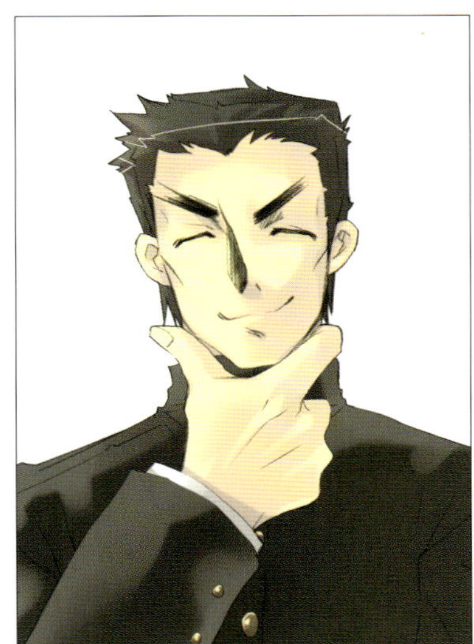

『灼眼のシャナ』Drama Disk　ポスター／2004年6月

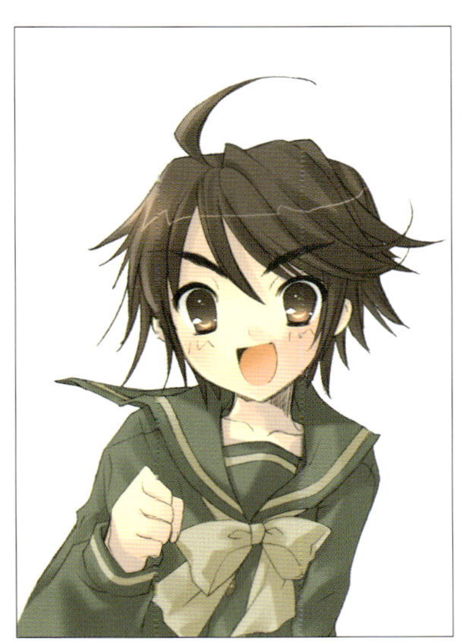

『灼眼のシャナ』Drama Disk　ポスター／2004年6月

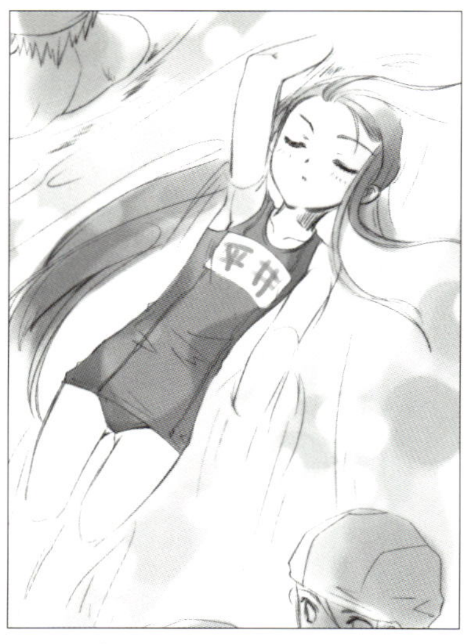

『灼眼のシャナVI』本文挿絵／2004年2月

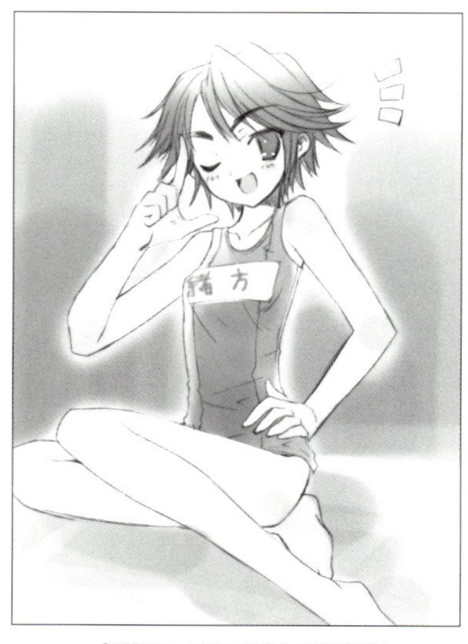

『灼眼のシャナVI』本文挿絵／2004年2月

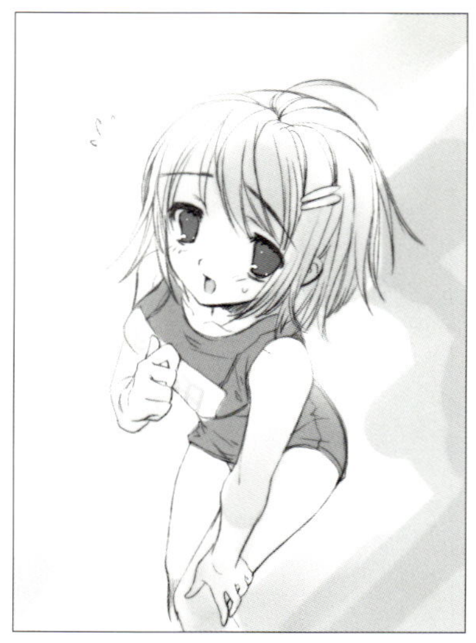

『灼眼のシャナVI』本文挿絵／2004年2月

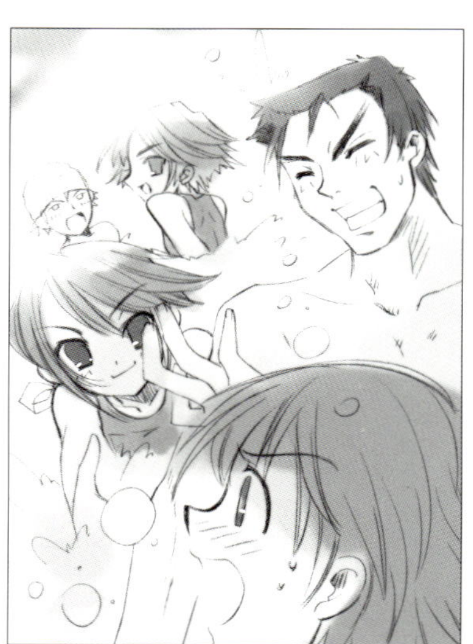

『灼眼のシャナVI』本文挿絵／2004年2月

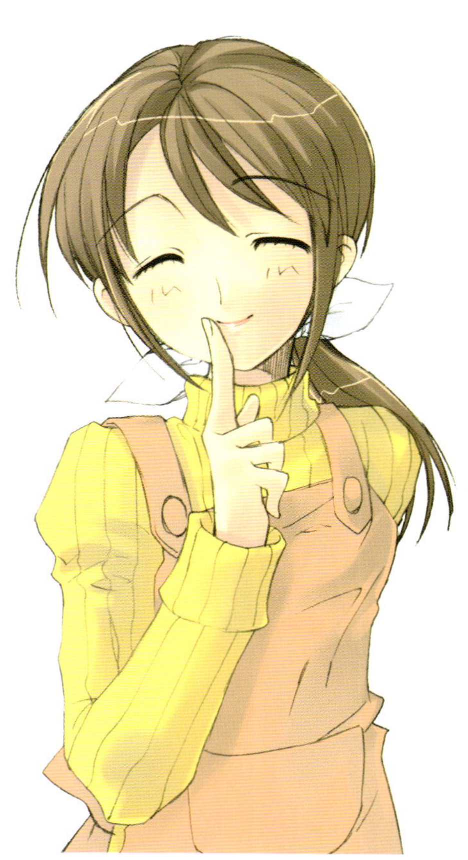

『灼眼のシャナ』Drama Disk　ポスター／2004年6月

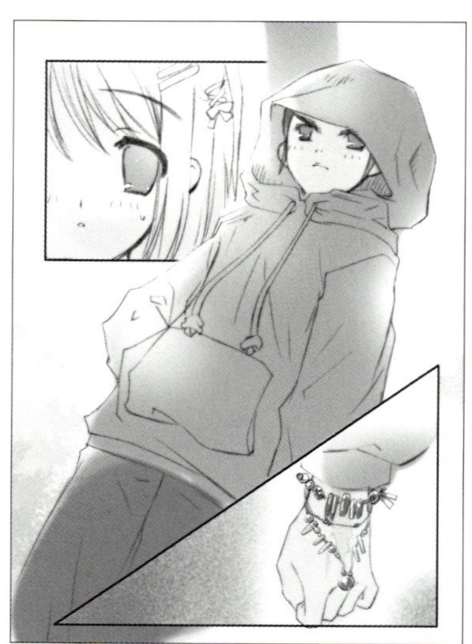

『灼眼のシャナVI』本文挿絵／2004年2月

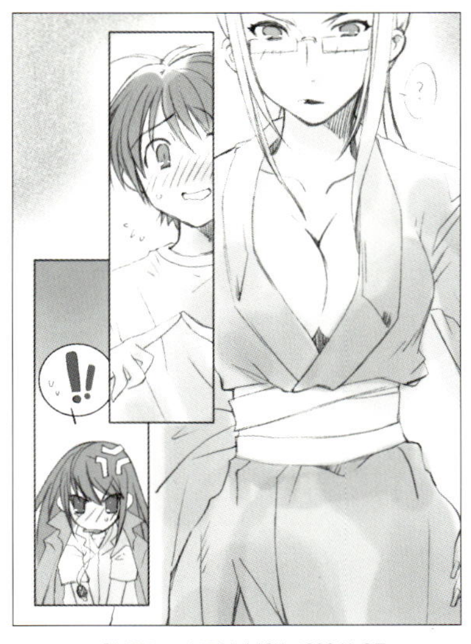

『灼眼のシャナⅥ』本文挿絵／2004年2月

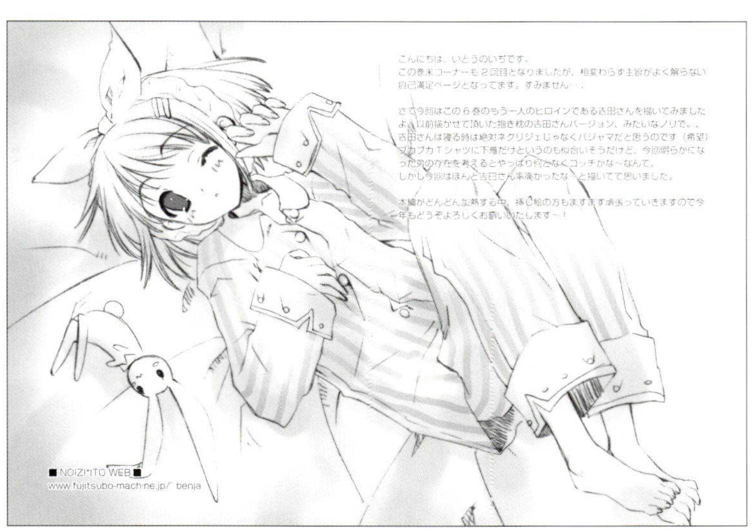

『灼眼のシャナⅥ』本文絵師あとがき／2004年2月

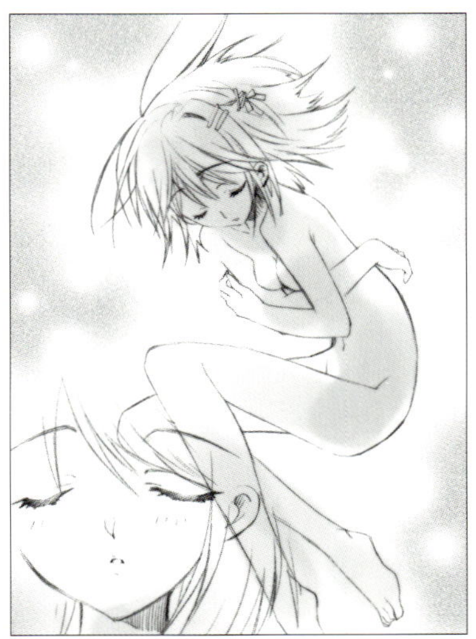

『灼眼のシャナⅥ』本文挿絵／2004年2月

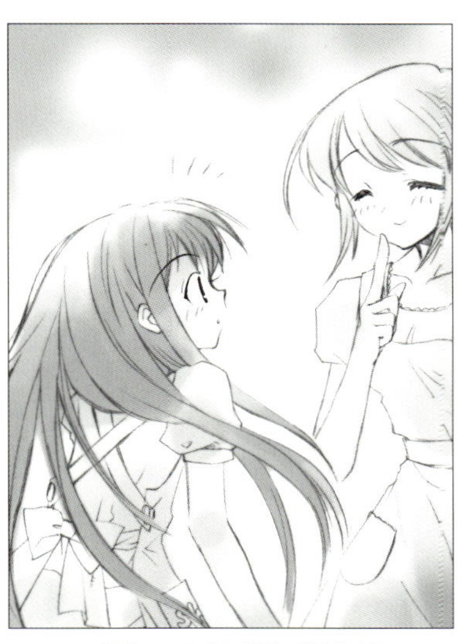

『灼眼のシャナⅥ』本文挿絵／2004年2月

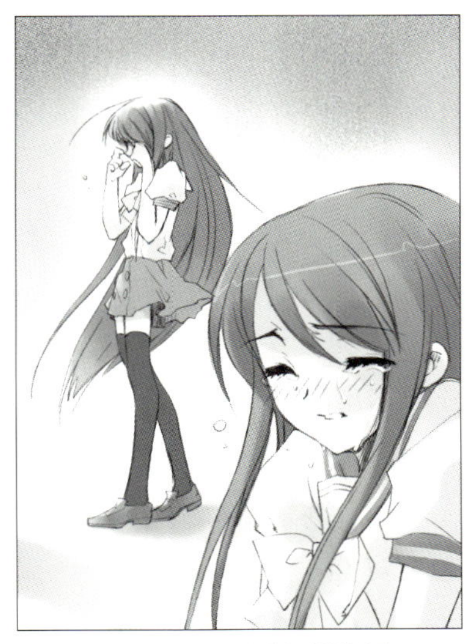

『灼眼のシャナⅥ』本文挿絵／2004年2月

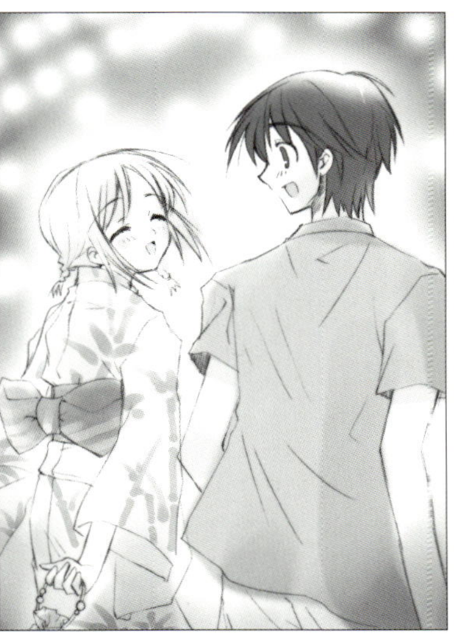

『灼眼のシャナⅥ』本文挿絵／2004年2月

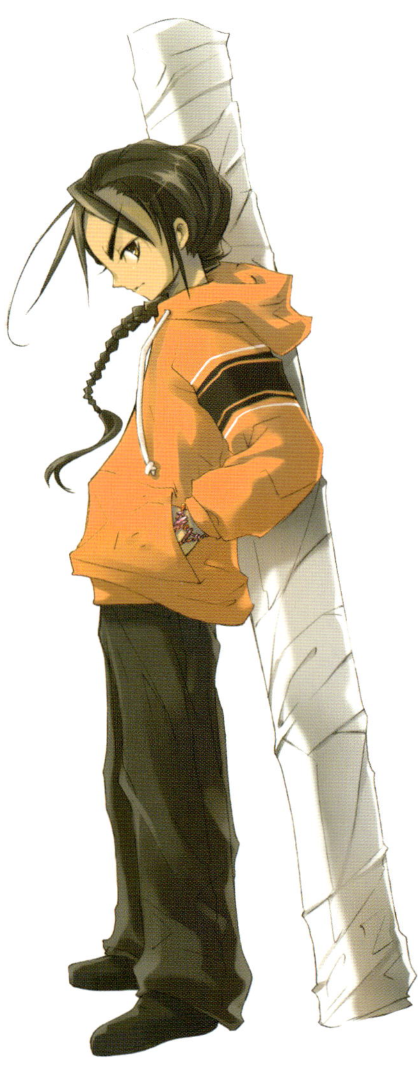

『灼眼のシャナ』Drama Disk　ポスター／2004年6月

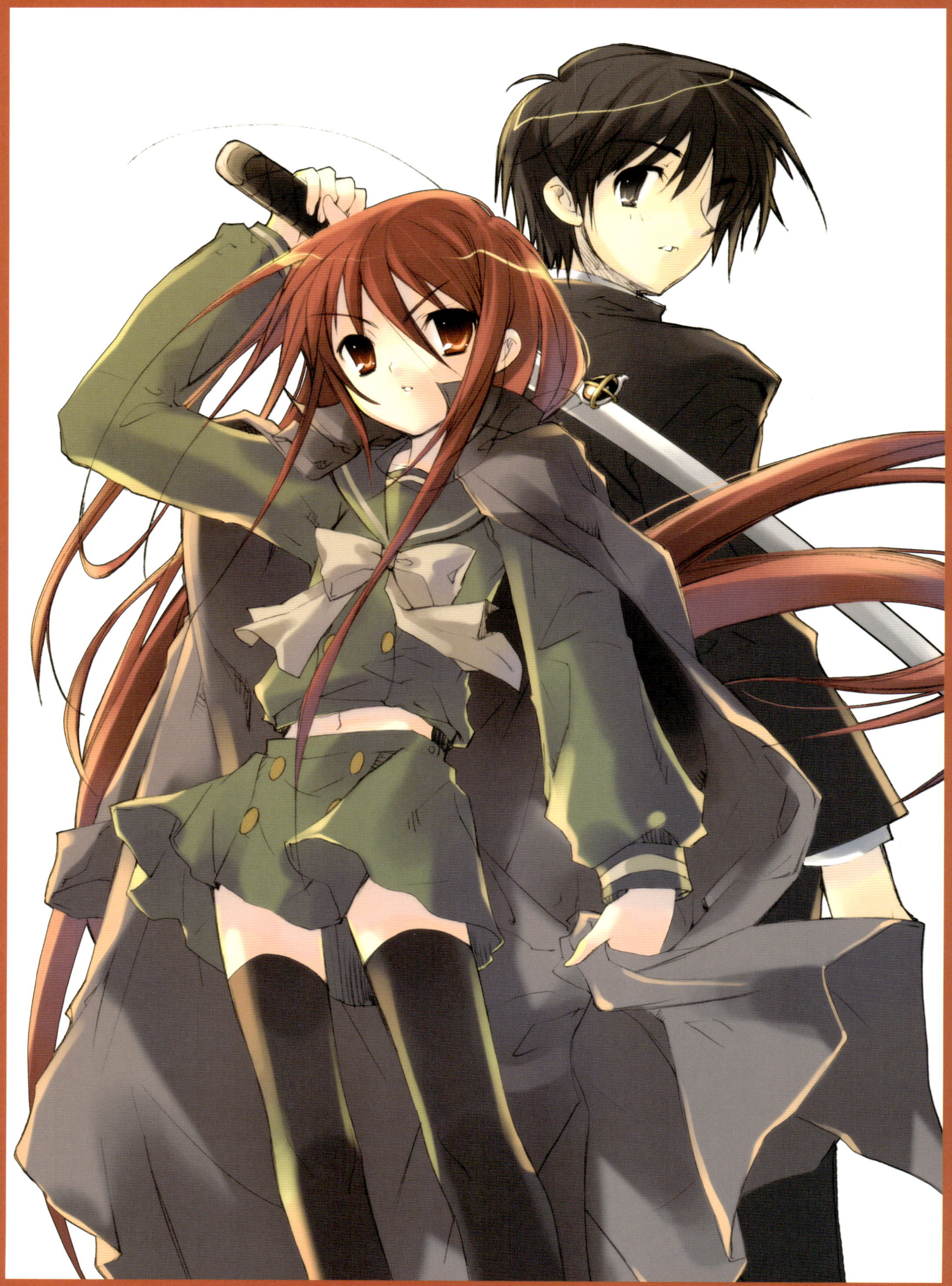

『灼眼のシャナ』Drama Disk　パッケージ／2004年6月

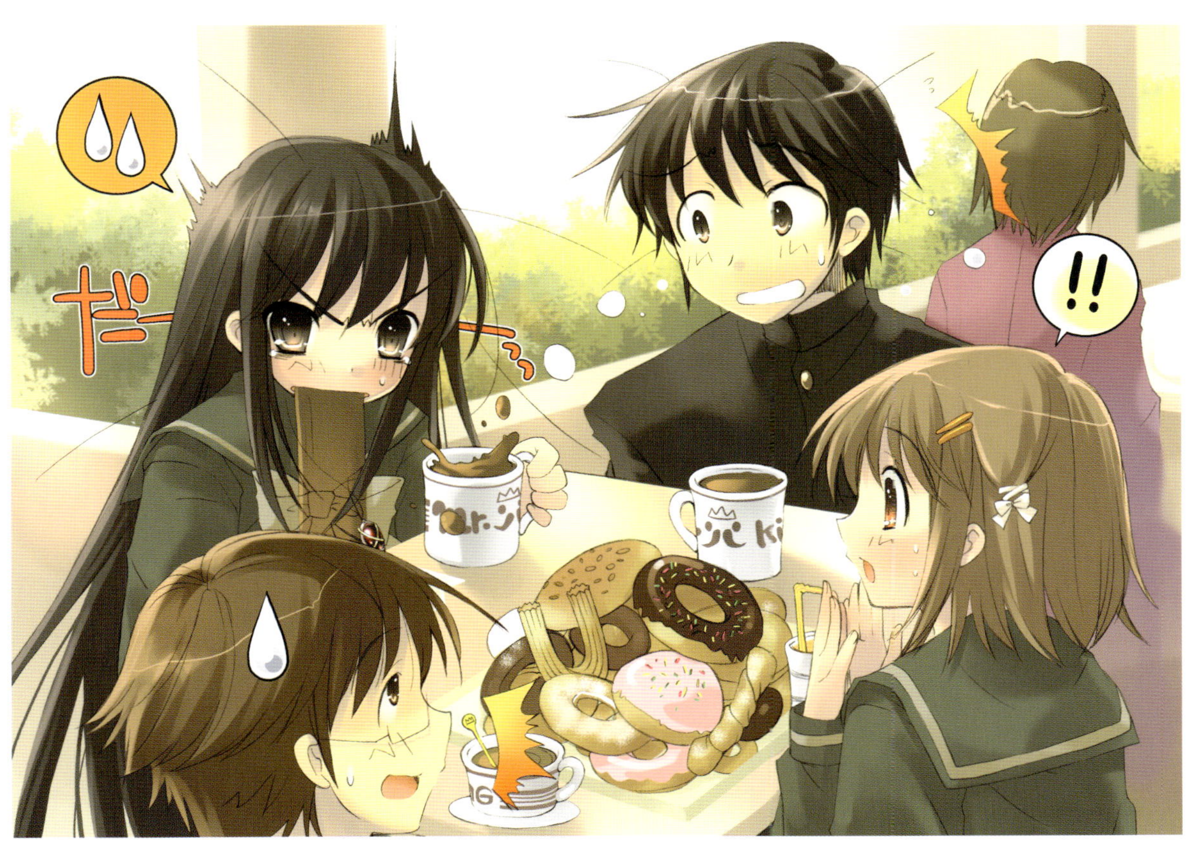

『灼眼のシャナ』Drama Disk 小冊子／2004年6月

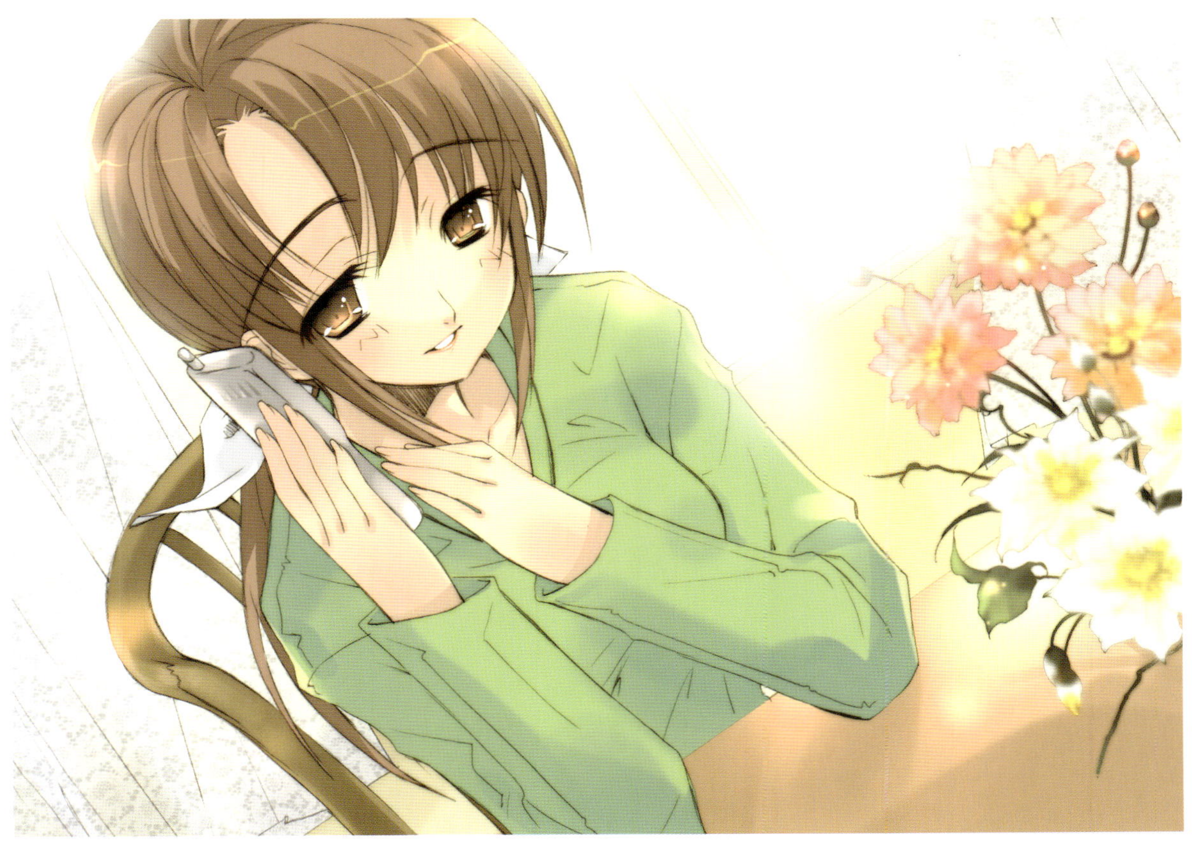

『灼眼のシャナ』Drama Disk 小冊子／2004年6月

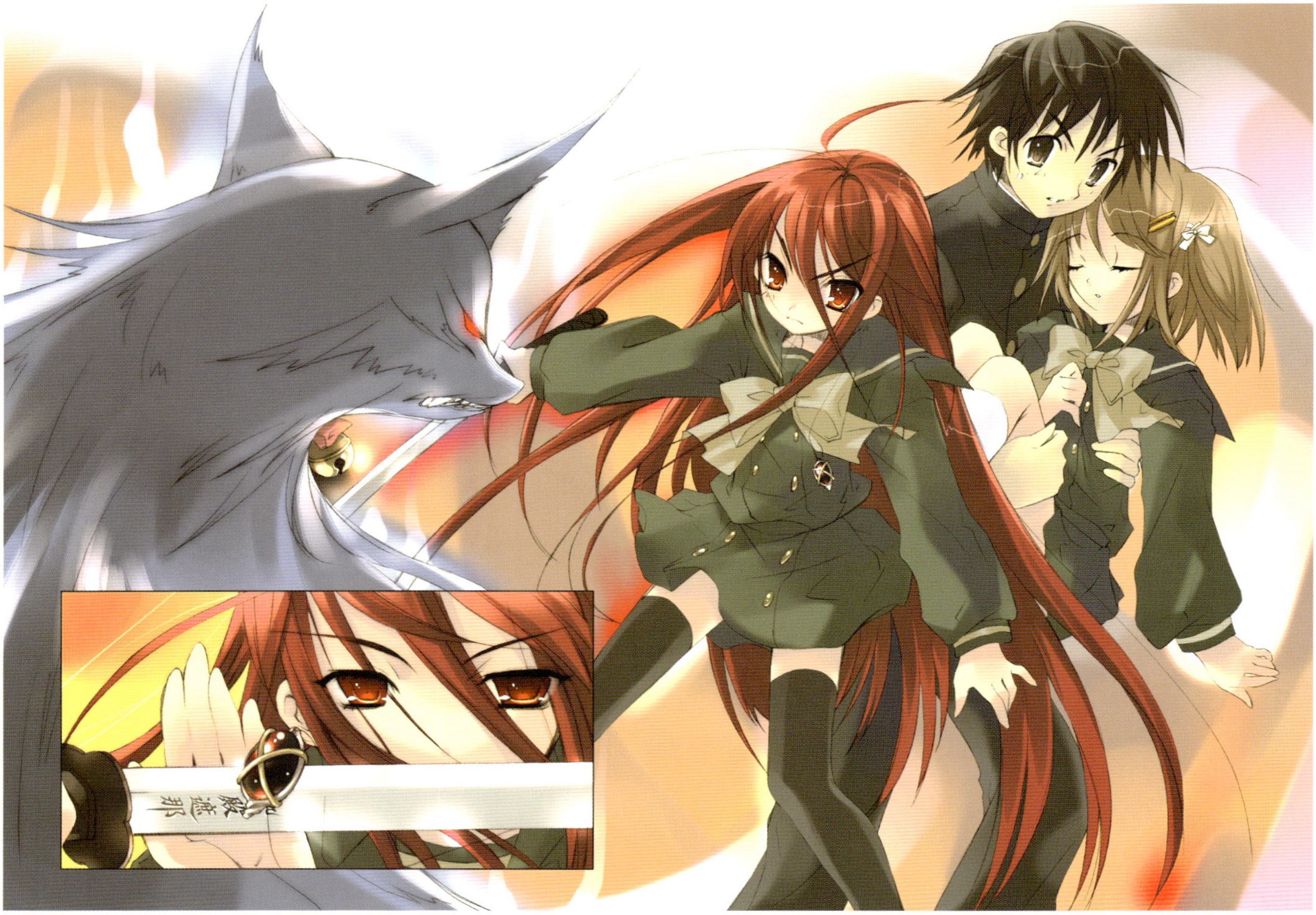

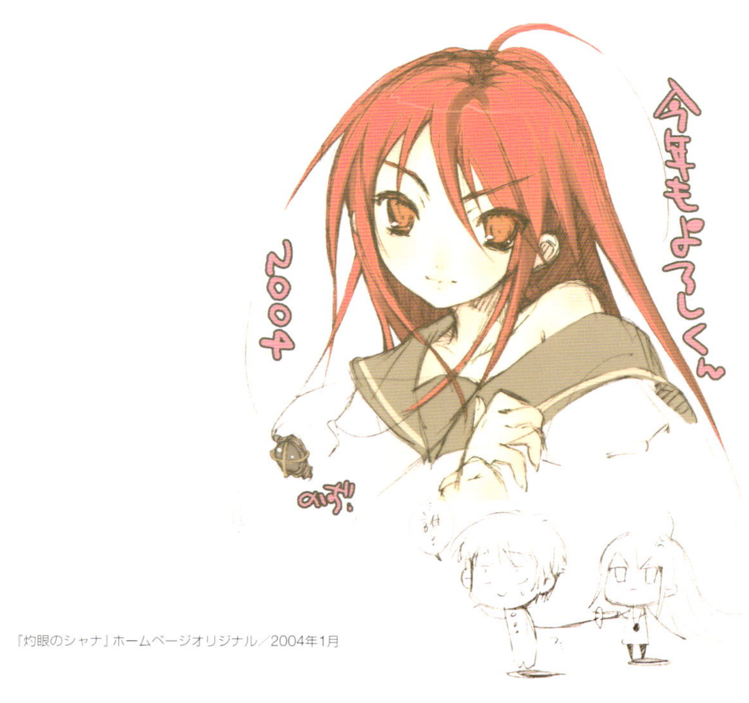

『灼眼のシャナ』Drama Disk 小冊子／2004年6月

『灼眼のシャナ』ホームページオリジナル／2004年1月

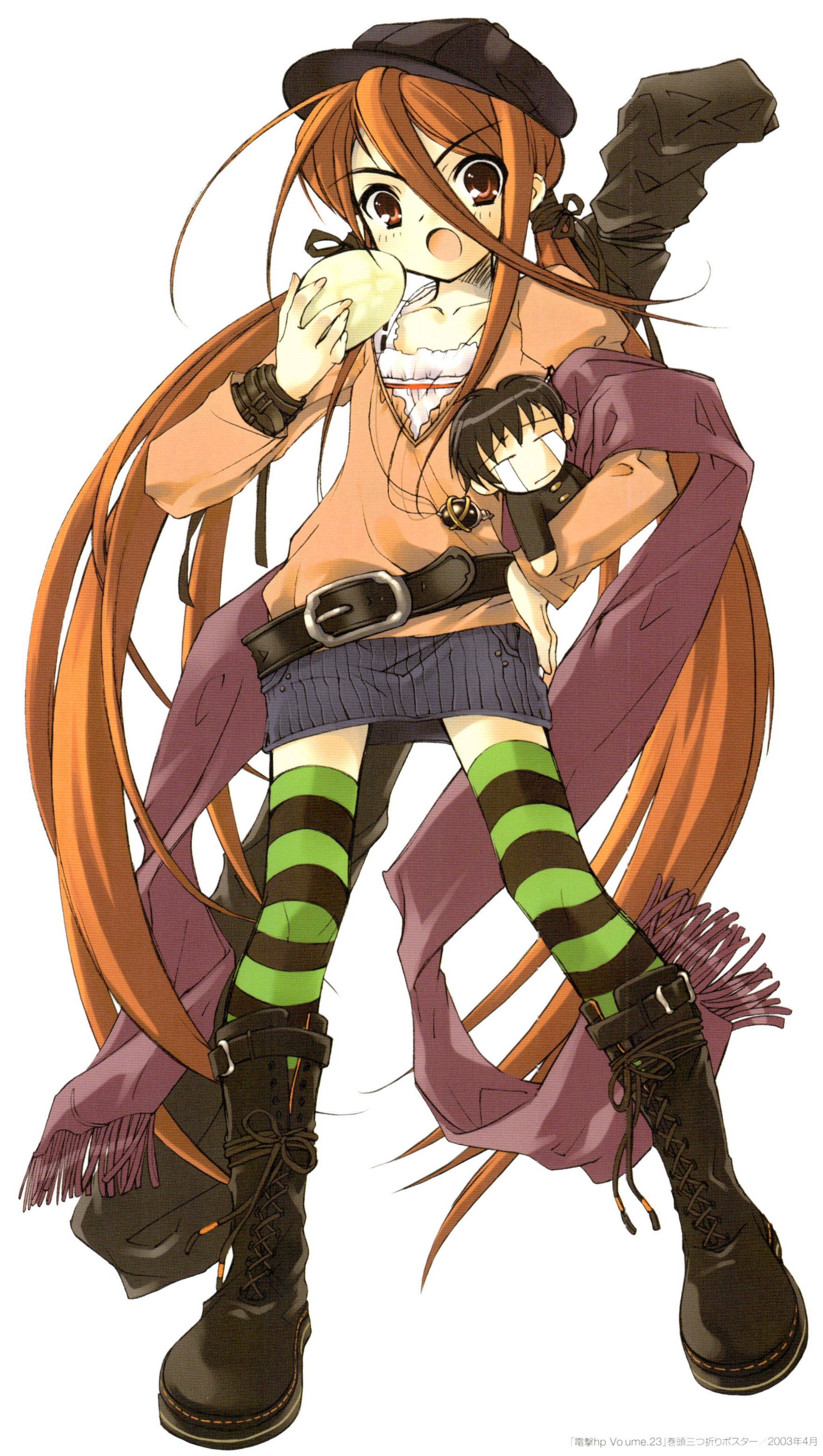

「電撃hp Volume.23」巻頭三つ折りポスター／2003年4月

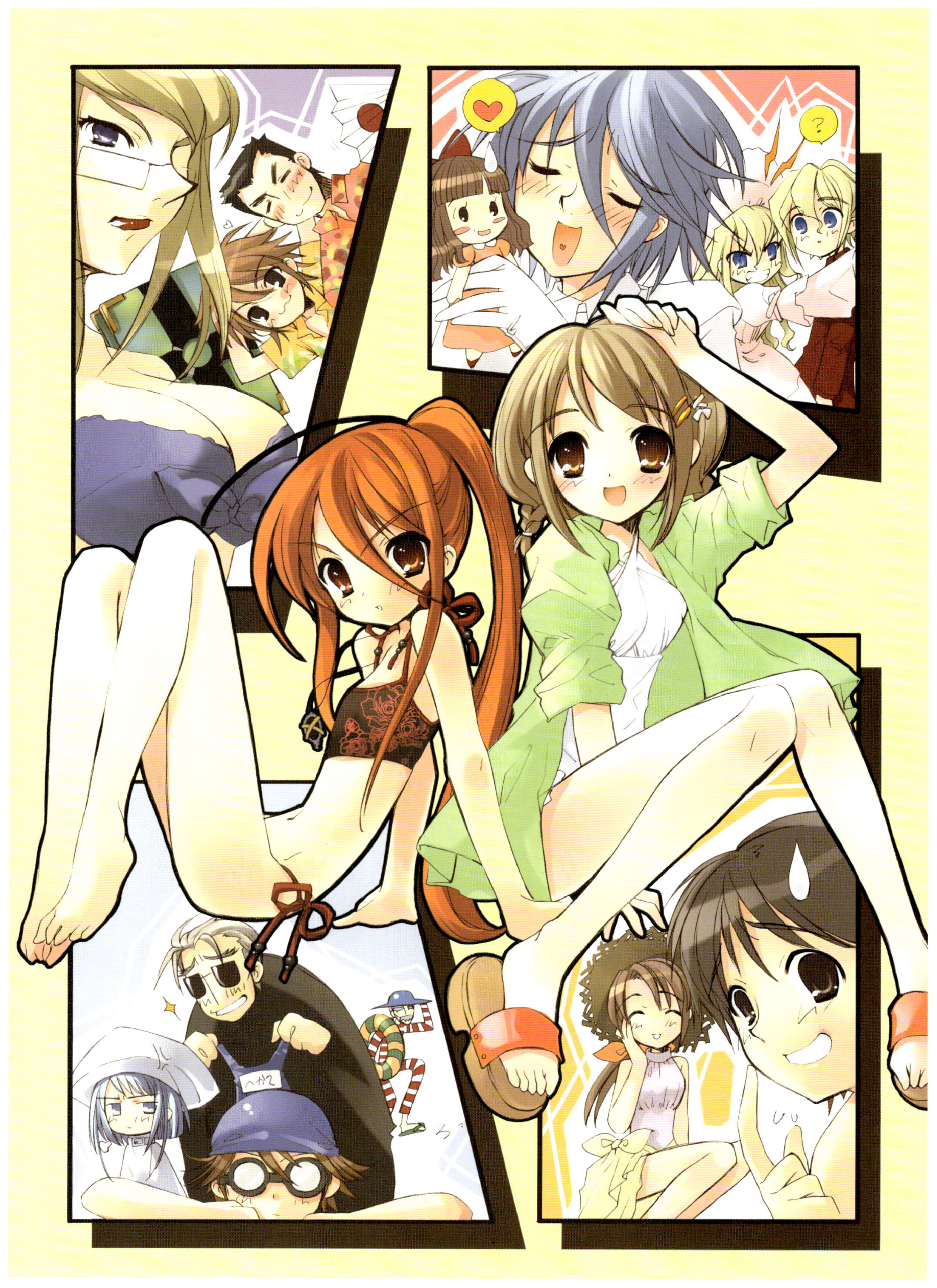

「電撃げんこ」掲載『しゃくがんのしゃな』／2003年9月

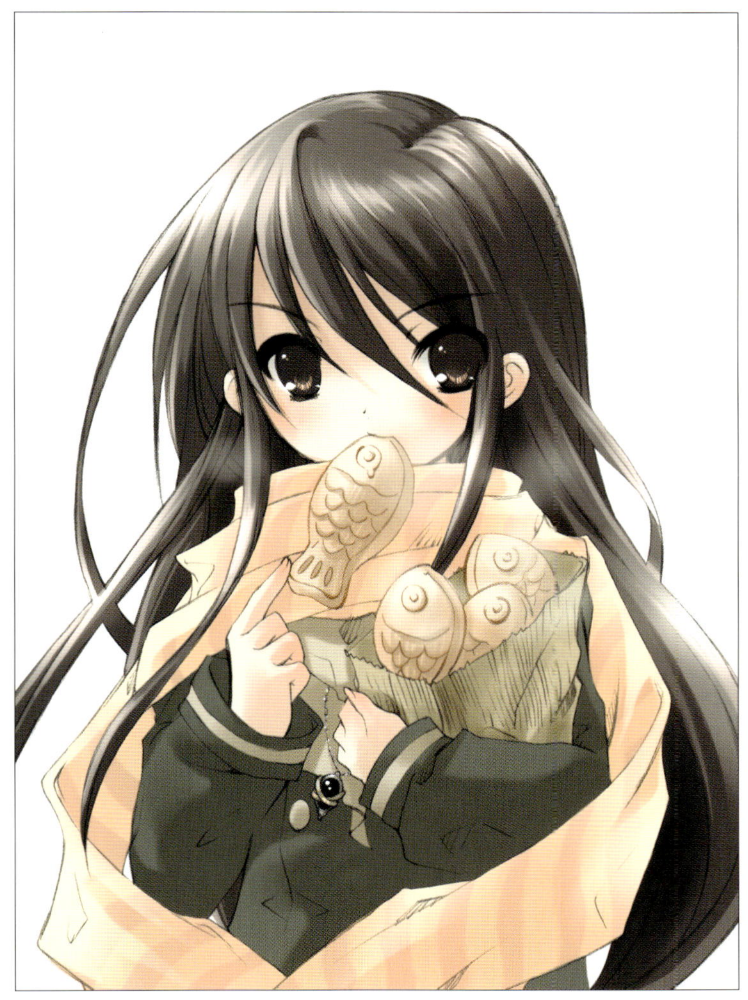

「電撃の缶詰」表紙／2002年11月

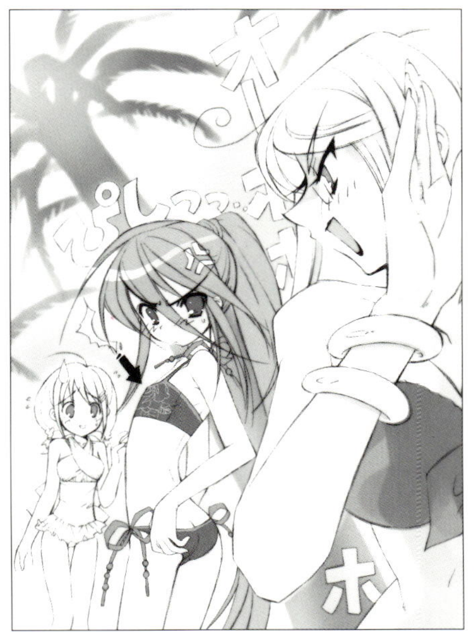

「電撃ぶんこ」掲載「しゃくがんのしゃな」本文挿絵／2003年9月

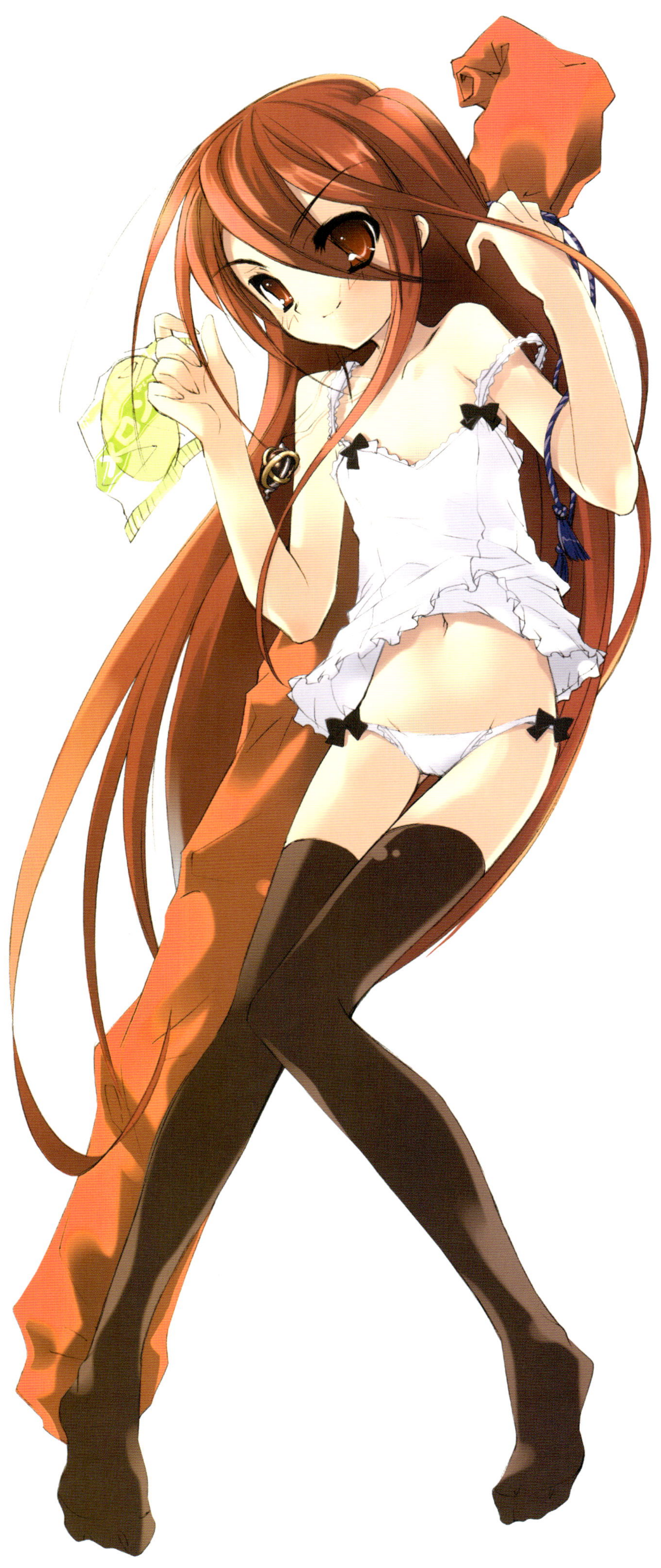

「灼眼のシャナ」通販限定抱き枕
2004年1月

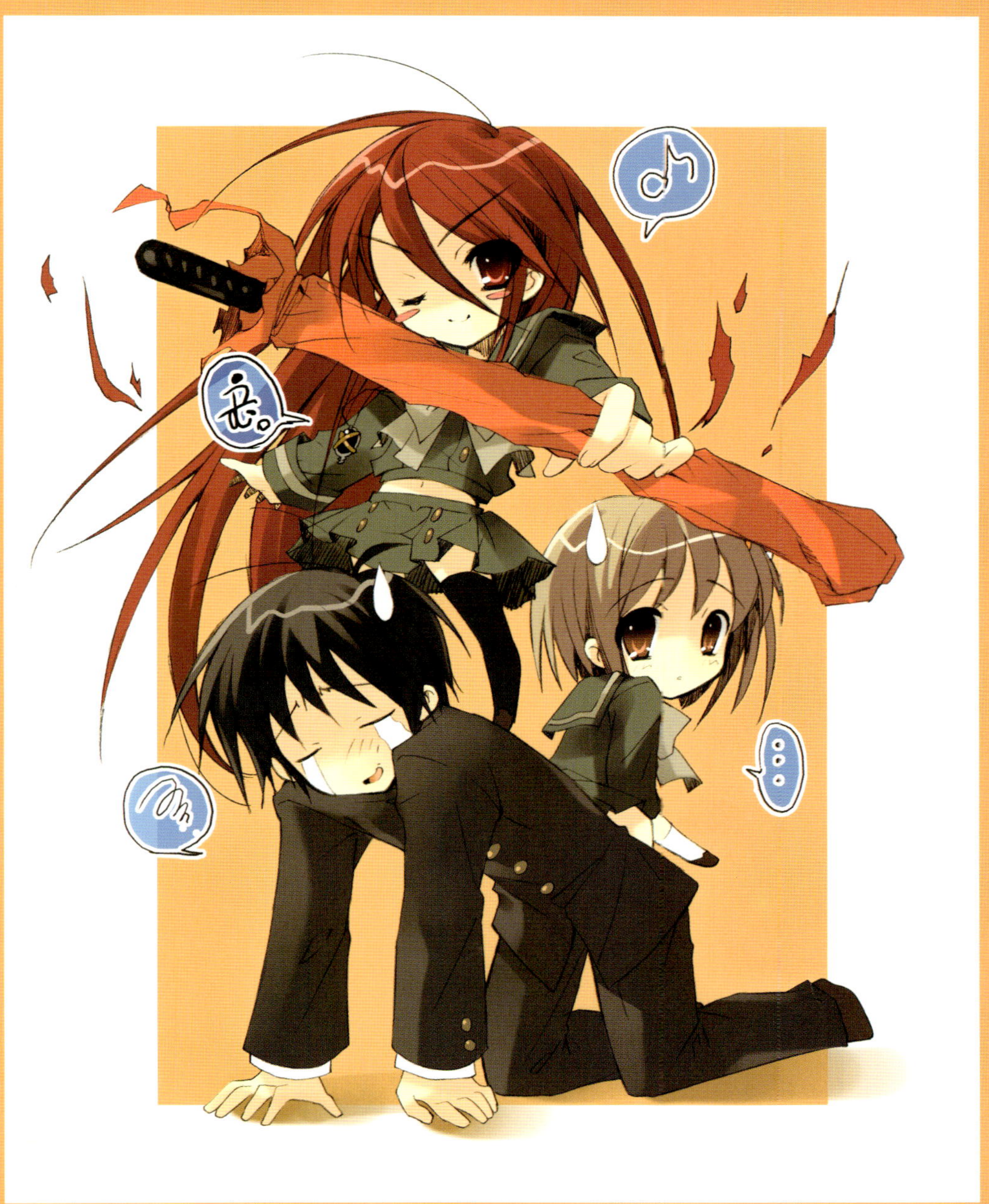

「電撃hp Volume.28」ラジオドラマ告知／2004年2月

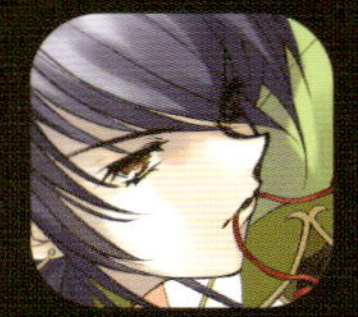

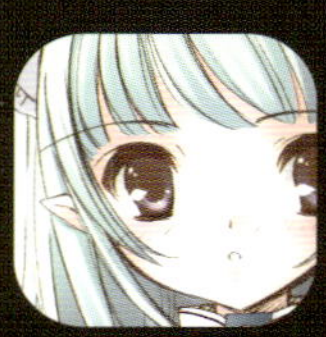

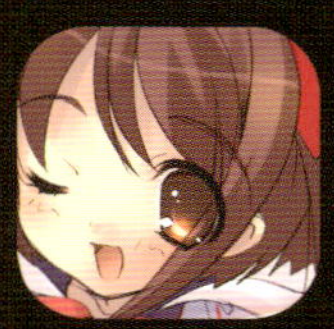

別派の章

GU-RE-N
Ito Noizi Art Collection

DIFFERENT SECT

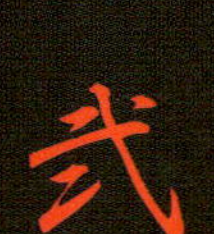

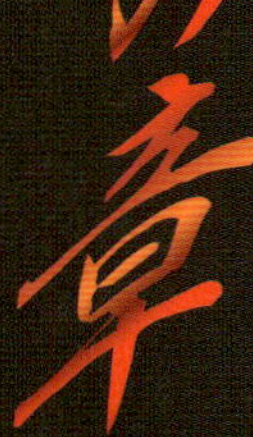

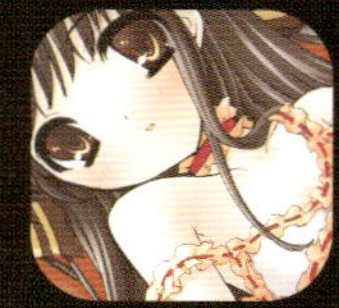

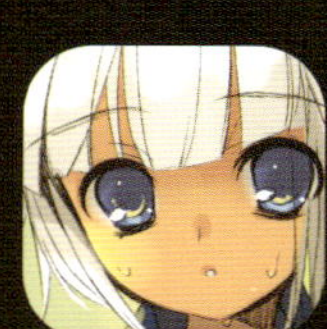

K-BOOKS　プレゼントテレカ／2003年1月
©K-BOOKS

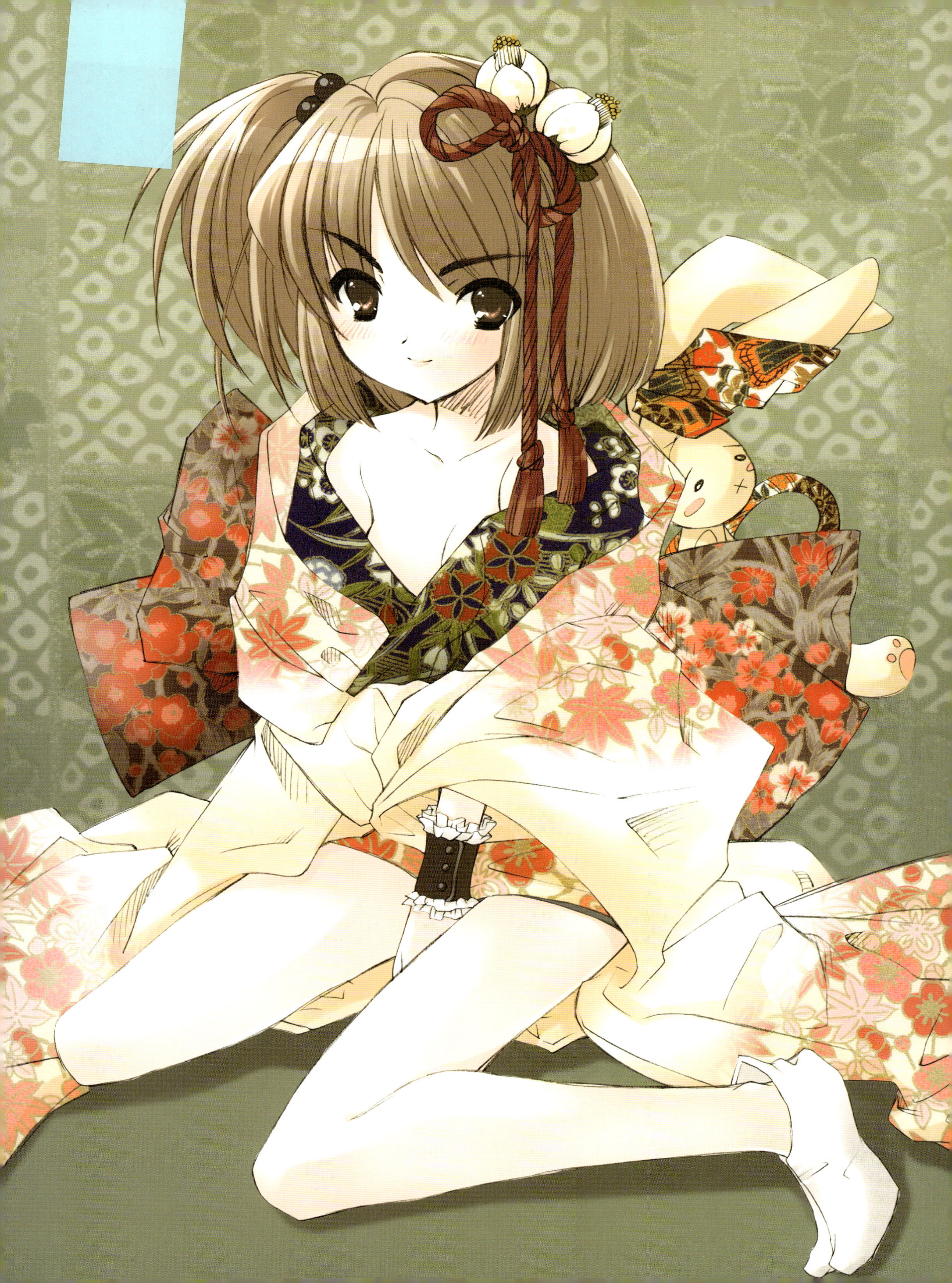

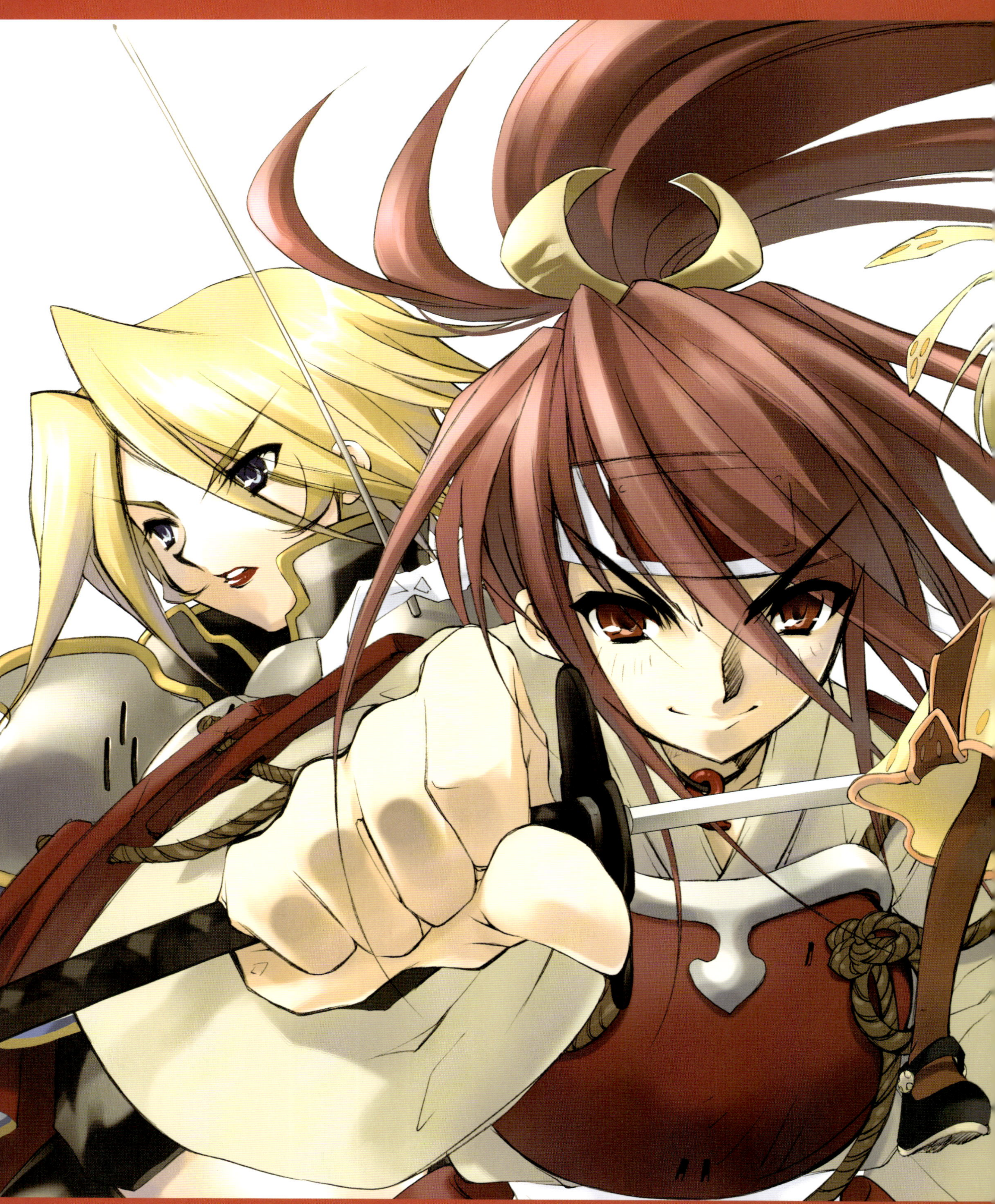

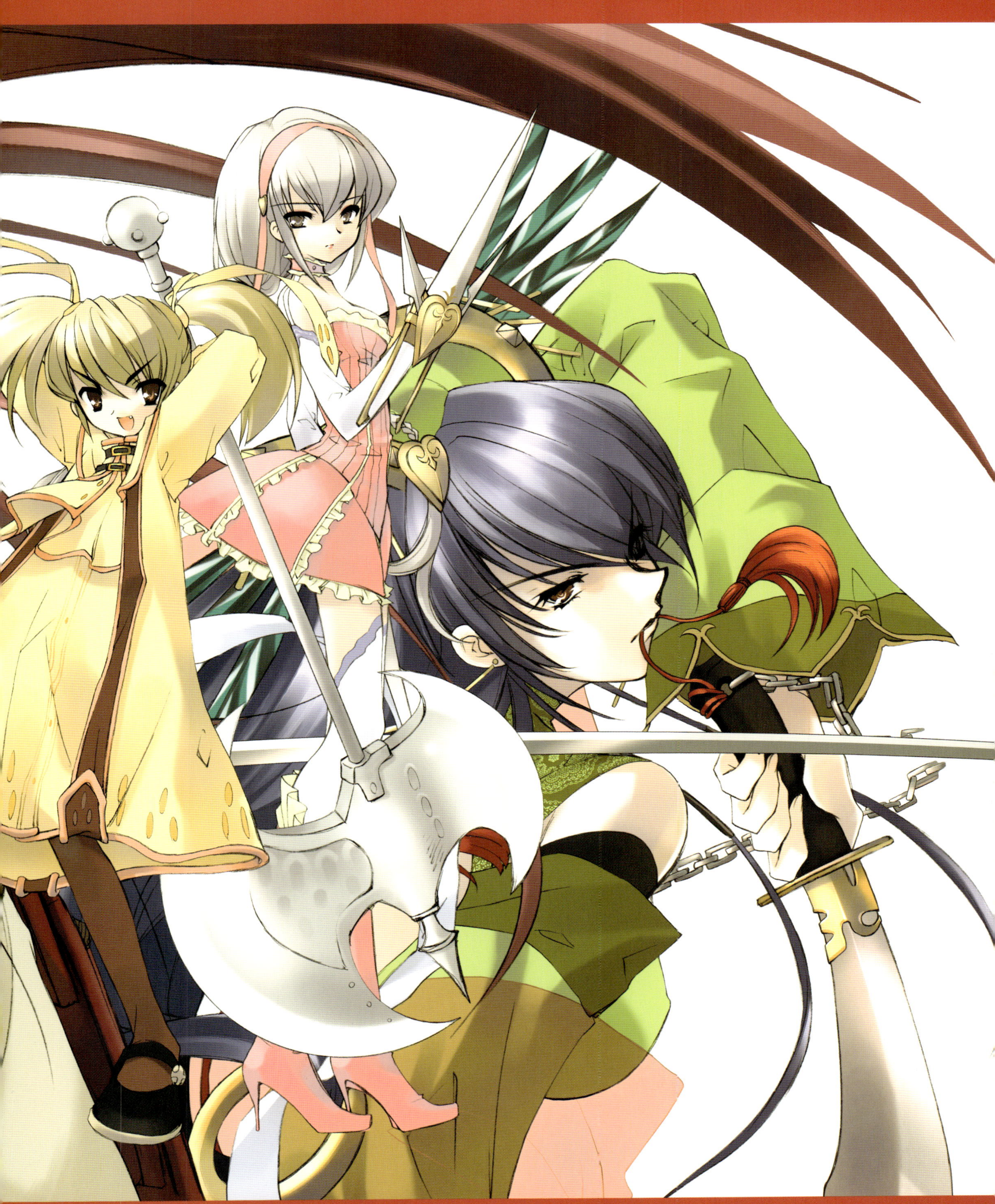

GBA「ダンシングソード ～閃光～」パッケージ／2003年3月

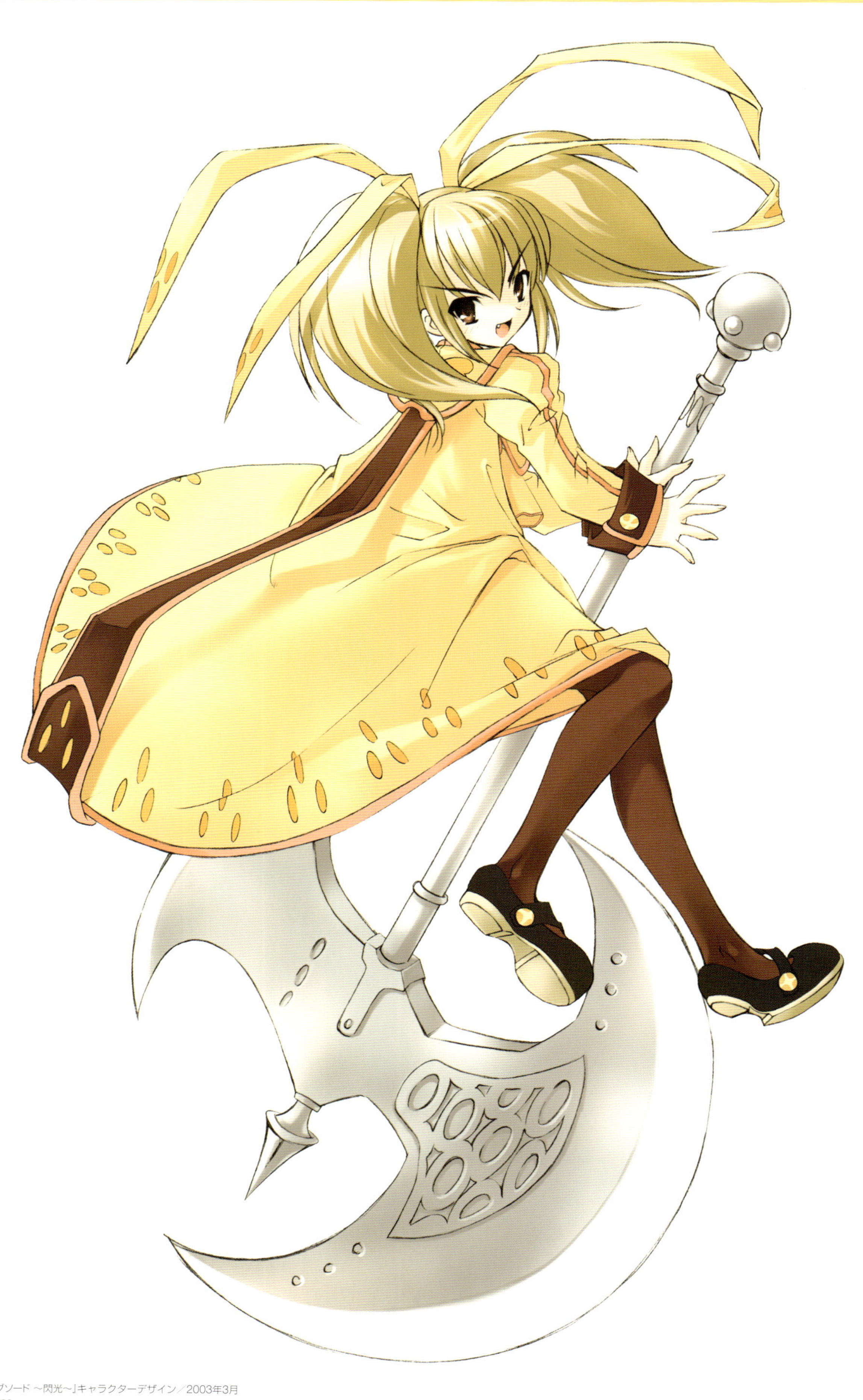

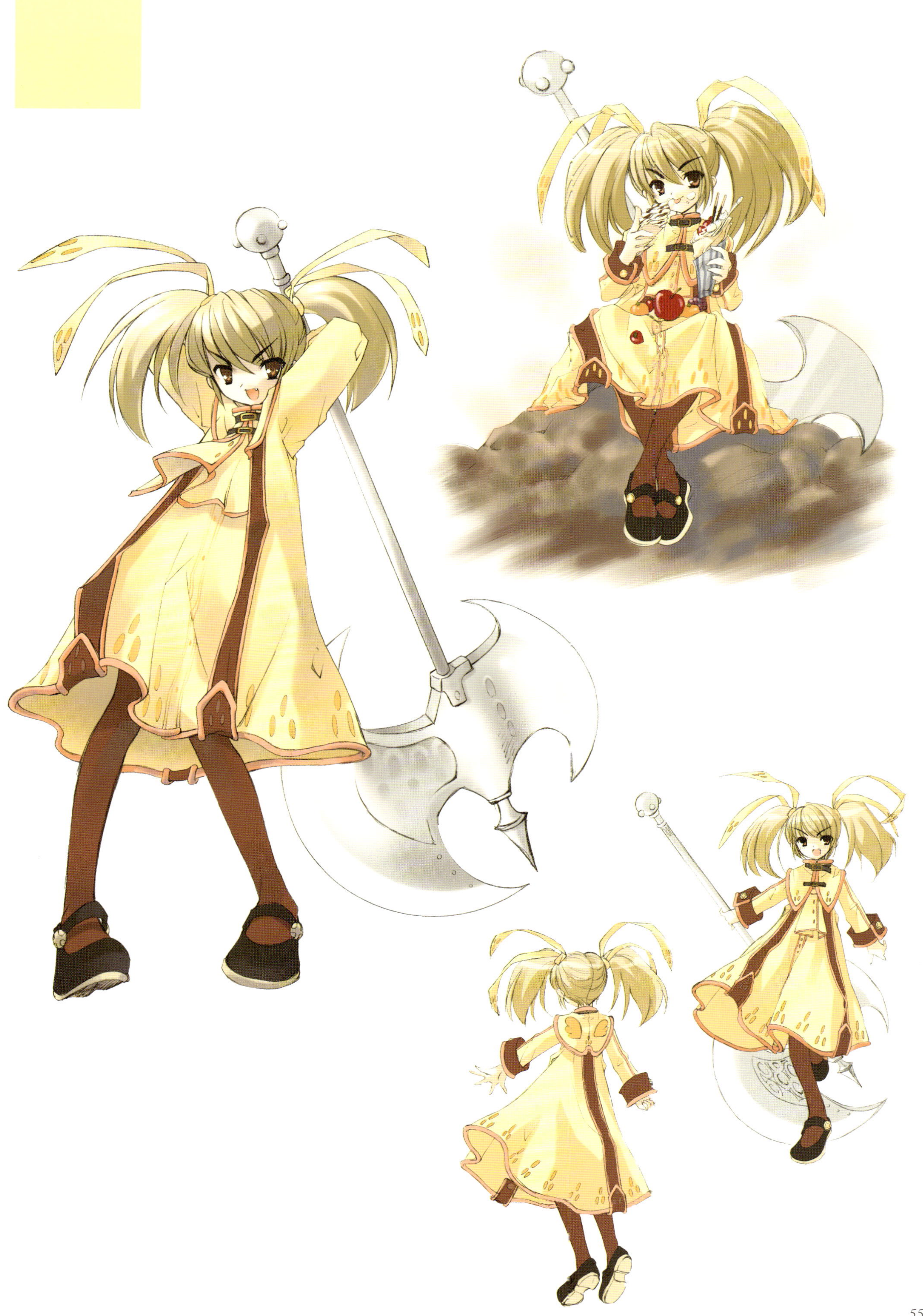

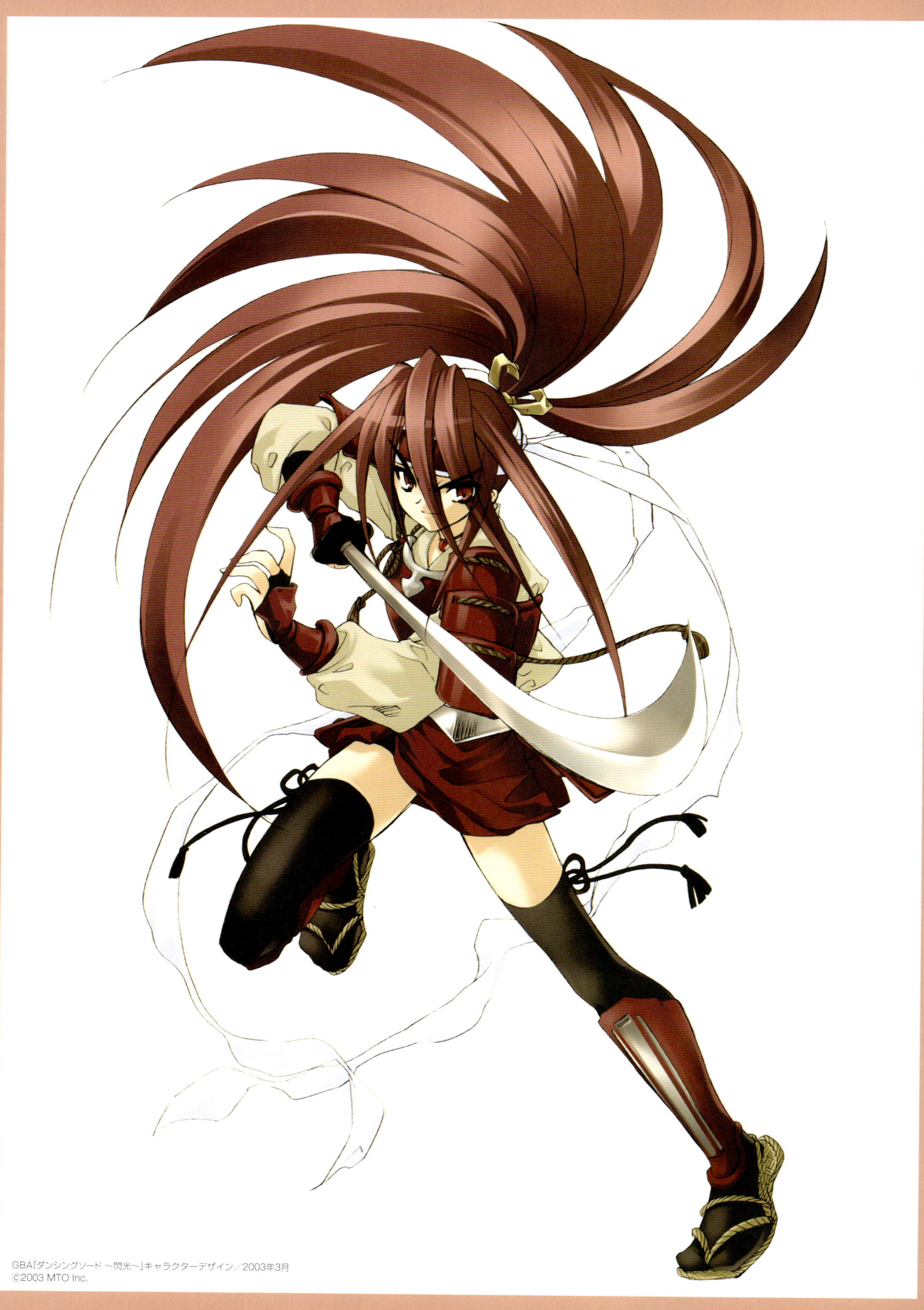

GBA『ダンシングソード 〜閃光〜』キャラクターデザイン／2003年3月
©2003 MTO Inc.

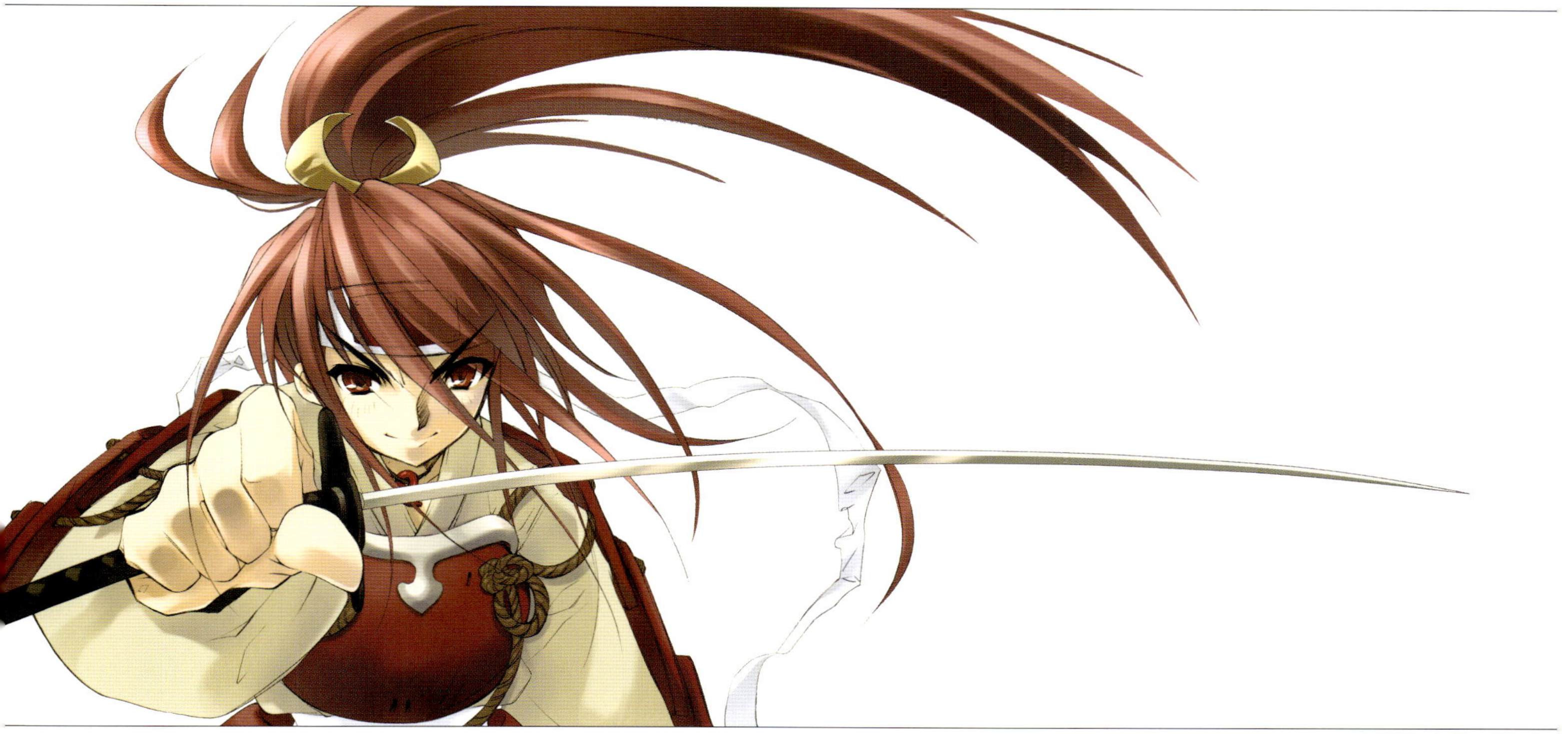

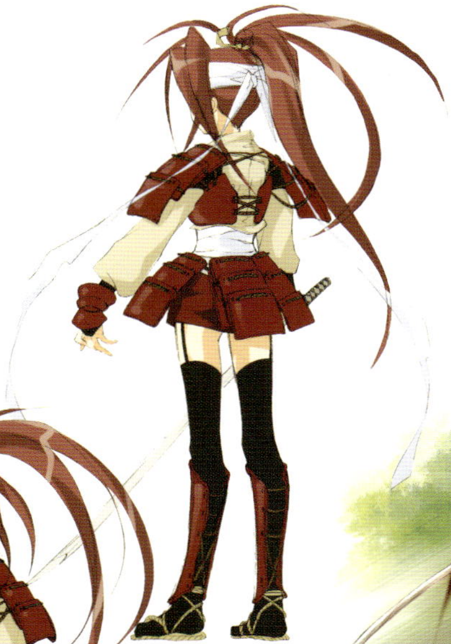

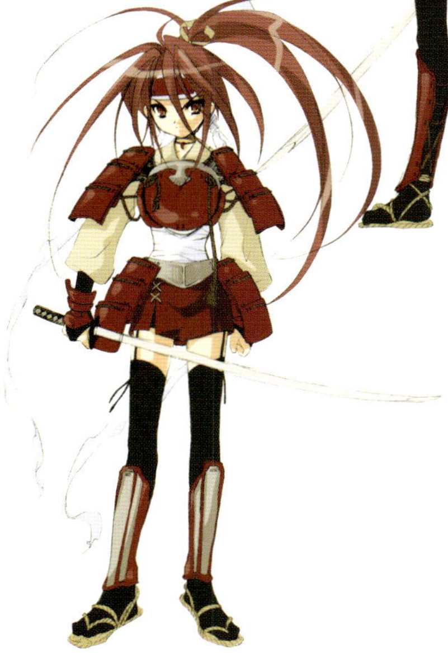

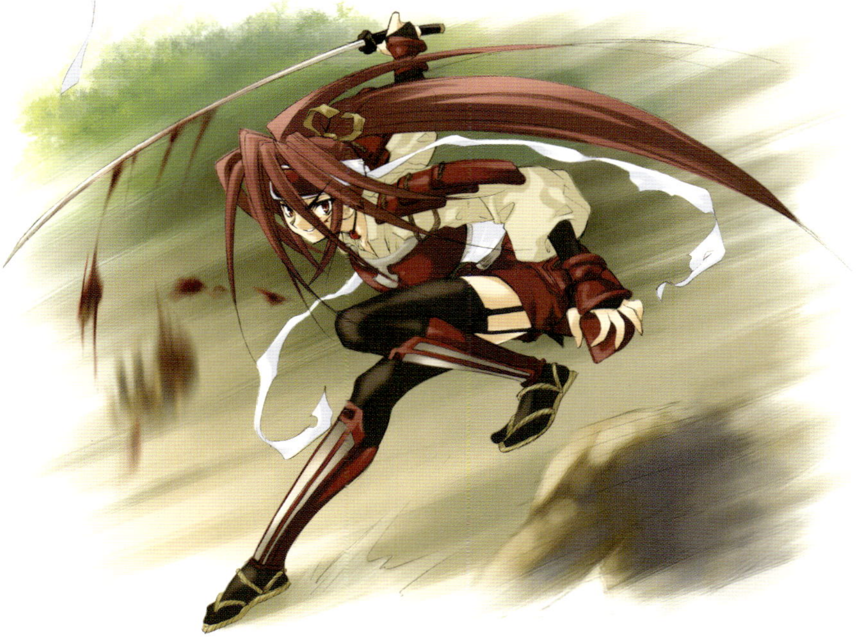

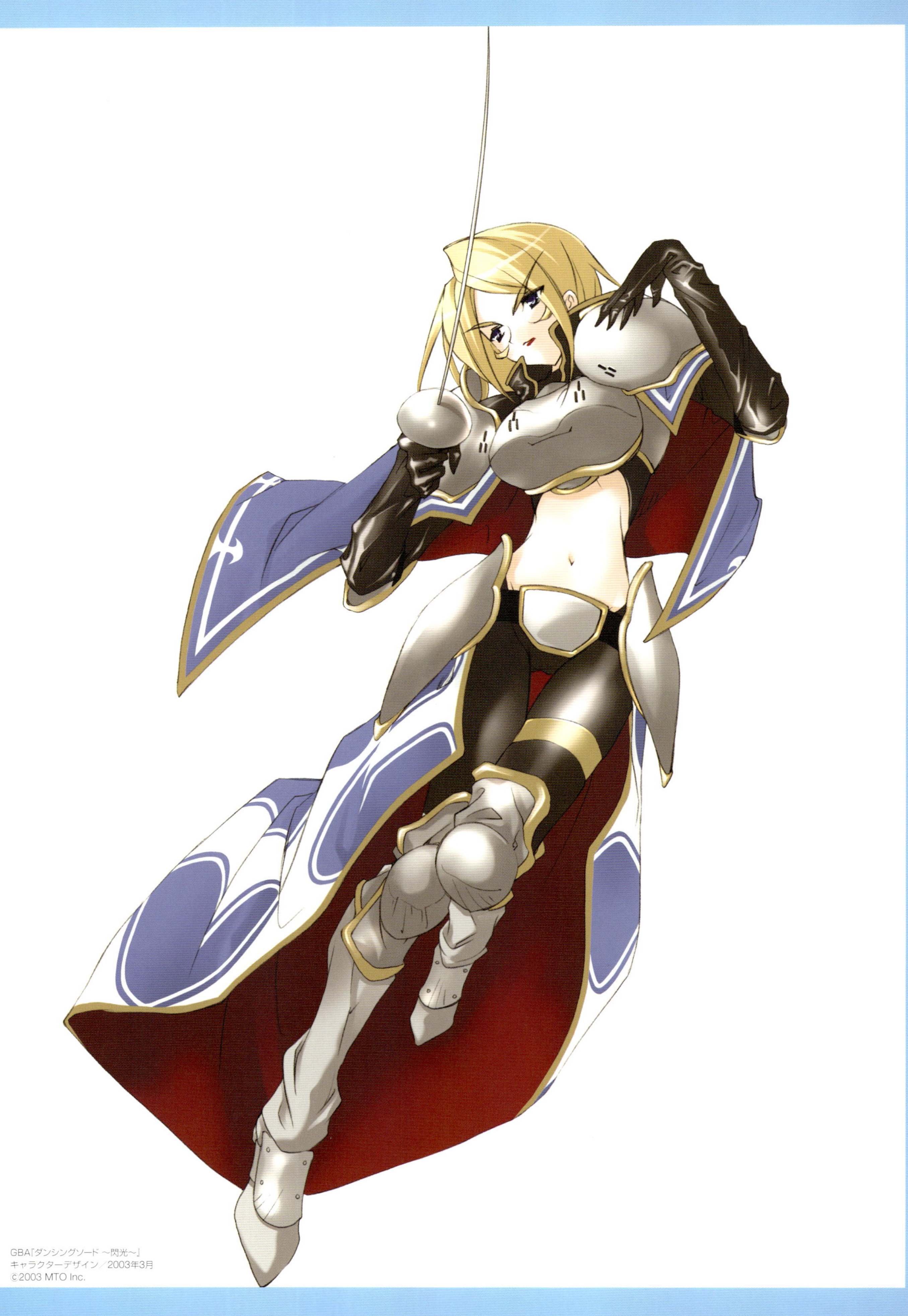

GBA『ダンシングソード ～閃光～』
キャラクターデザイン／2003年3月
©2003 MTO Inc.

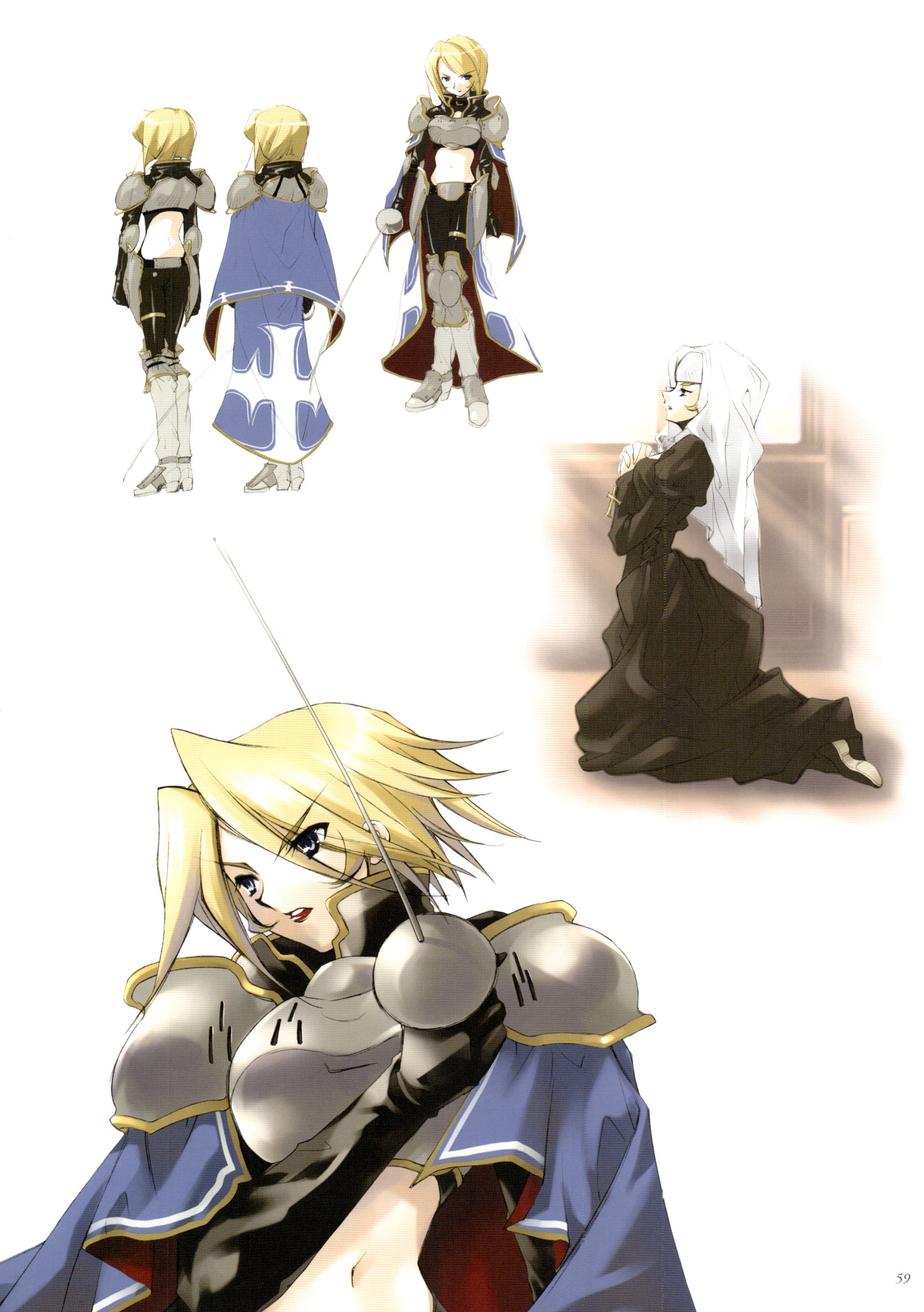

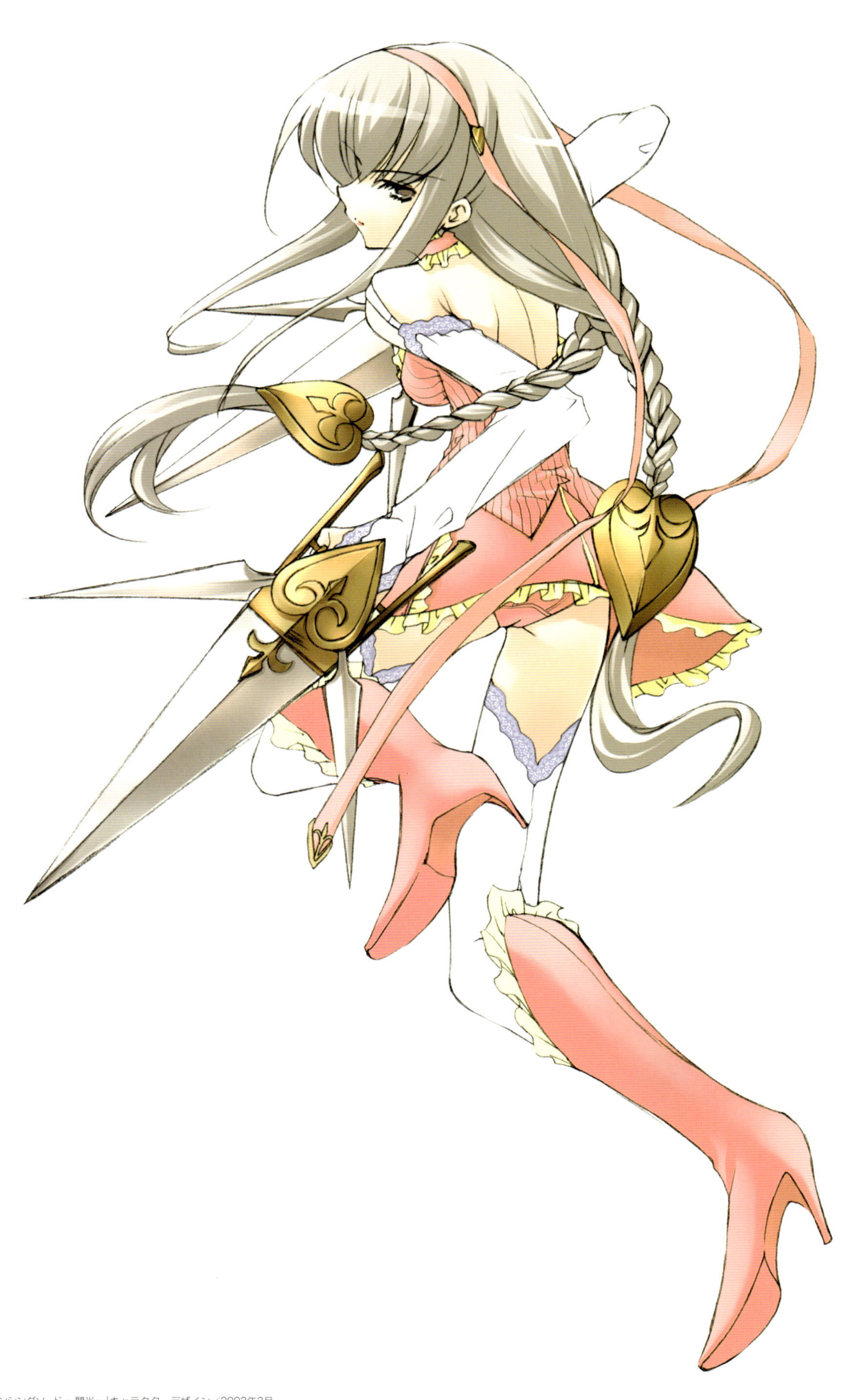

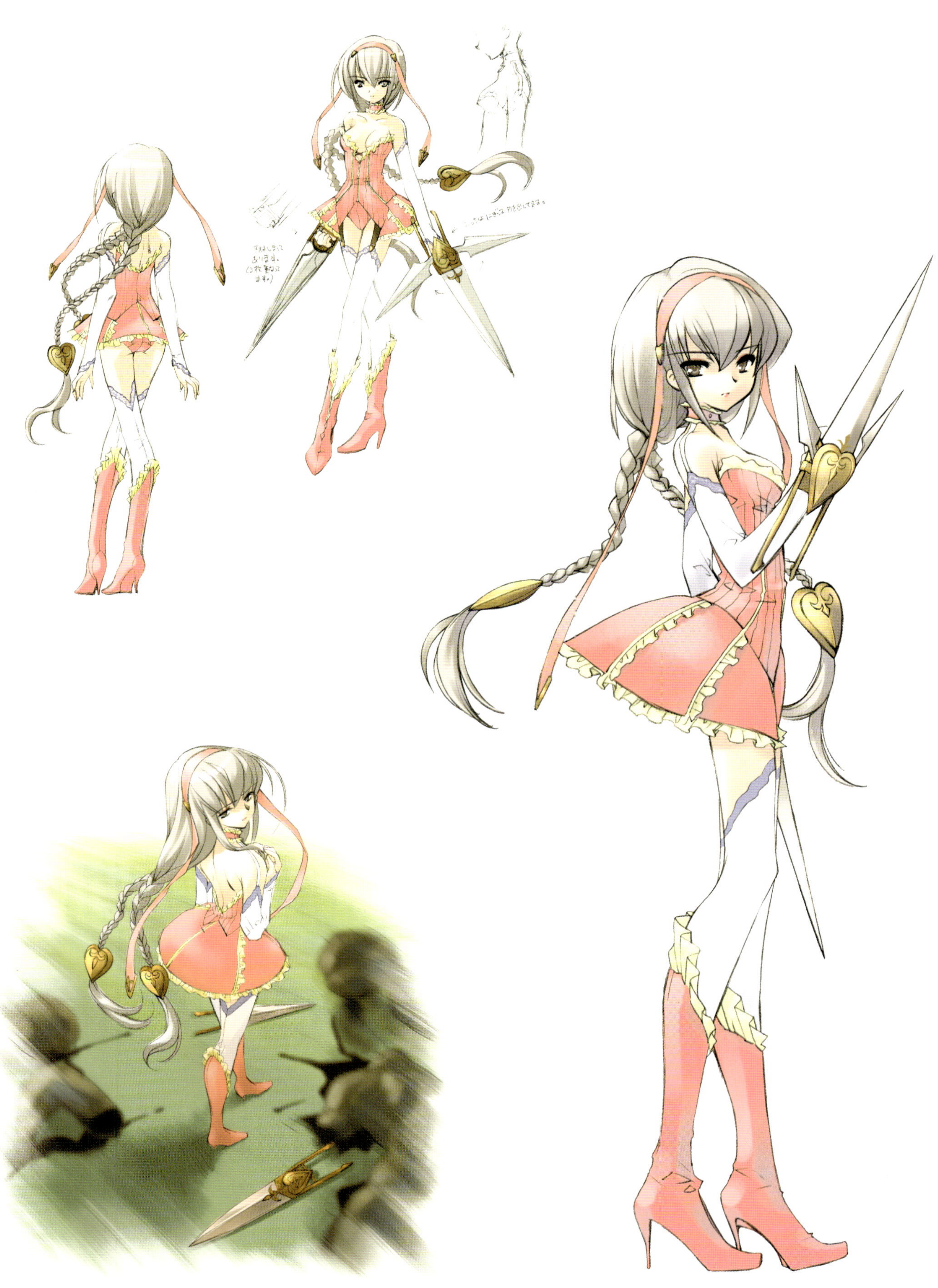

刃はしっかりあります。(2枚重なってます。)
…はにぎって刀を出してます。

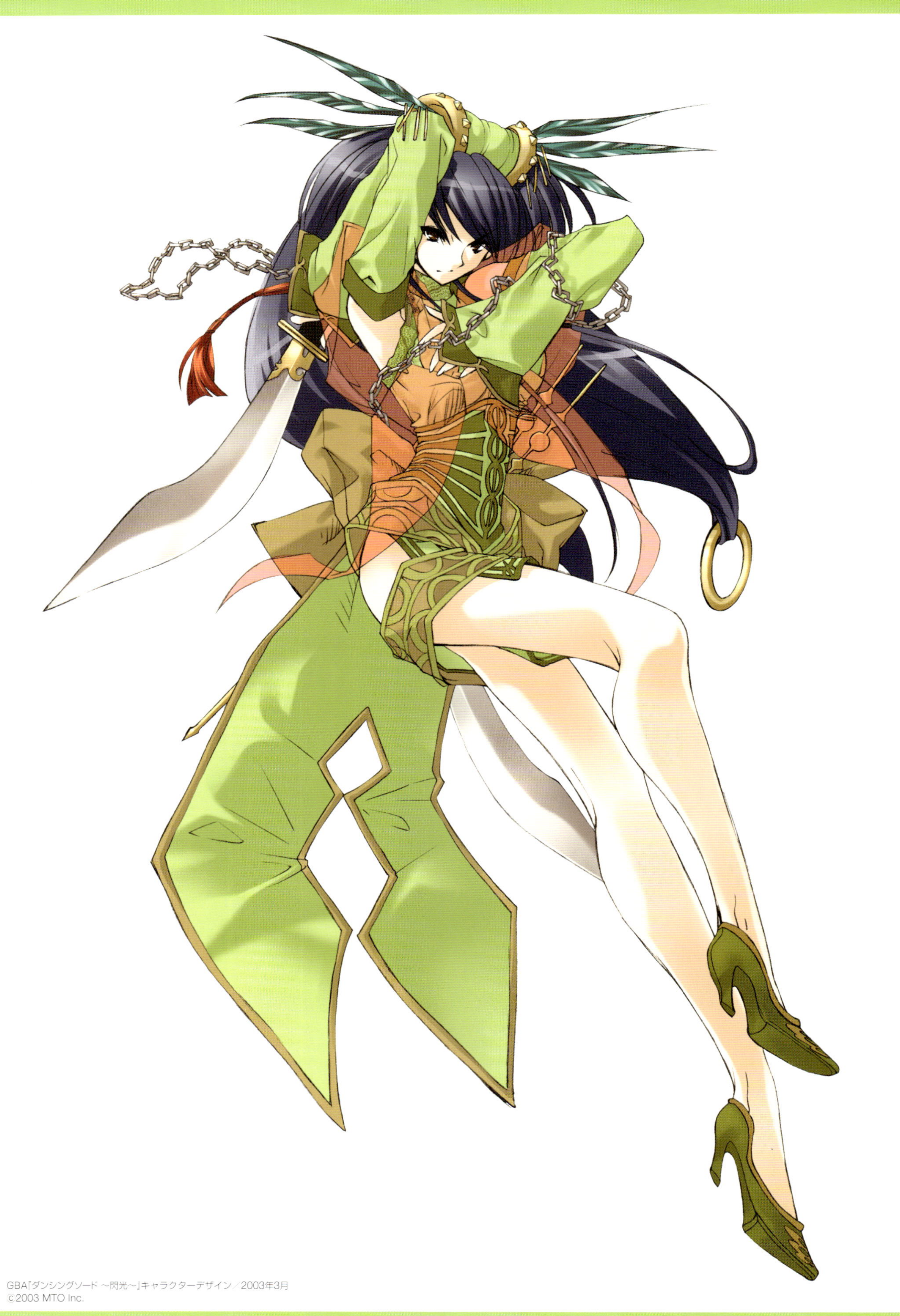

GBA『ダンシングソード ～閃光～』キャラクターデザイン／2003年3月
©2003 MTO Inc.

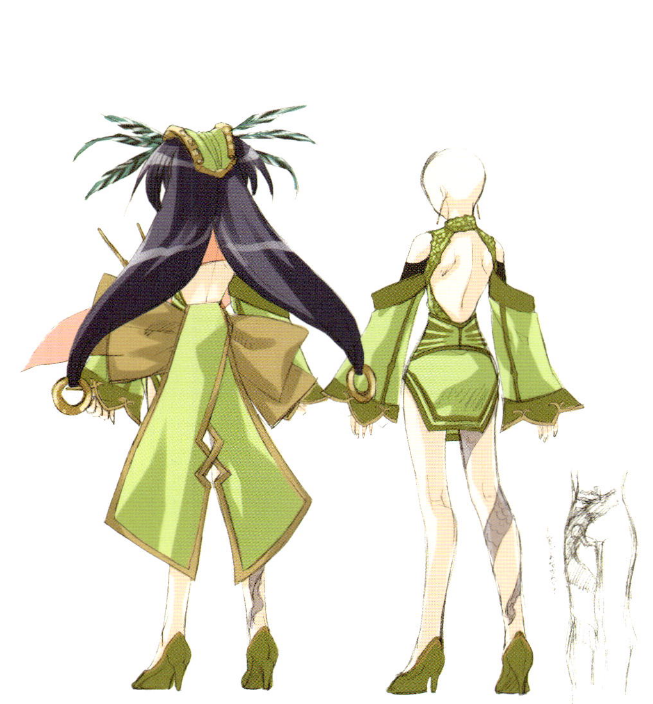
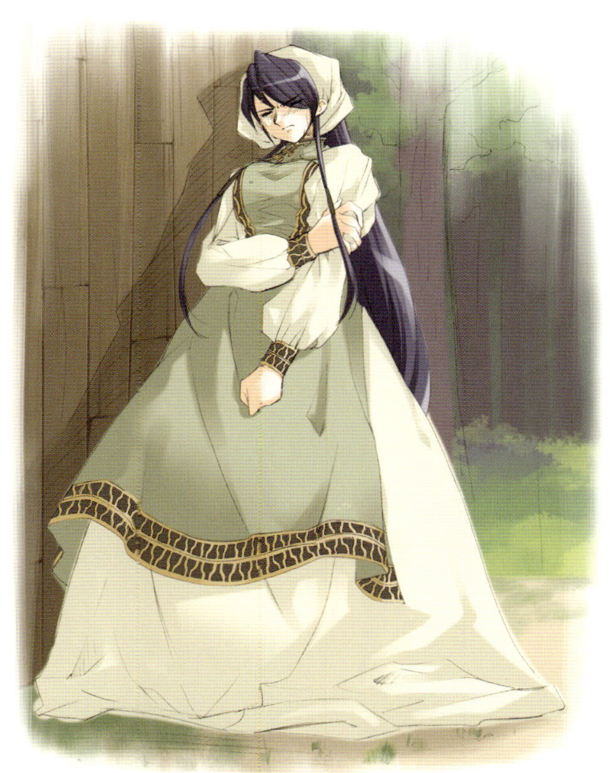

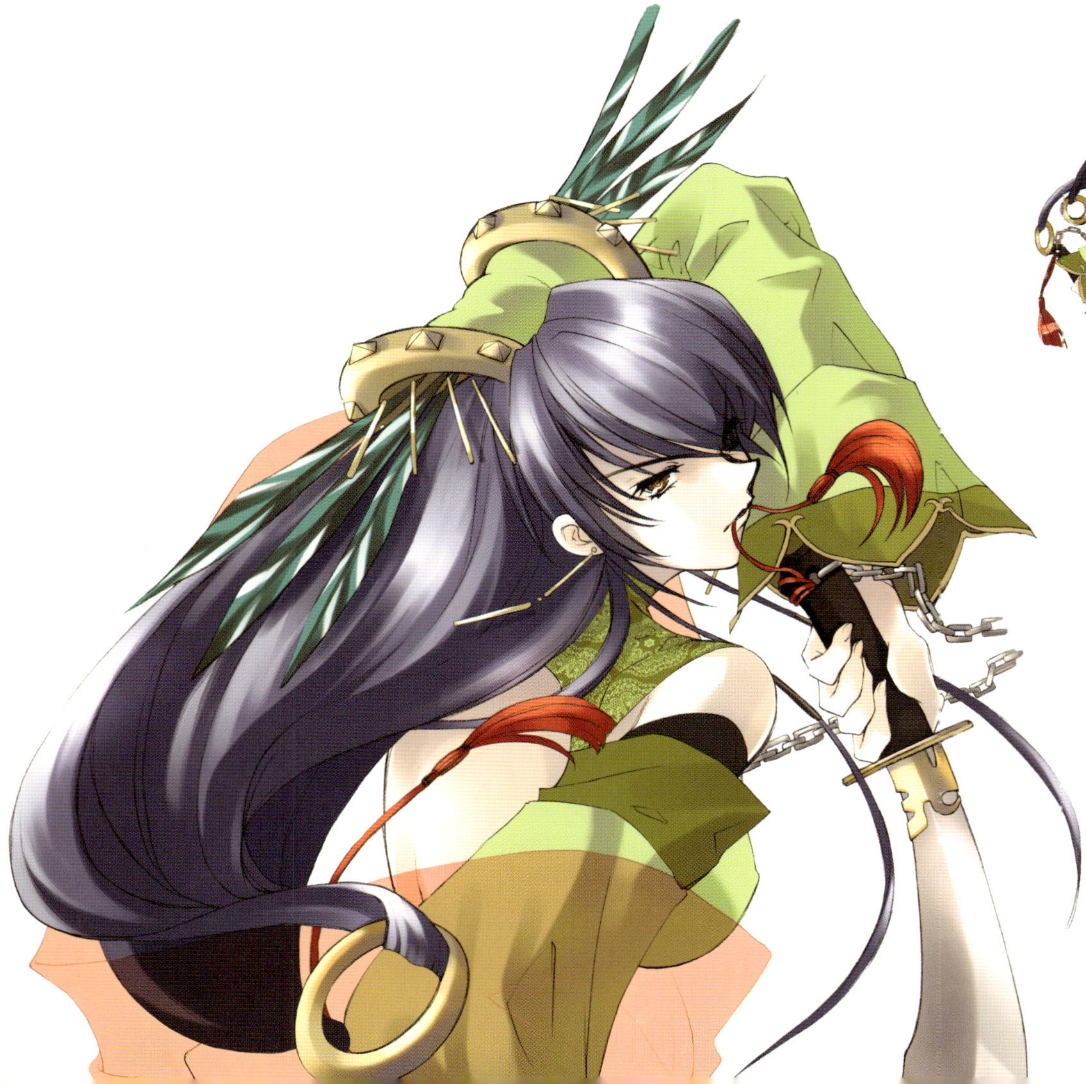

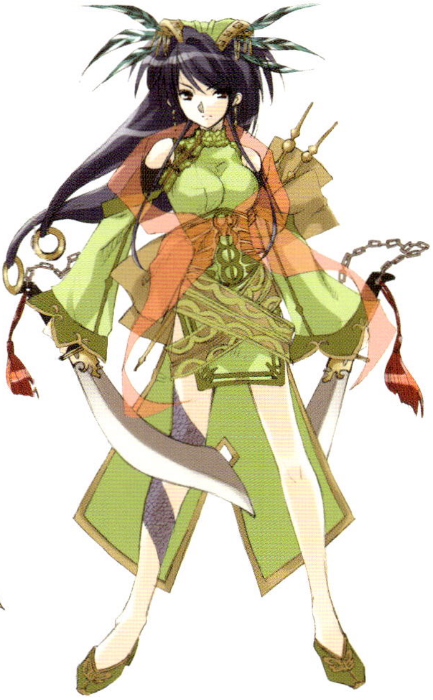

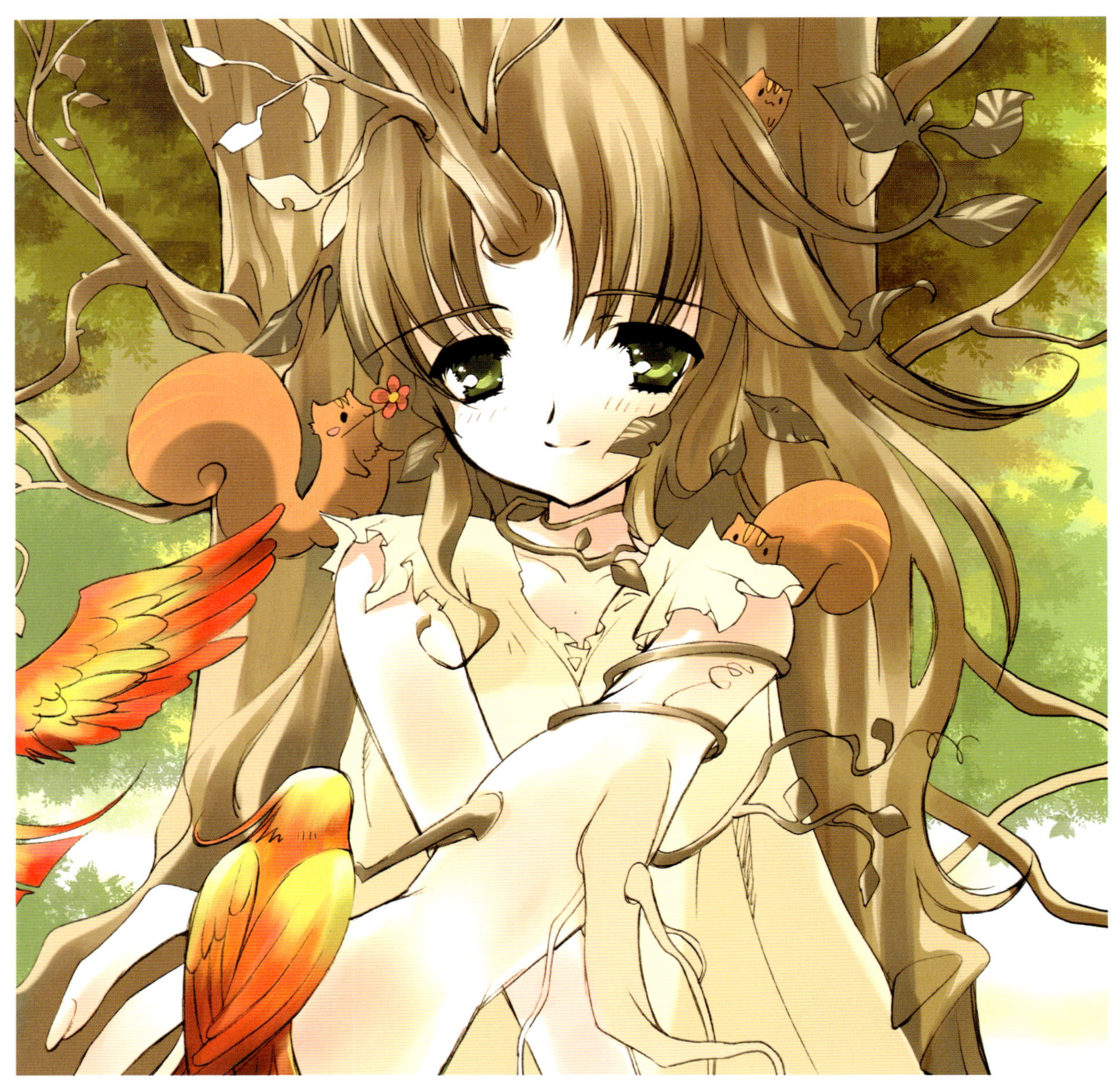

MCTCG「妖精伝承 〜煌天の使徒〜」／2003年4月
©ENTERBRAIN,INC.／スタジオ因果横襲

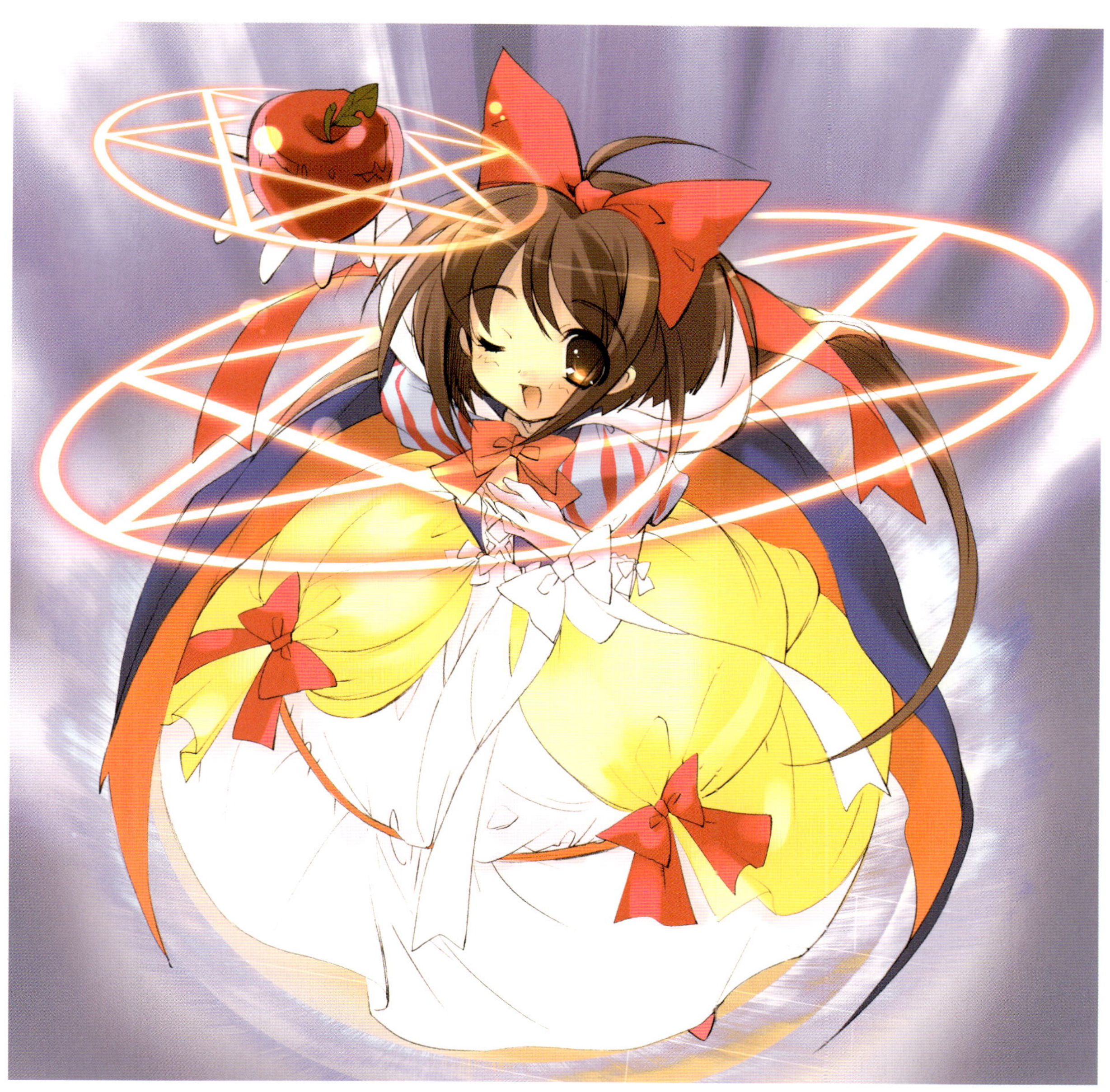

MCTCG「妖精伝承 〜神剣を継ぐ者〜」／2004年1月
ⒸENTERBRAIN,INC.／スタジオ因果横暴

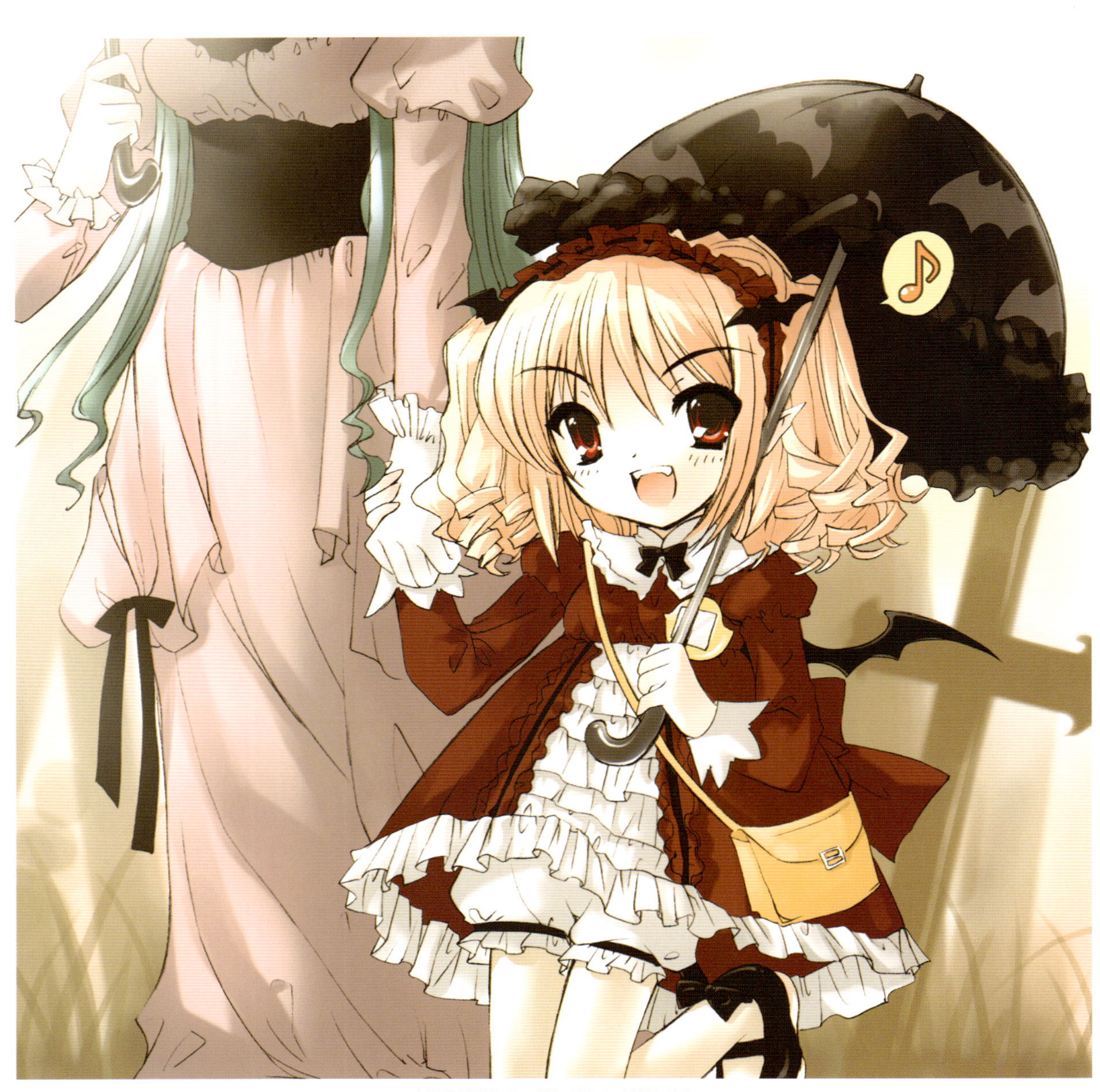

MCTCG『妖精伝承 ～黒翼の刻印～』／2002年12月
©ENTERBRAIN,INC./スタジオ因果横暴

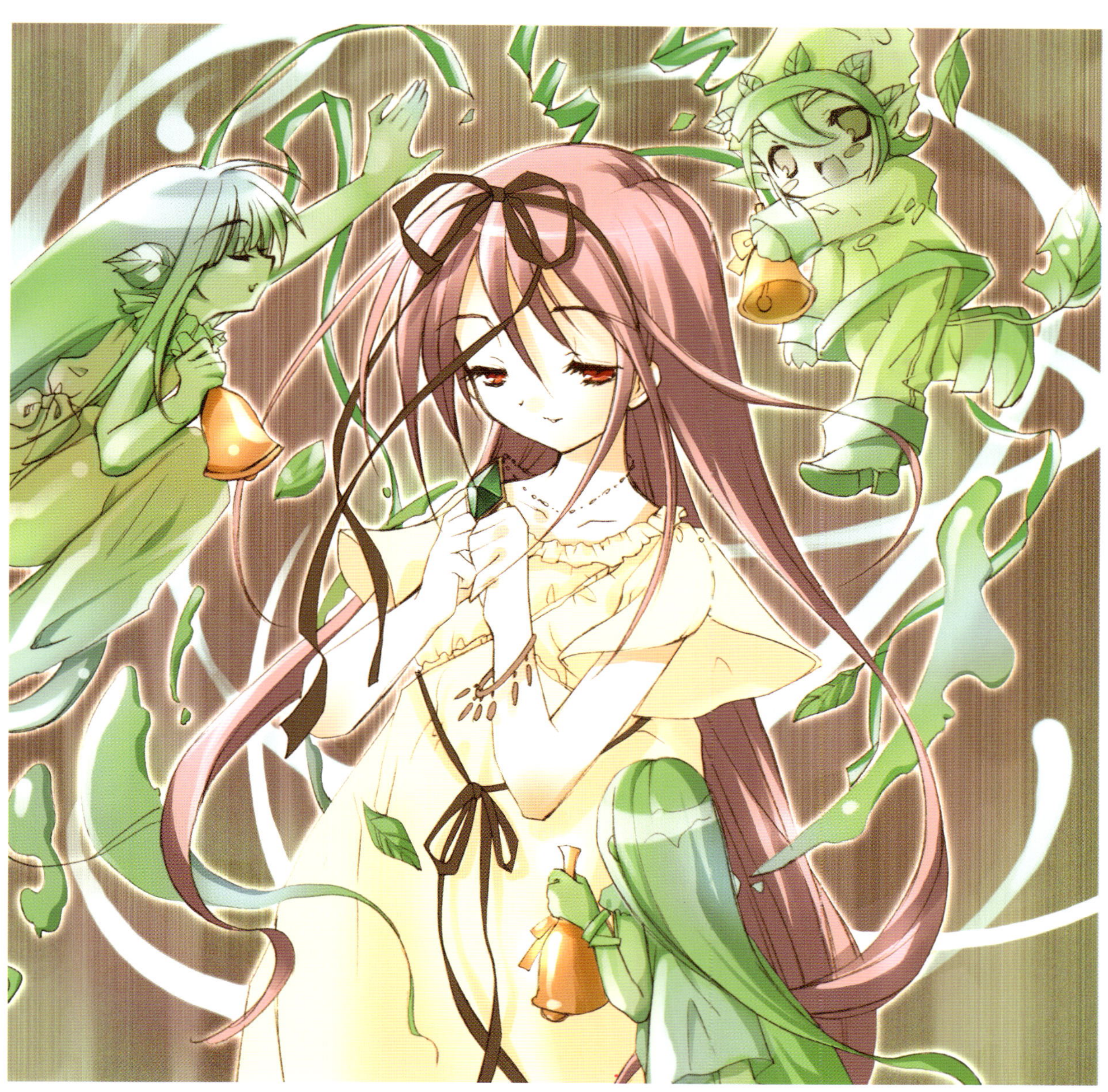

MCTCG『妖精伝承 ～黒翼の刻印～』／2002年12月
©ENTERBRAIN,INC.／スタジオ因果横暴

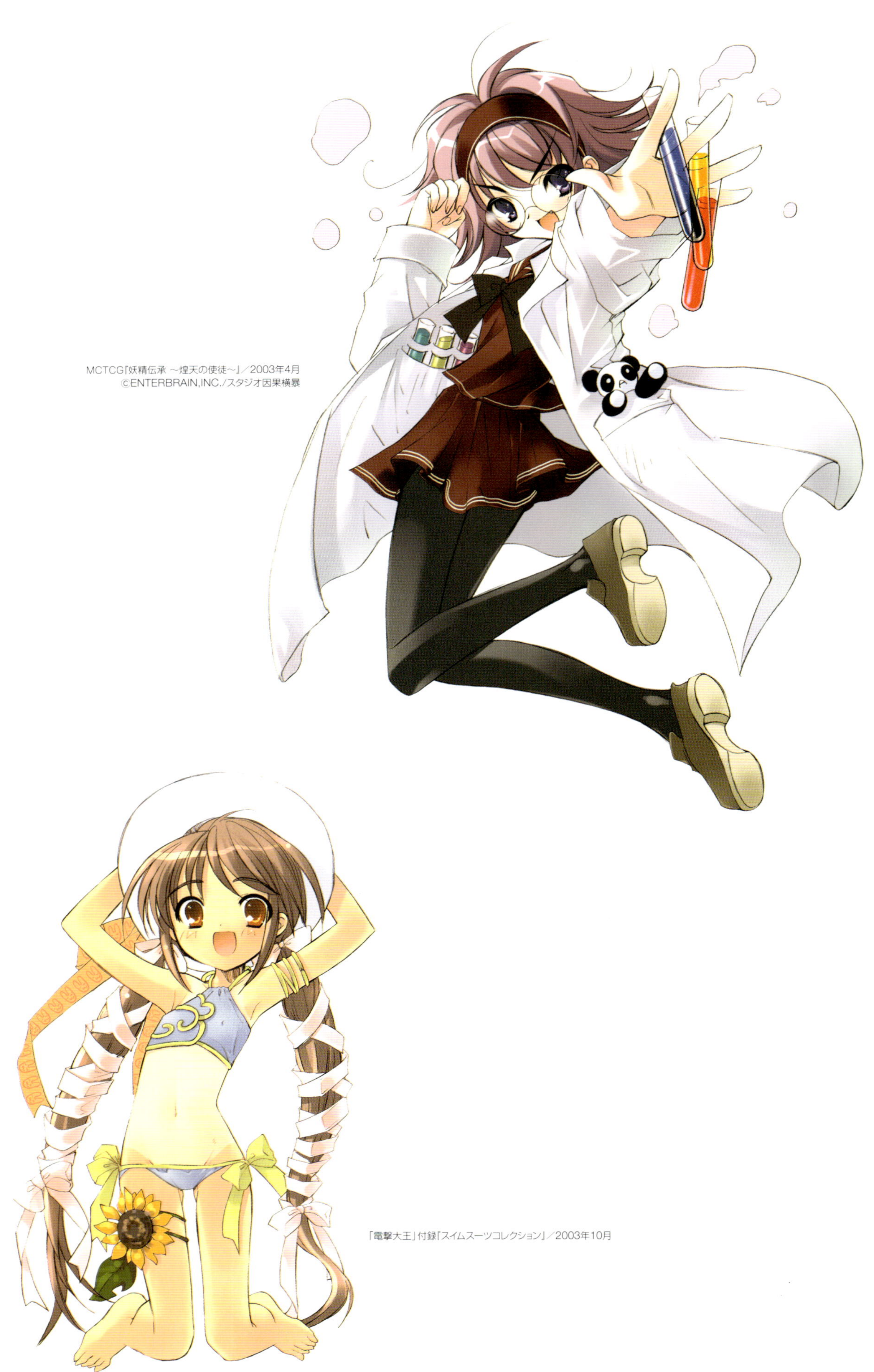

MCTCG『妖精伝承 ～煌天の使徒～』／2003年4月
©ENTERBRAIN,INC./スタジオ因果横暴

「電撃大王」付録「スイムスーツコレクション」／2003年10月

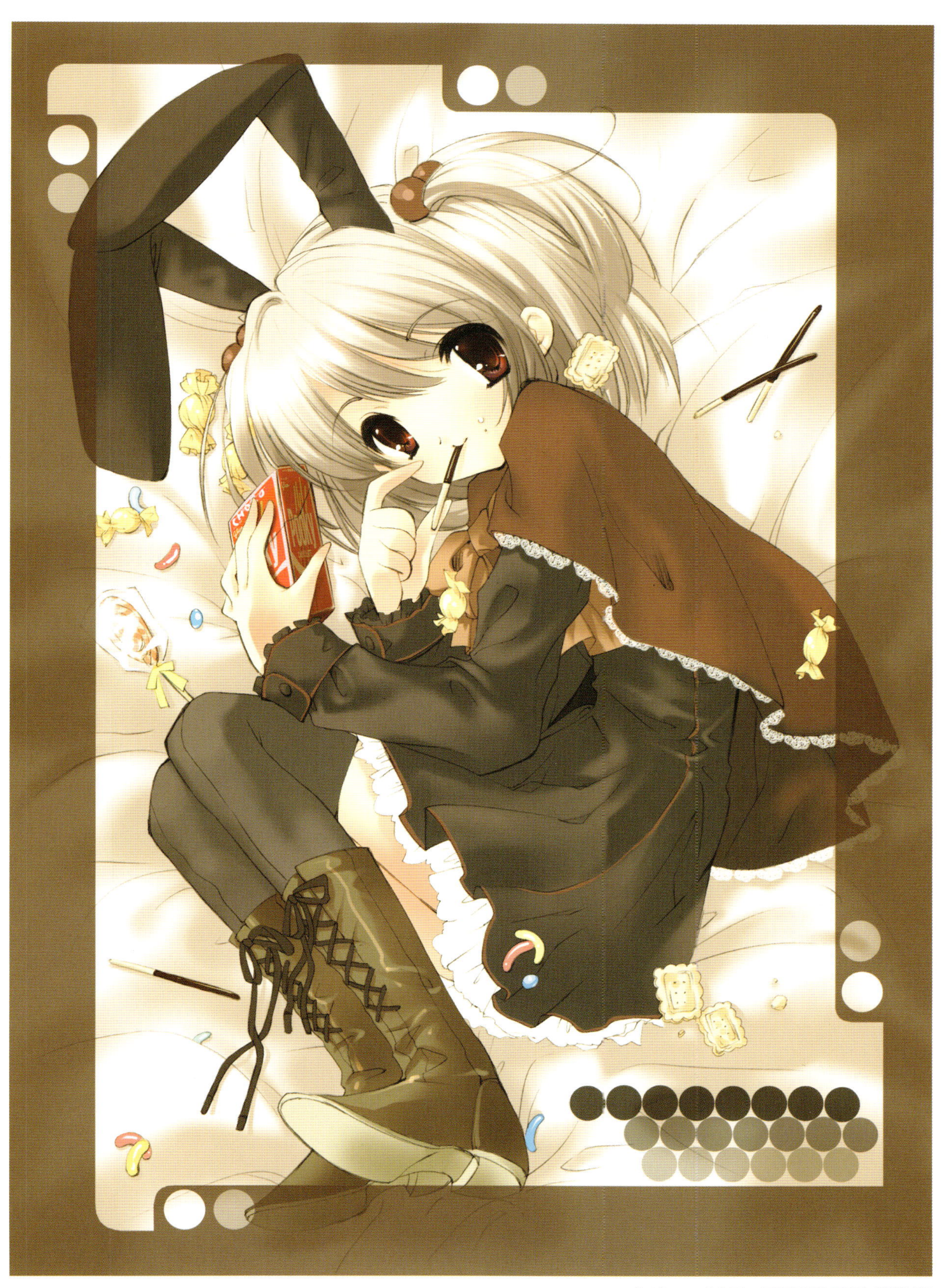

「マジキュー・プレミアム　SEPTEMBER 2003」／2003年9月

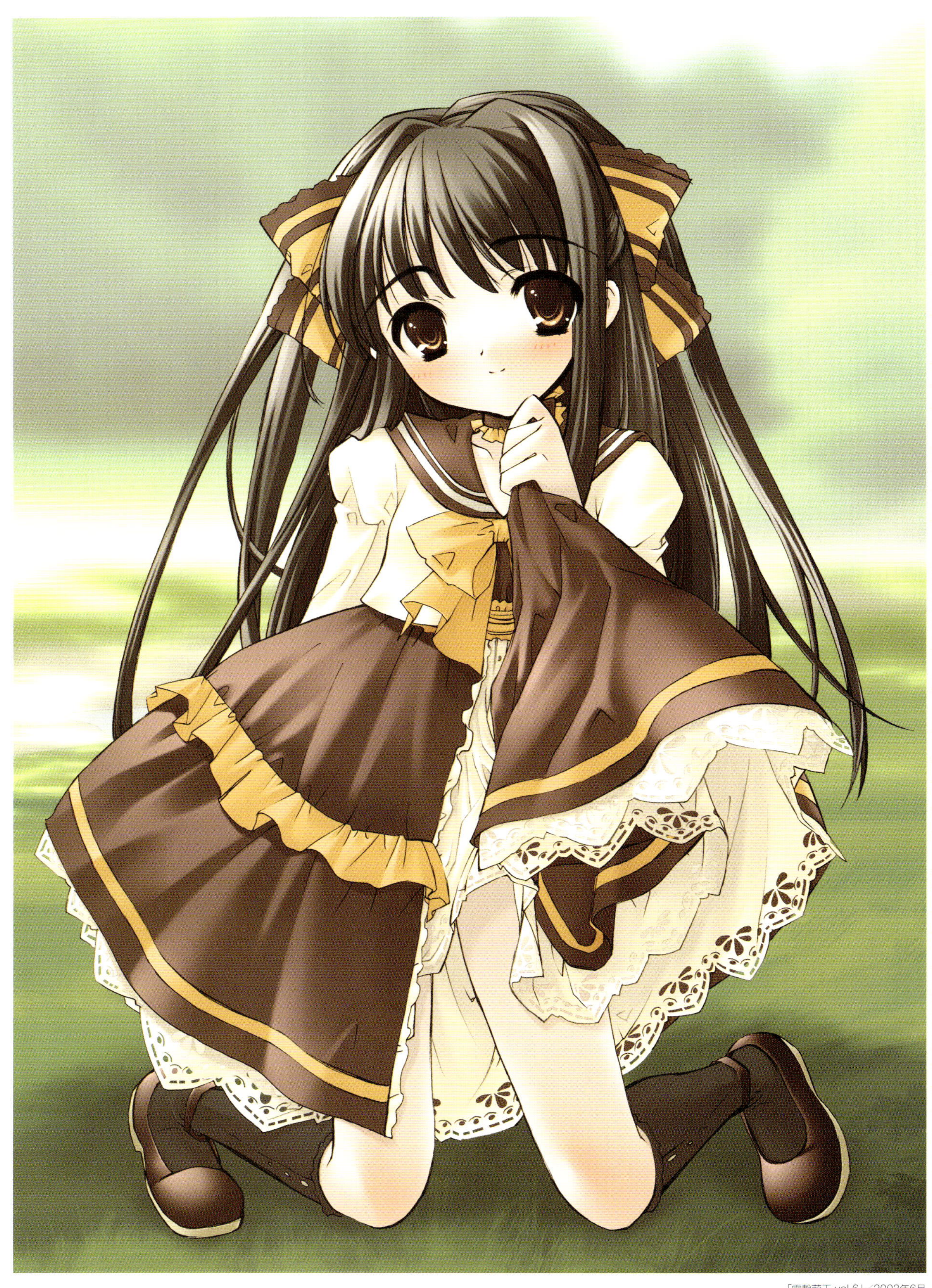

「電撃萌王 vol.6」／2003年6月
©ユニゾンシフト／SOFTPAL Inc.

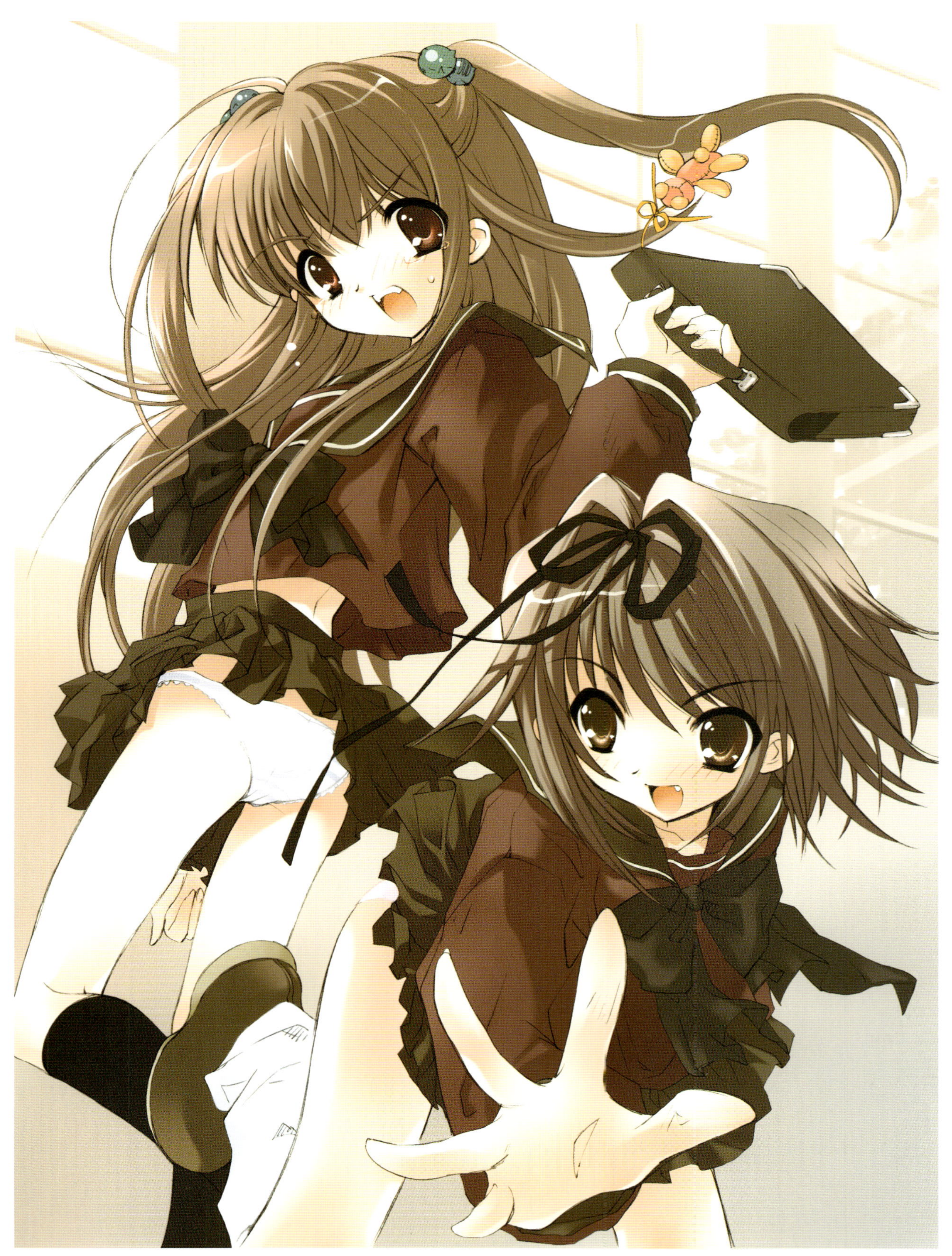

「電撃萌王 vol.4」／2002年12月

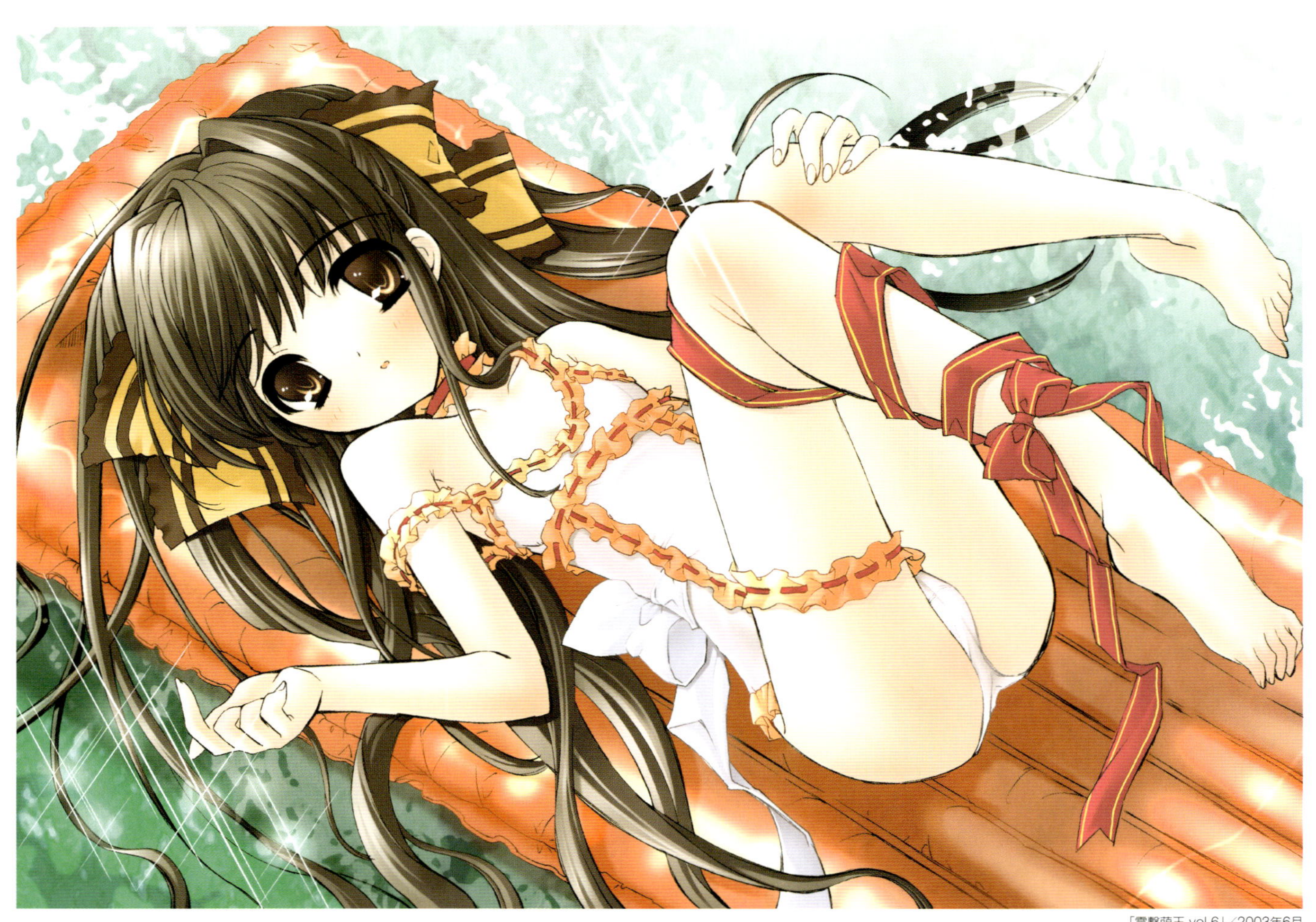

「電撃萌王 vol.6」／2003年6月
©ユニゾンシフト／SOFTPAL Inc.

「電撃帝王 VOLUME 1」付録ポスター／2004年4月

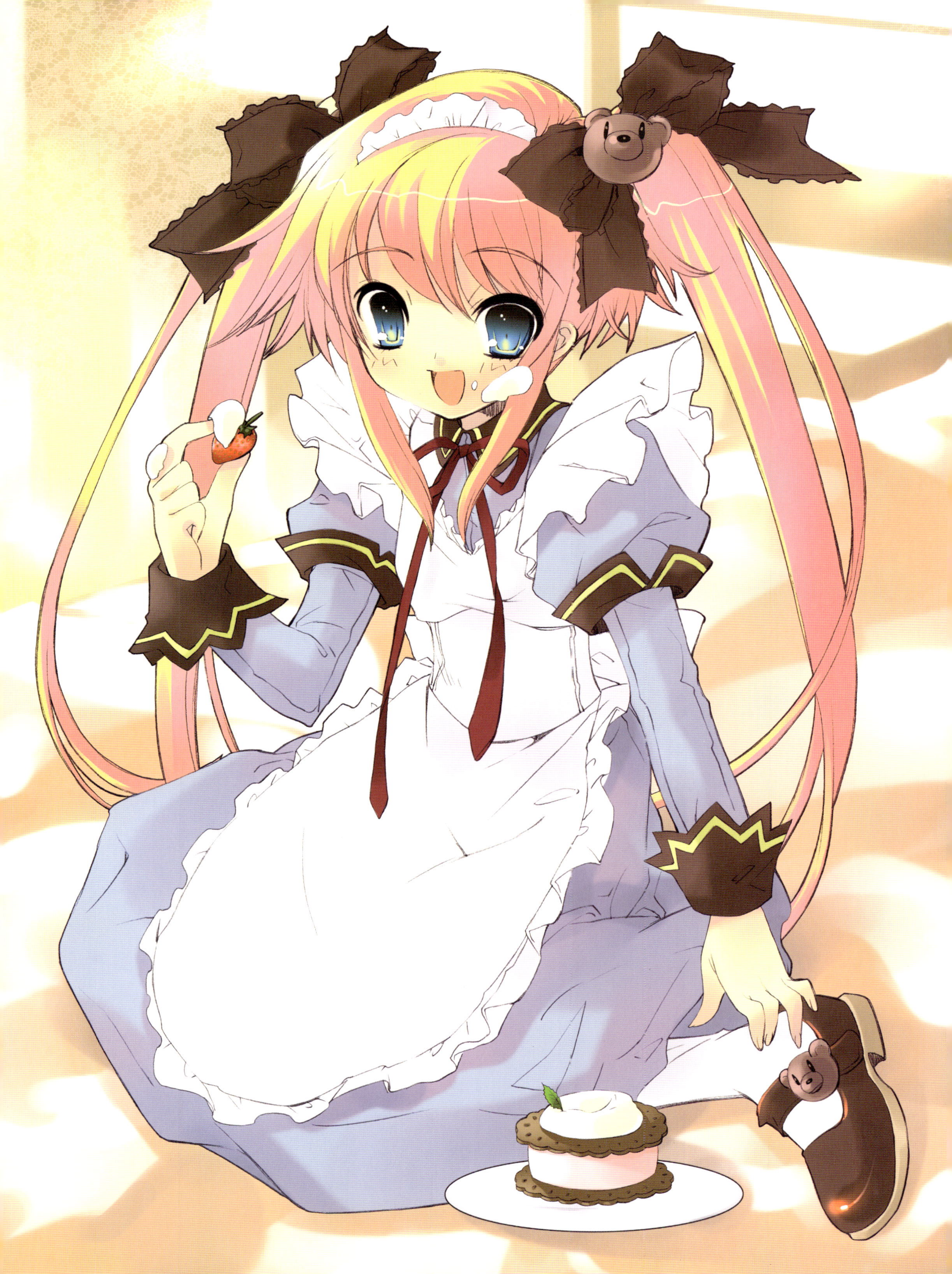

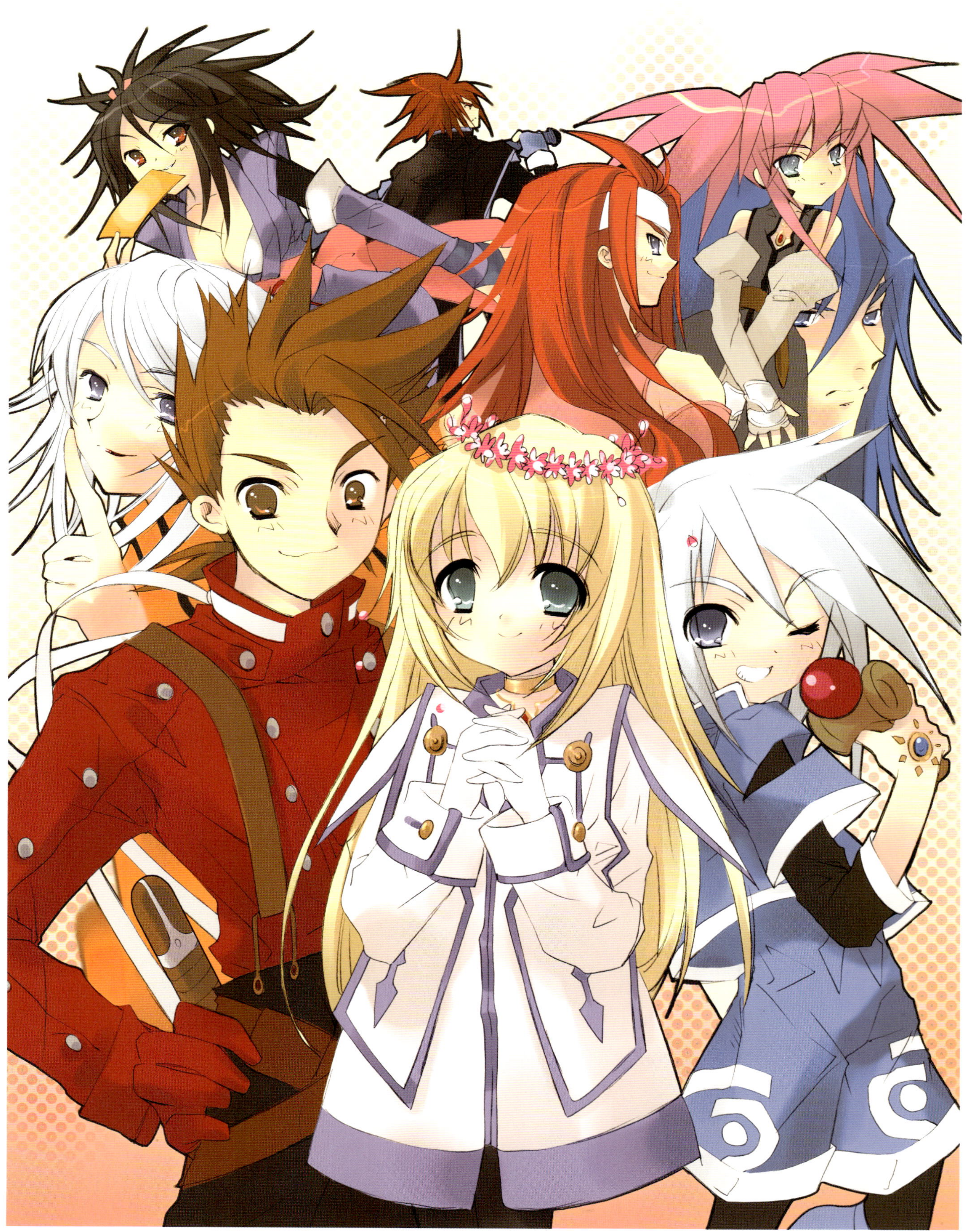

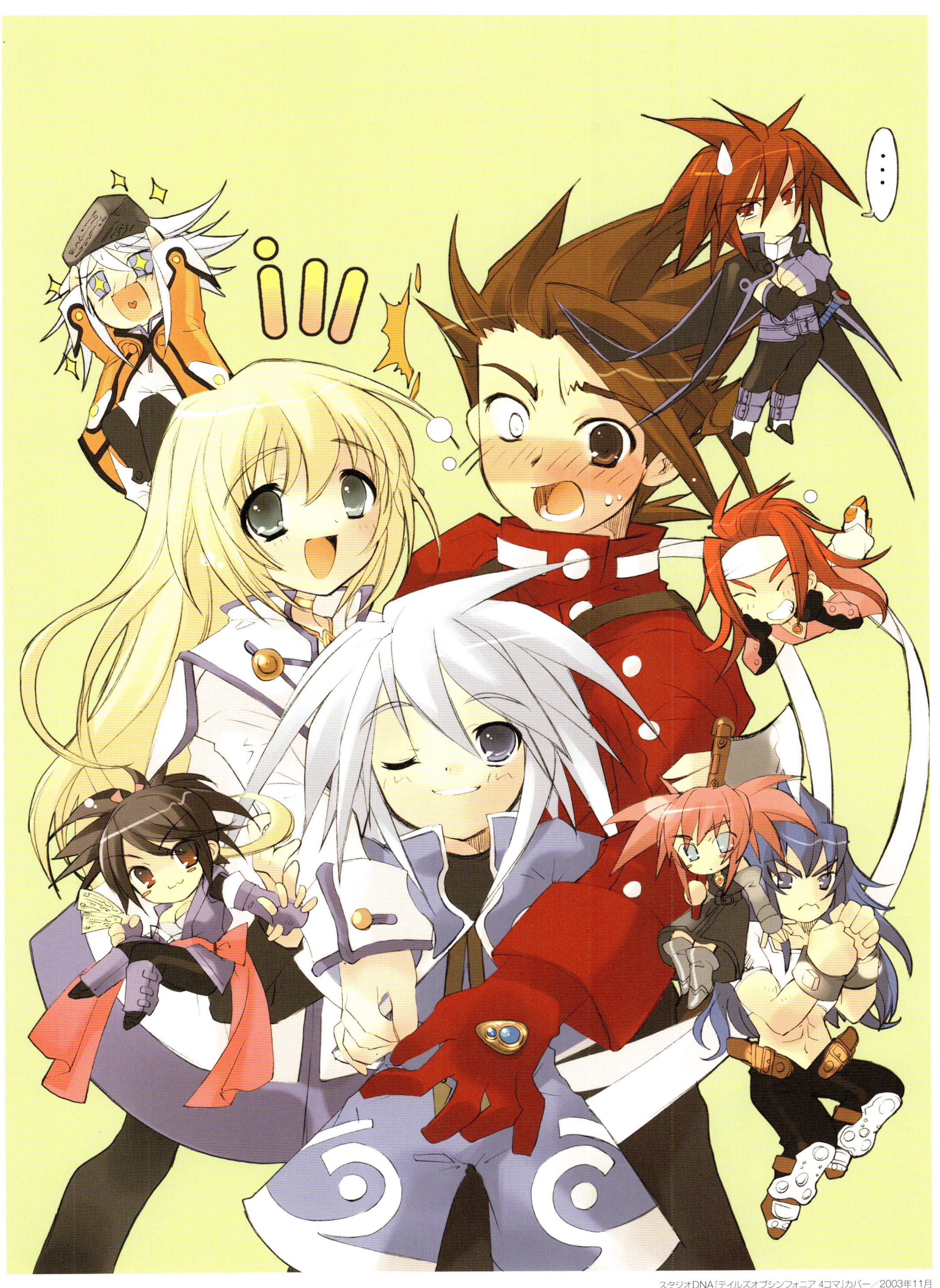

スタジオDNA『テイルズオブシンフォニア 4コマ』カバー／2003年11月

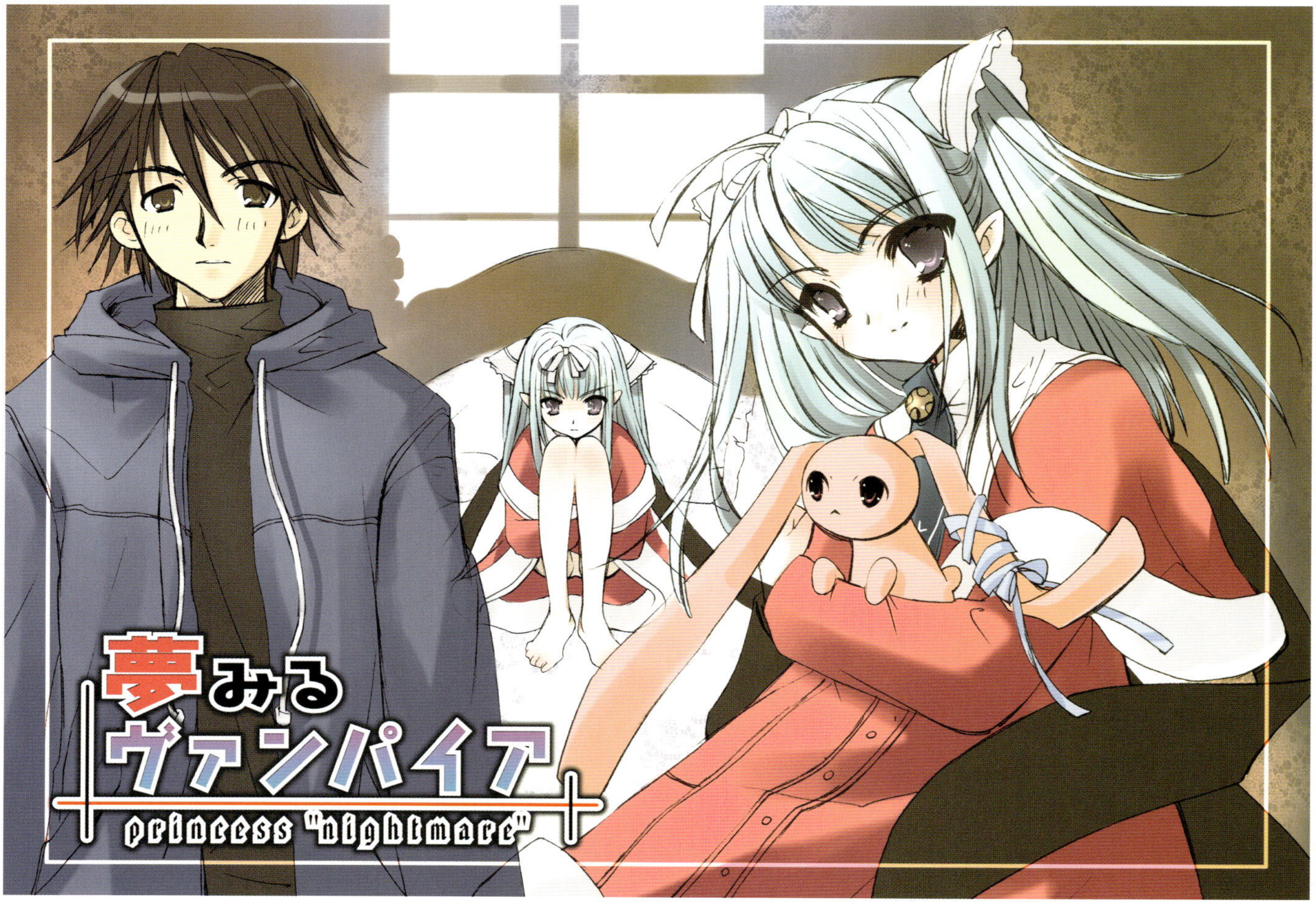

夢みる　ヴァンパイア
princess "nightmare"

「マジキュー・プレミアム　MARCH 2003」掲載『夢みるヴァンパイア　第1話』／2003年3月

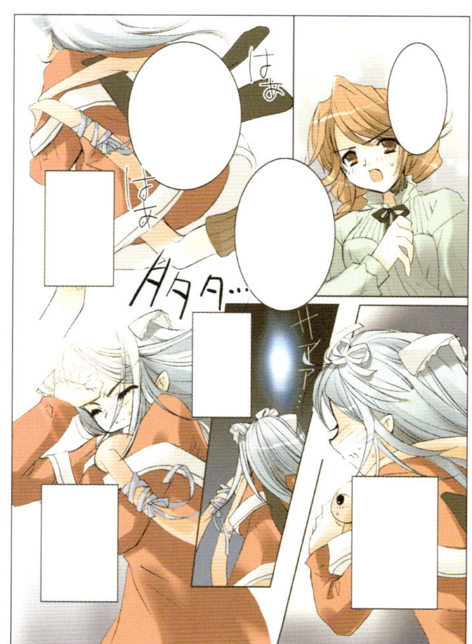

「マジキュー・プレミアム　MARCH 2003」掲載
『夢みるヴァンパイア　第1話』
2003年3月

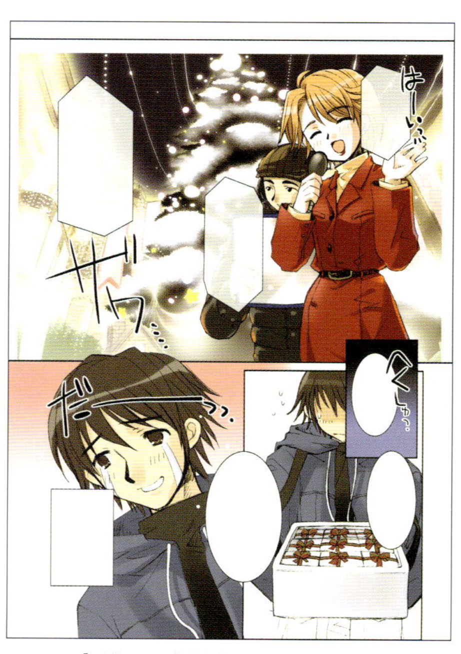

「マジキュー・プレミアム　MARCH 2003」掲載
『夢みるヴァンパイア　第1話』
2003年3月

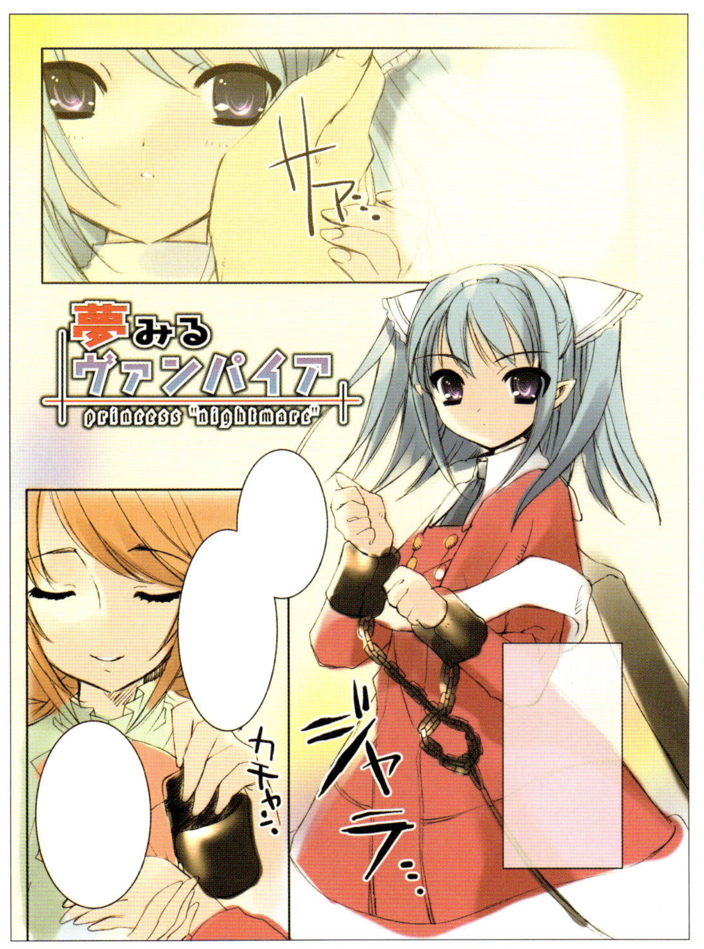

「マジキュー・プレミアム　MAY 2003」掲載『夢みるヴァンパイア　第2話』／2003年5月

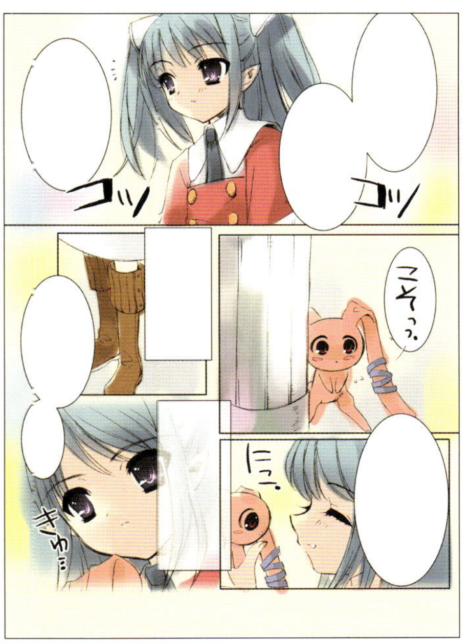

「マジキュー・プレミアム　MAY 2003」掲載
『夢みるヴァンパイア　第2話』／2003年5月

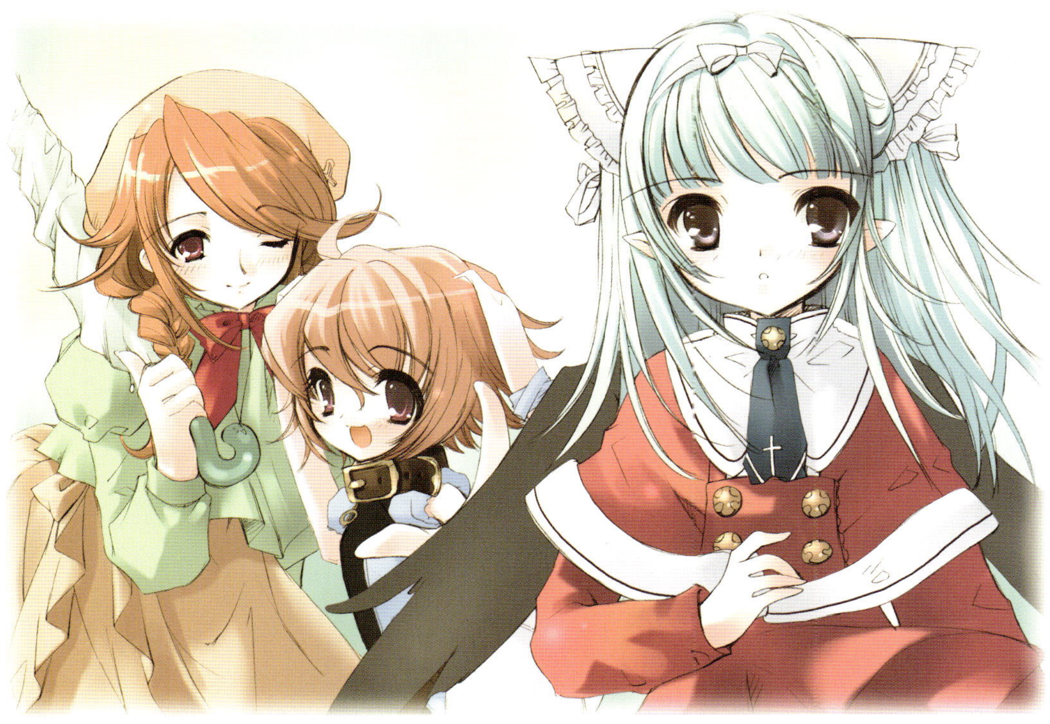

「マジキュー・プレミアム　JANUARY 2003」掲載『夢みるヴァンパイア』告知／2003年1月

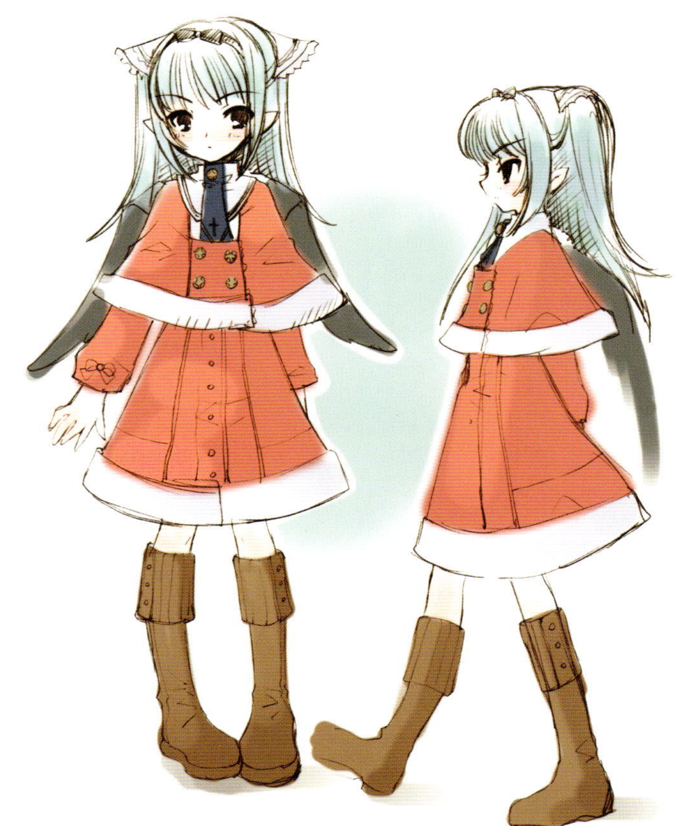

「マジキュー・プレミアム　JANUARY 2003」掲載『夢みるヴァンパイア』告知／2003年1月

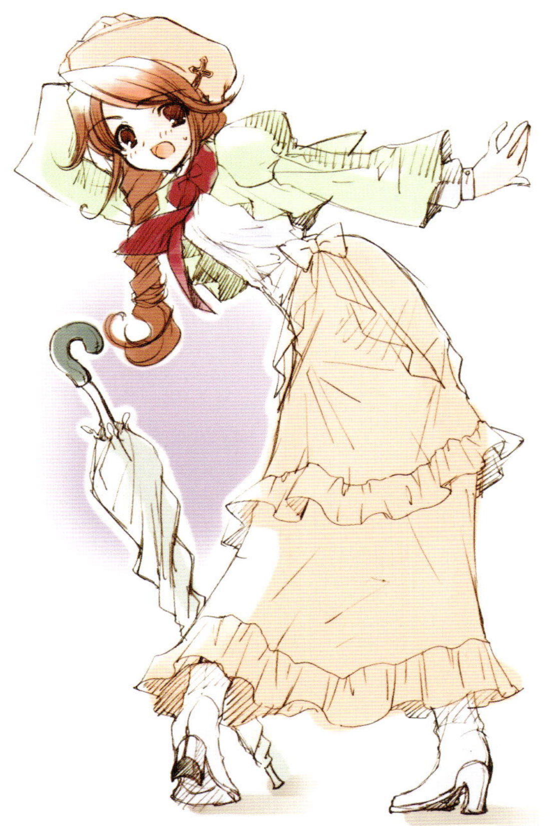

「マジキュー・プレミアム　JANUARY 2003」掲載『夢みるヴァンパイア』告知／2003年1月

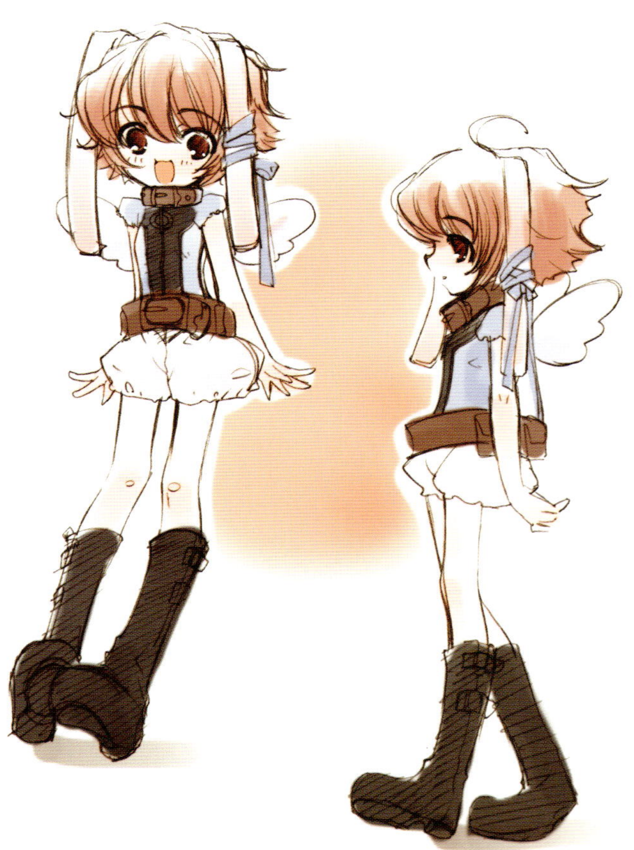

「マジキュー・プレミアム　JANUARY 2003」掲載『夢みるヴァンパイア』告知／2003年1月

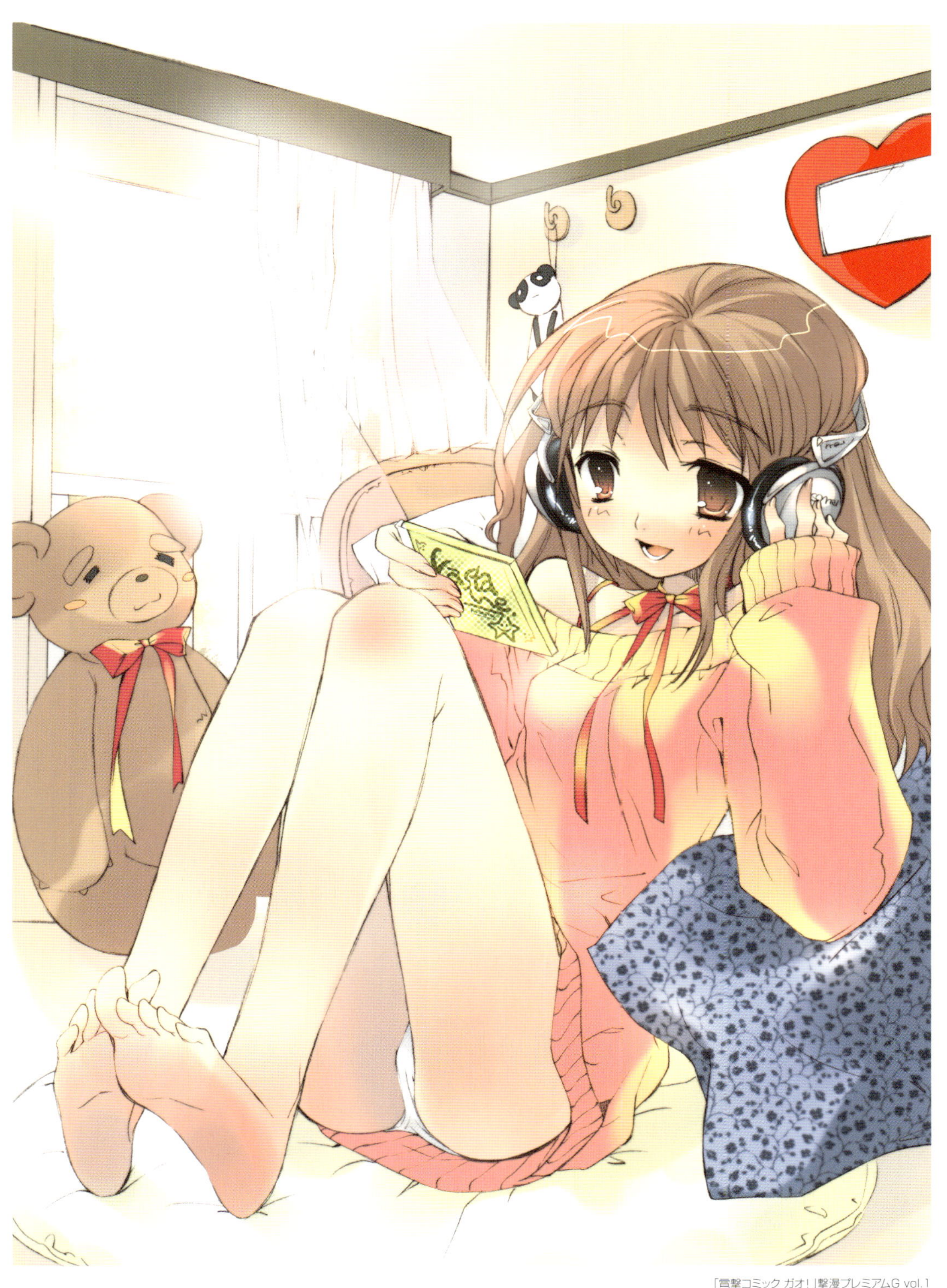

「電撃コミック ガオ!」撃漫プレミアムG vol.1
いとうのいぢテレカ／2004年4月

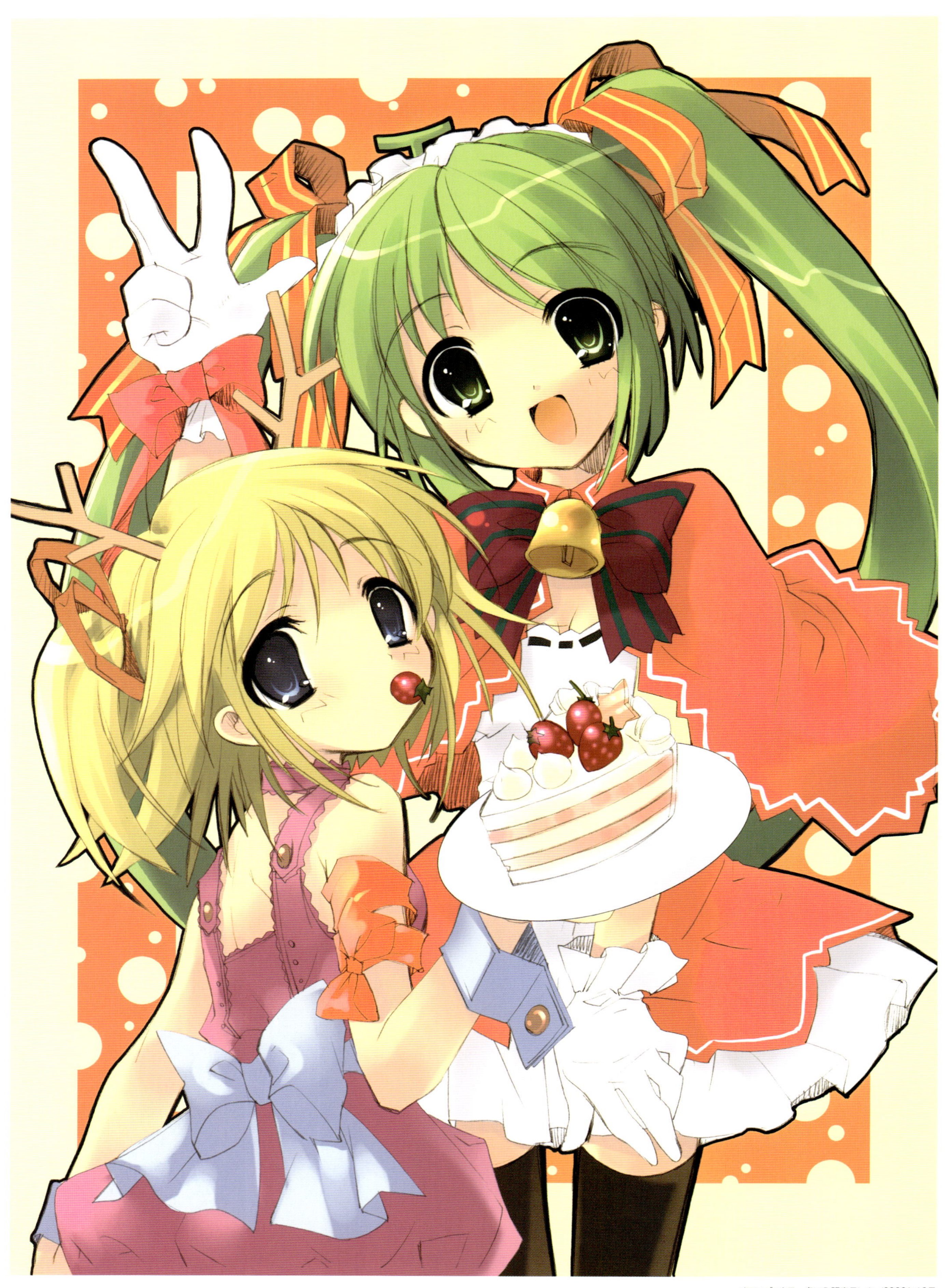

メロンブックス　冬コミ販売テレカ／2003年12月
©MELONBOOKS INC. All Right Reserved.

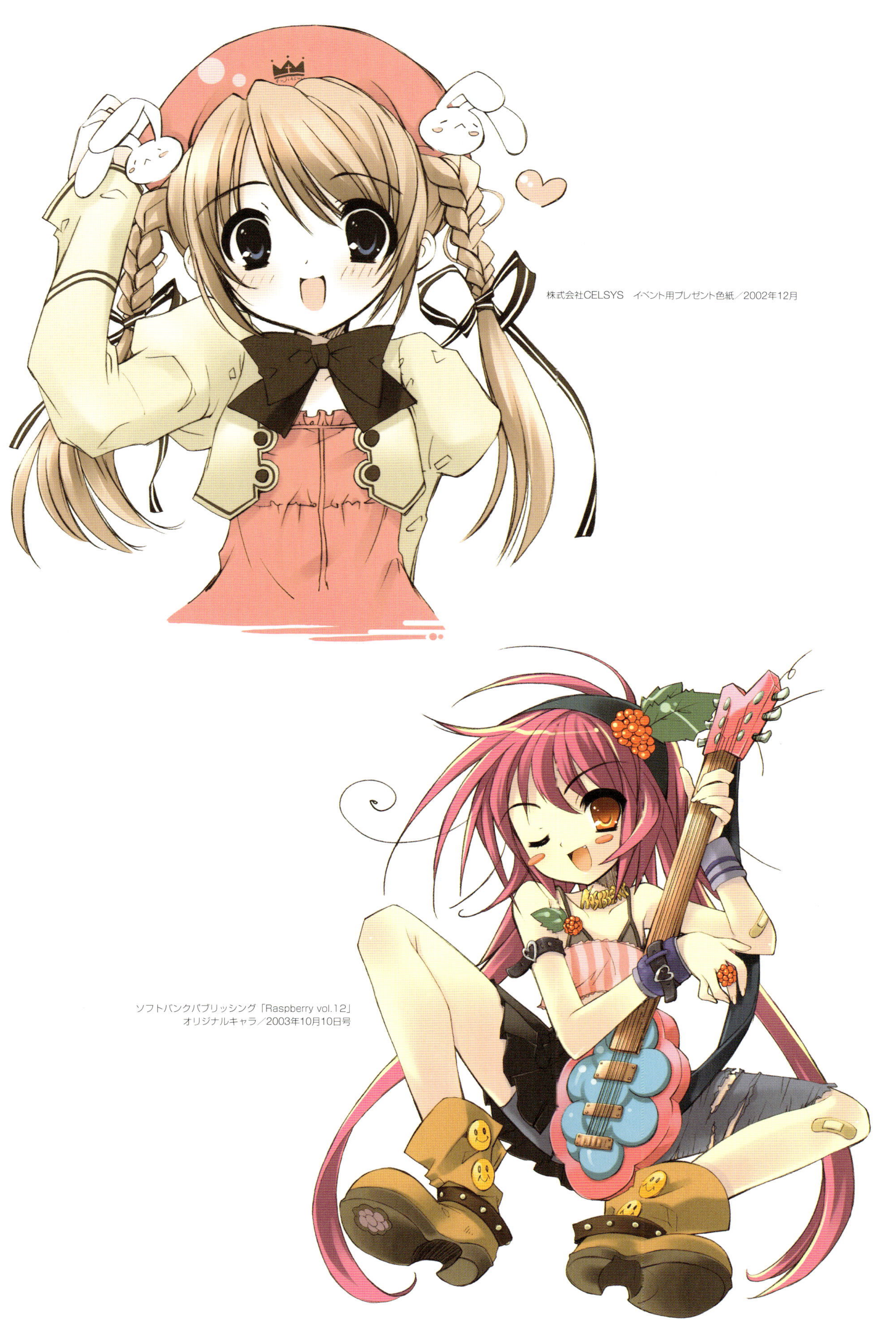

株式会社CELSYS　イベント用プレゼント色紙／2002年12月

ソフトバンクパブリッシング「Raspberry vol.12」
オリジナルキャラ／2003年10月10日号

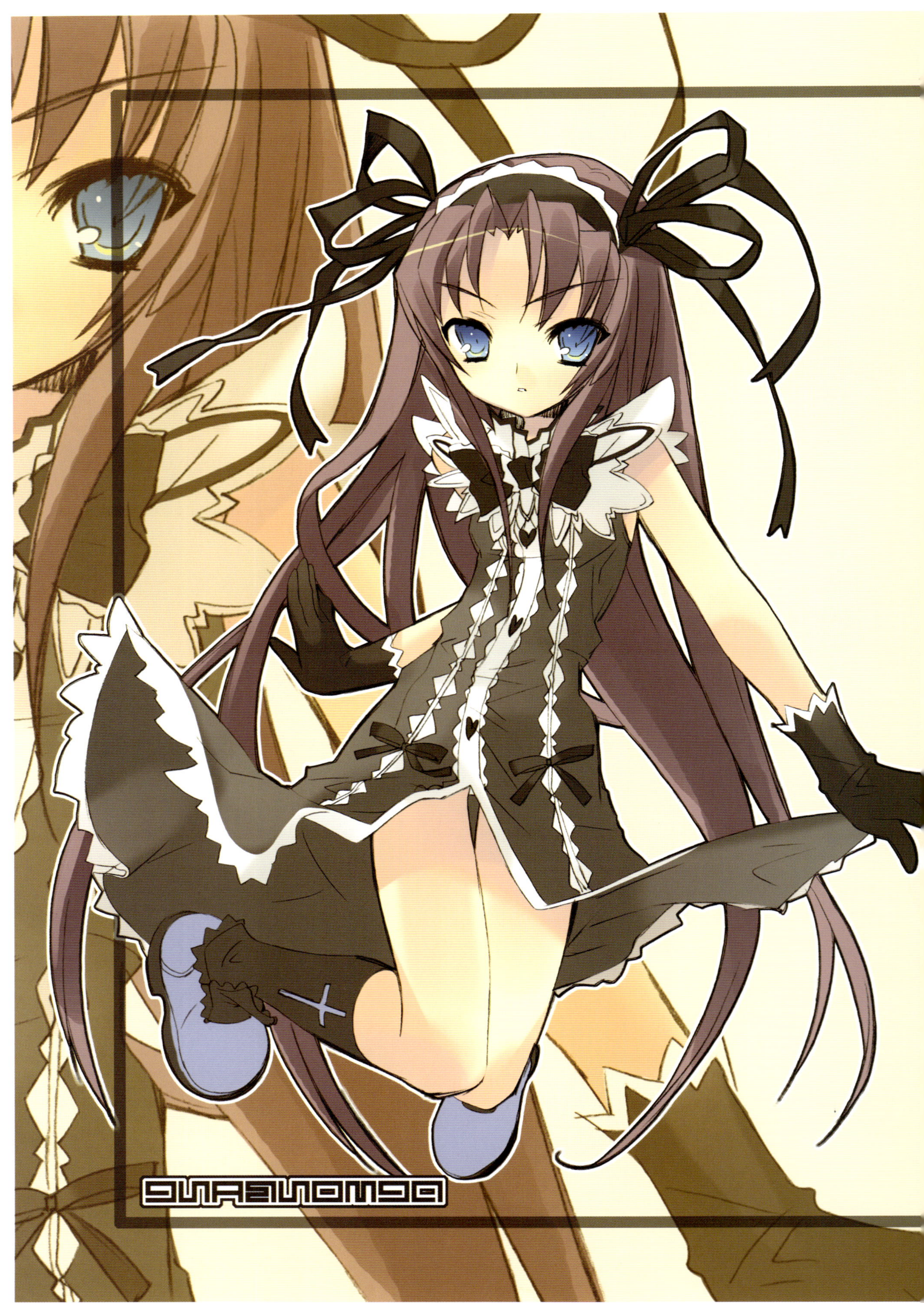

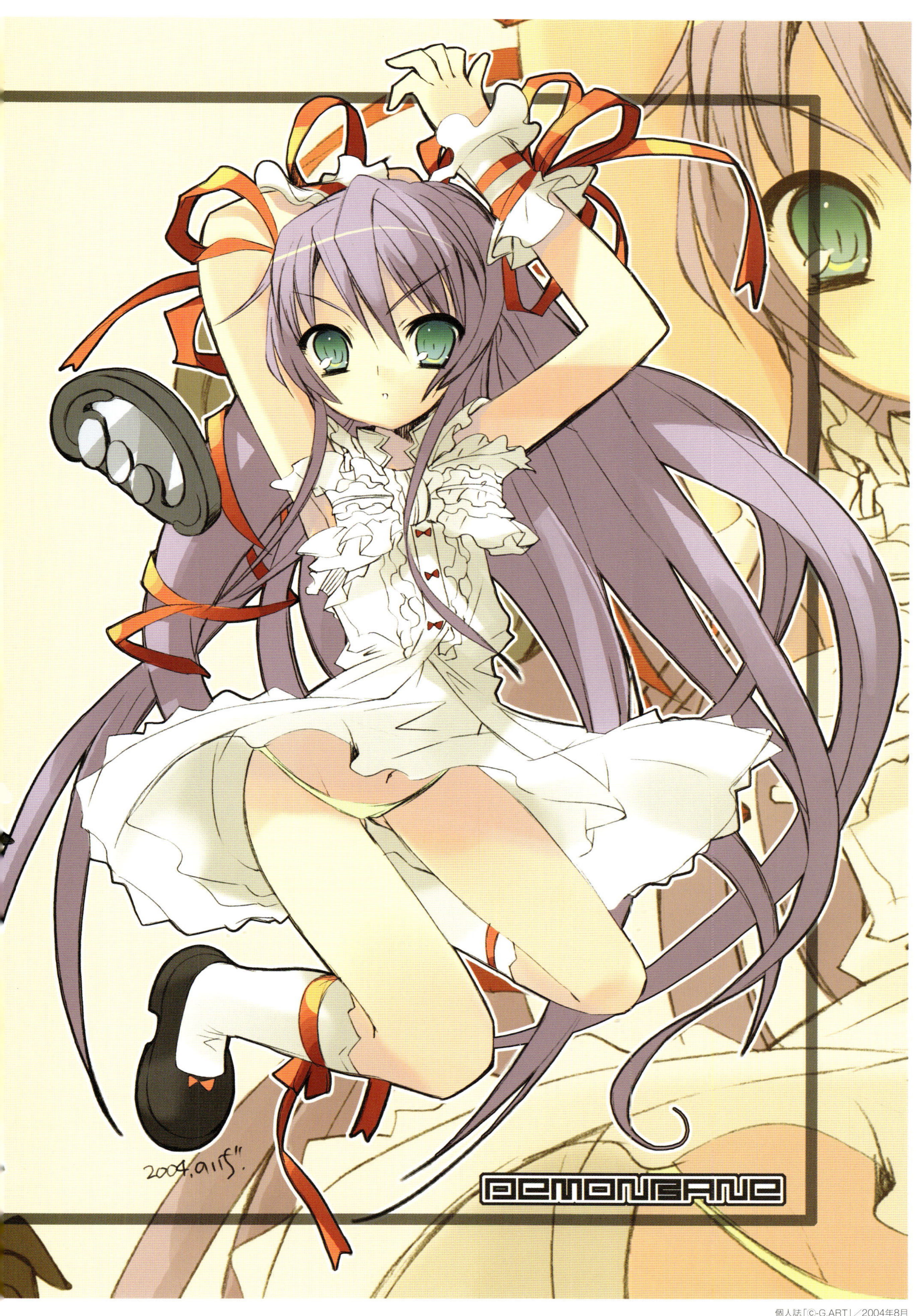

個人誌「C-G.ART」／2004年8月

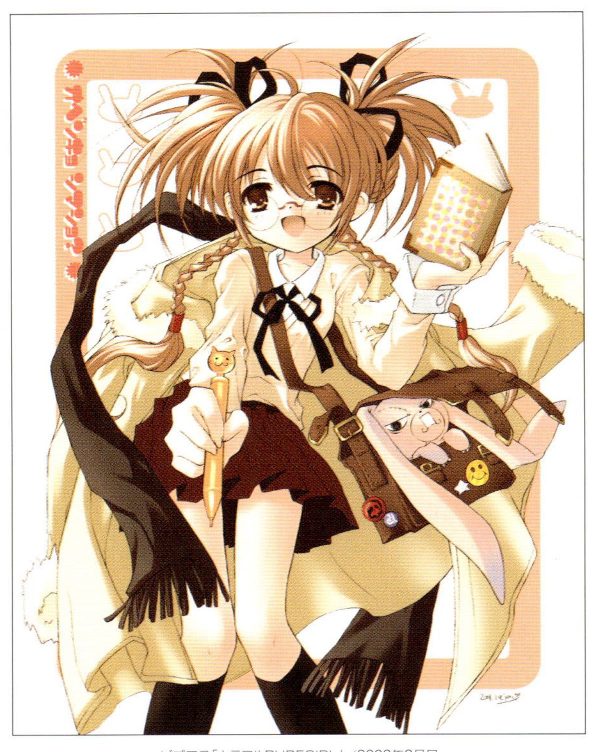

ビブロス「カラフルPUREGIRL」／2002年2月号

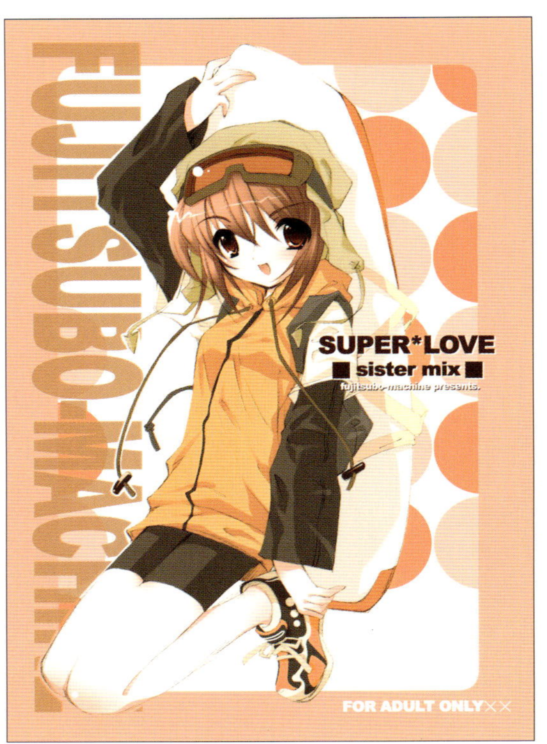

個人誌「SUPER＊LOVE」表紙／2002年8月
Ⓒ天広直人・公野櫻子／メディアワークス

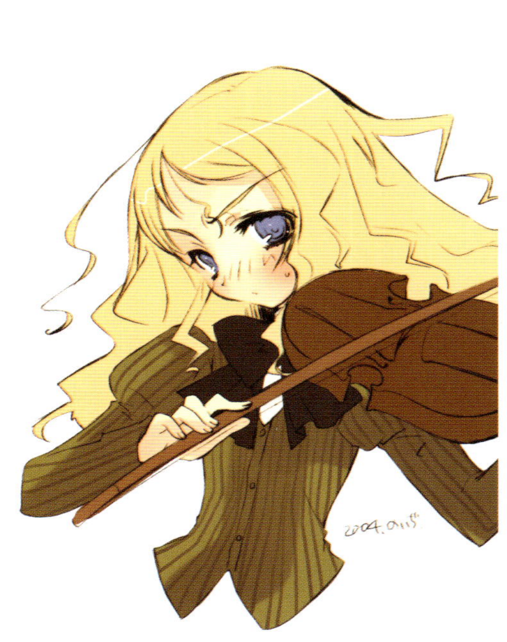

個人誌「Ⓒ-G.ART」／2004年8月
Ⓒ2004-2005 Littlewitch/MONOCHROMA INC. All rights reserved.

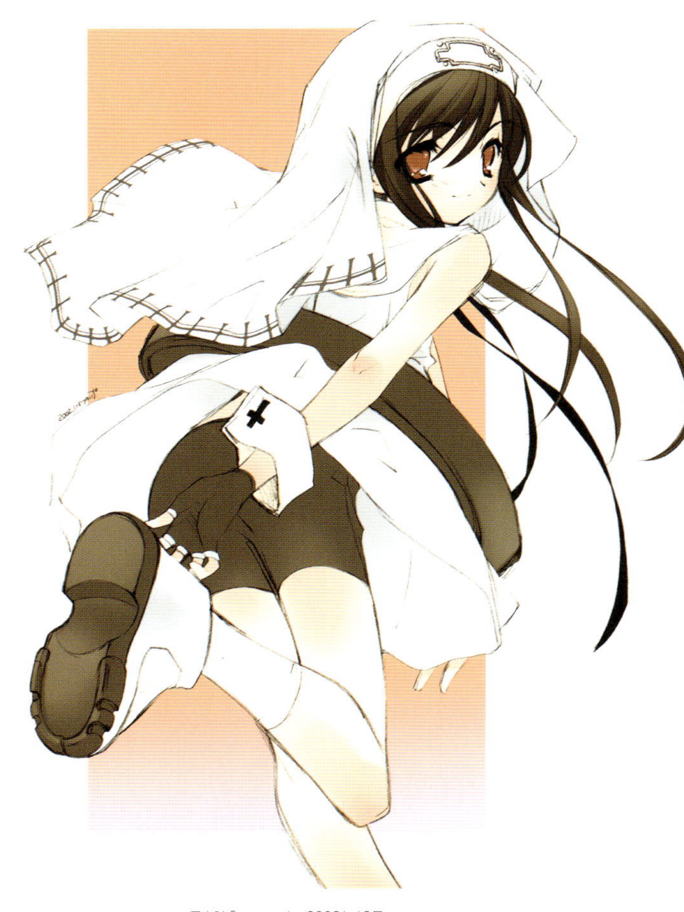

個人誌「celluloid.」／2002年12月
ⒸSammy / ARC SYSTEM WORKS Co., Ltd.

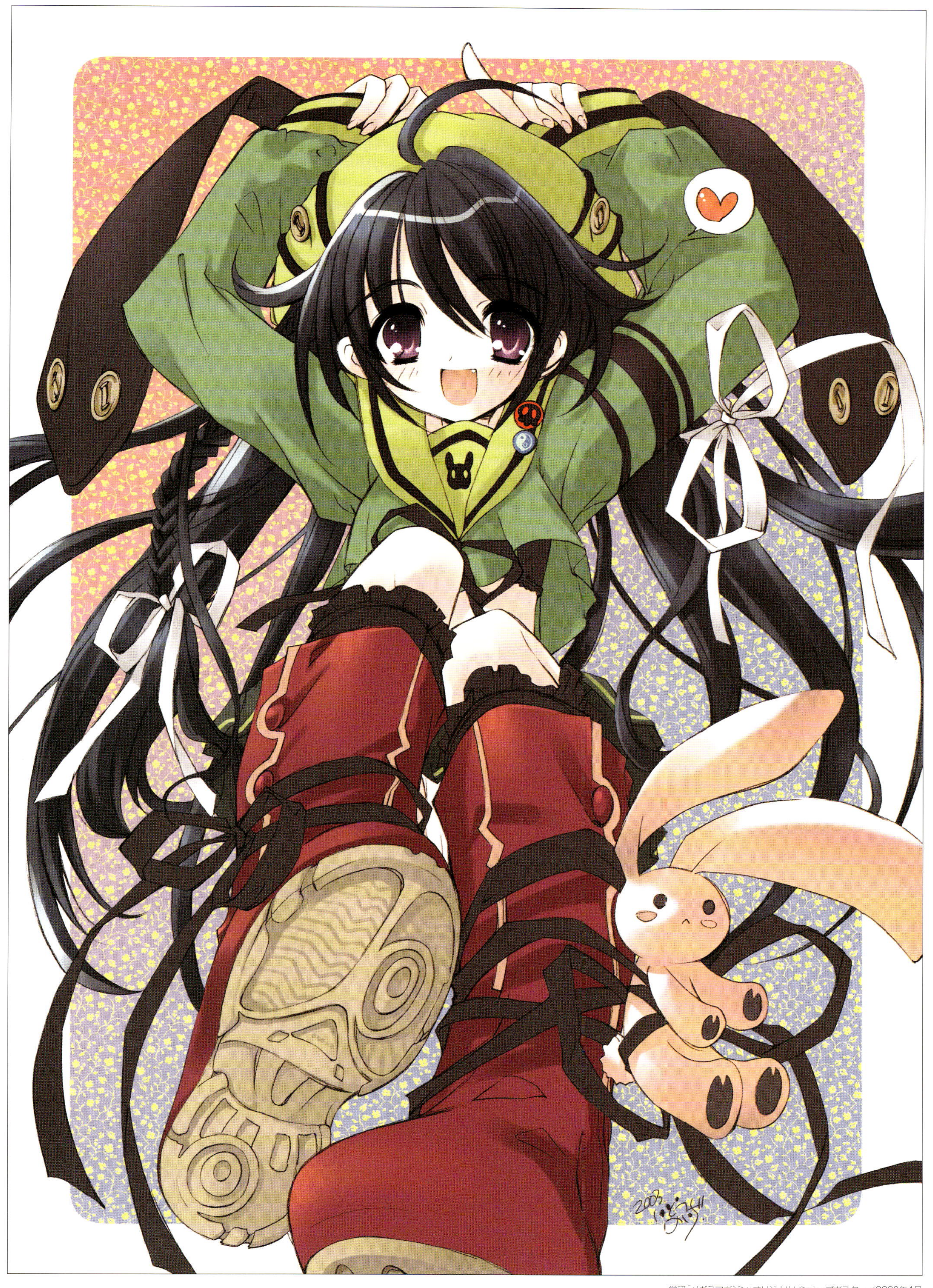

学研「メガミマガジン」オリジナルピンナップポスター ／ 2003年4月

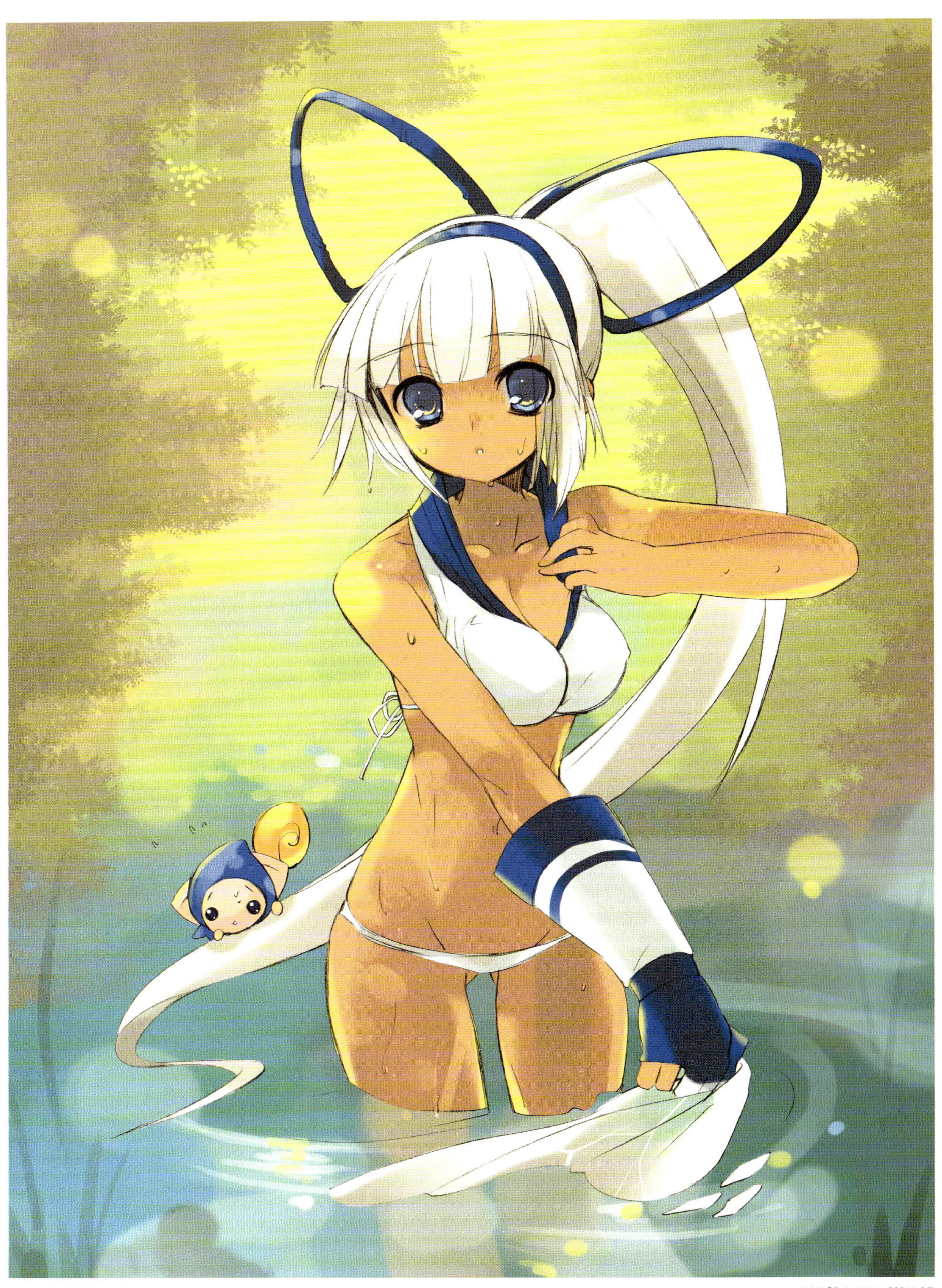
個人誌「c-G.ART」／2004年8月

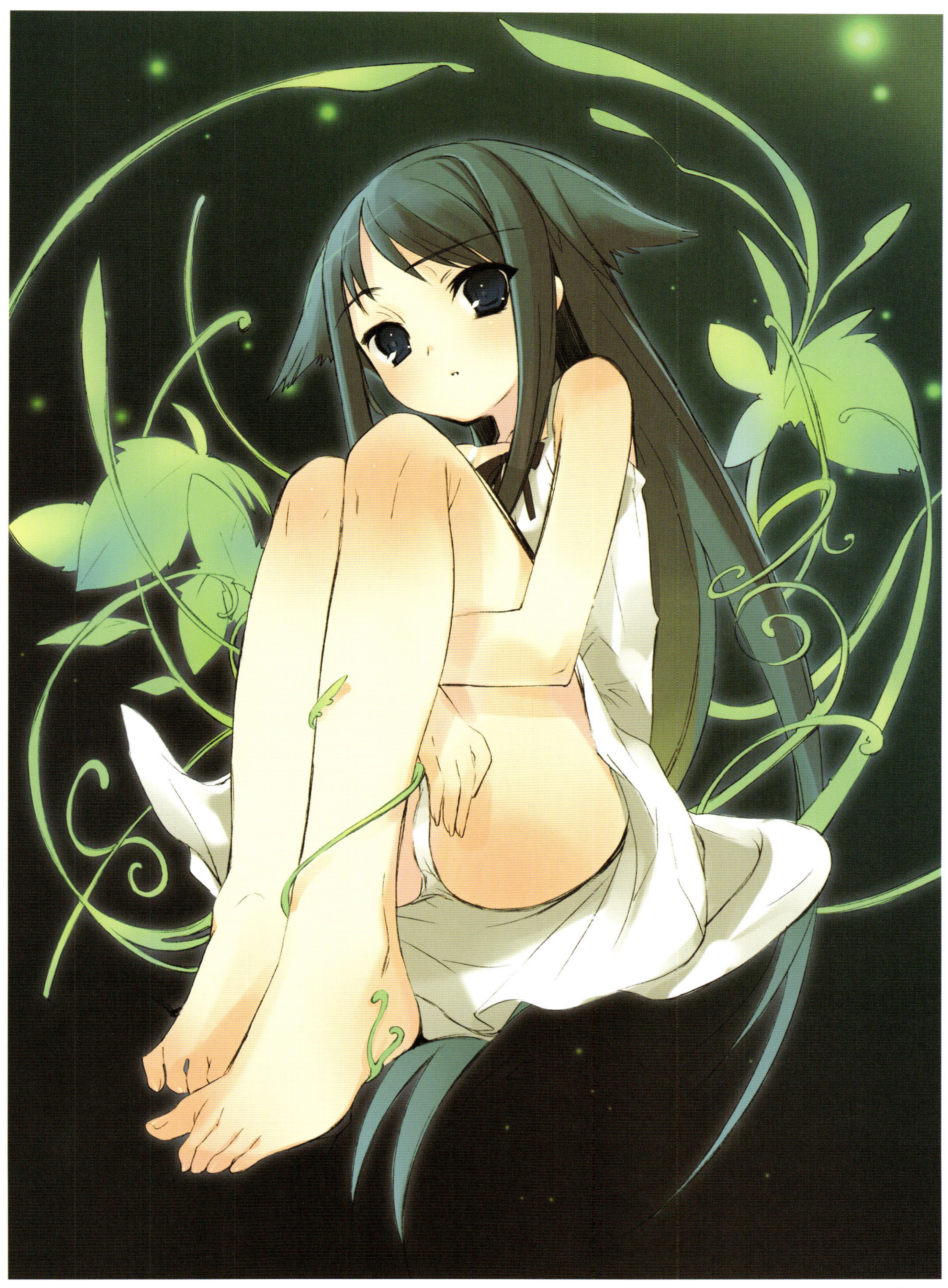

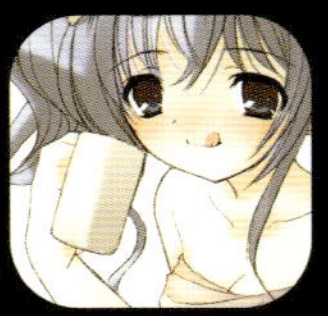

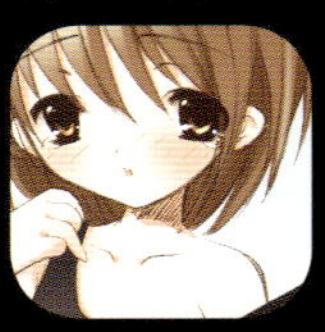

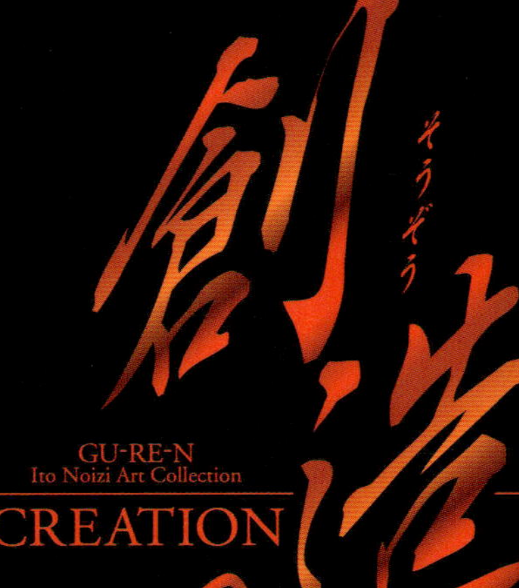

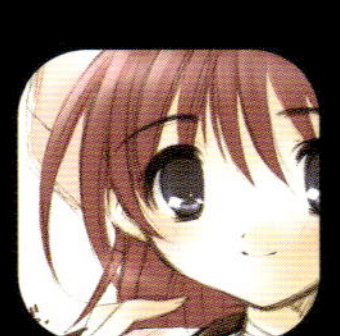

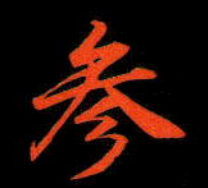

参

GU-RE-N
Ito Noizi Art Collection

創造の章
CREATION

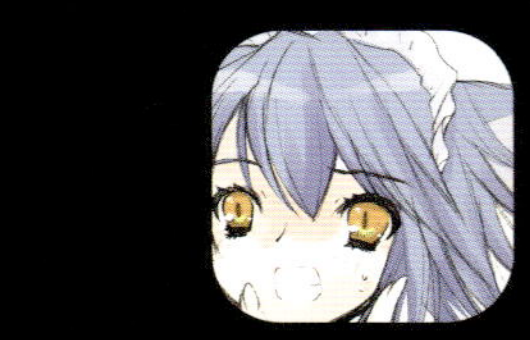

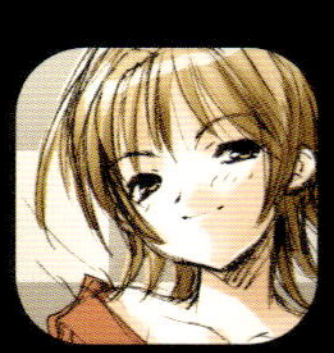

個人誌「©-G.ART」表紙／2004年8月

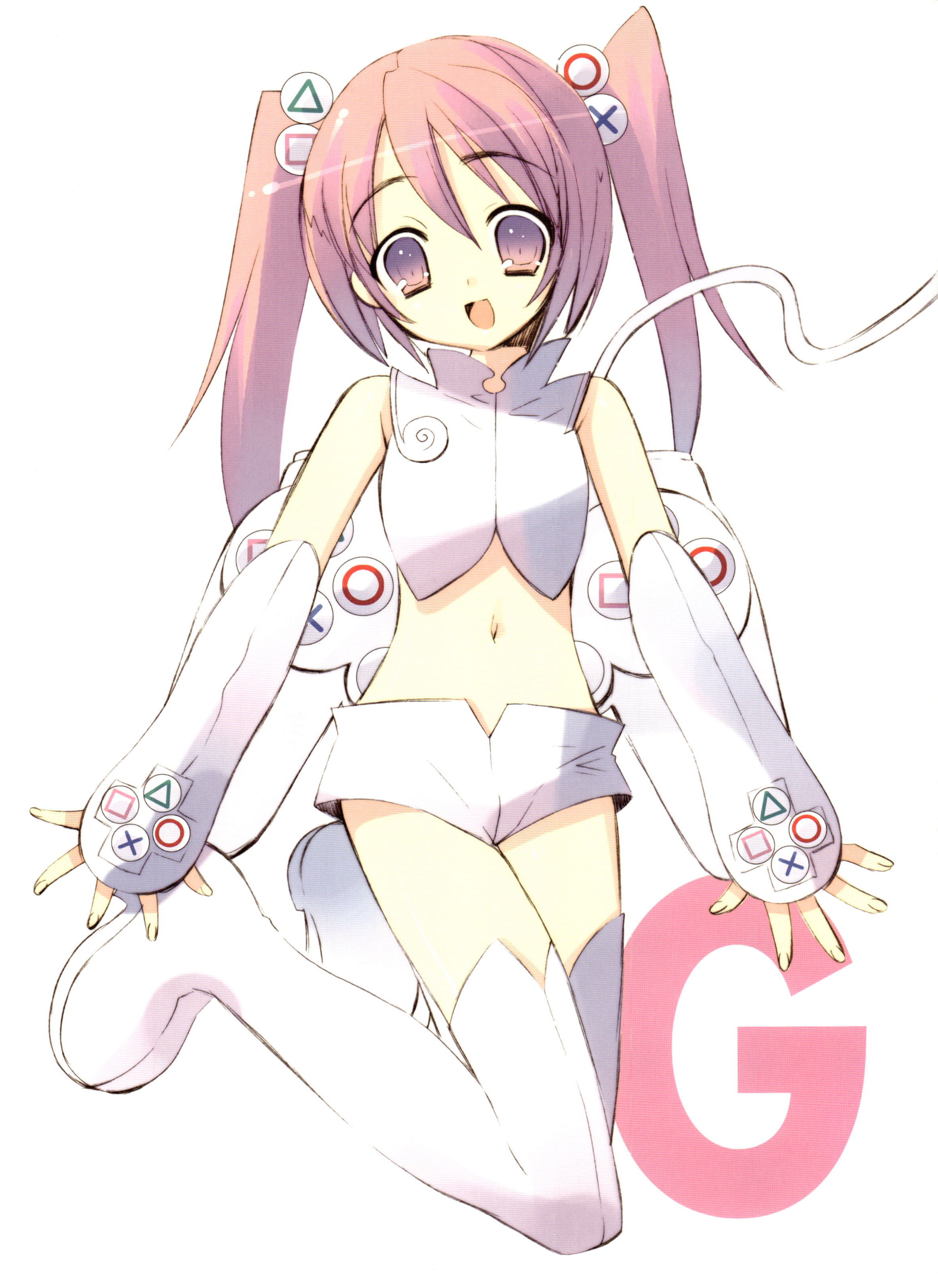

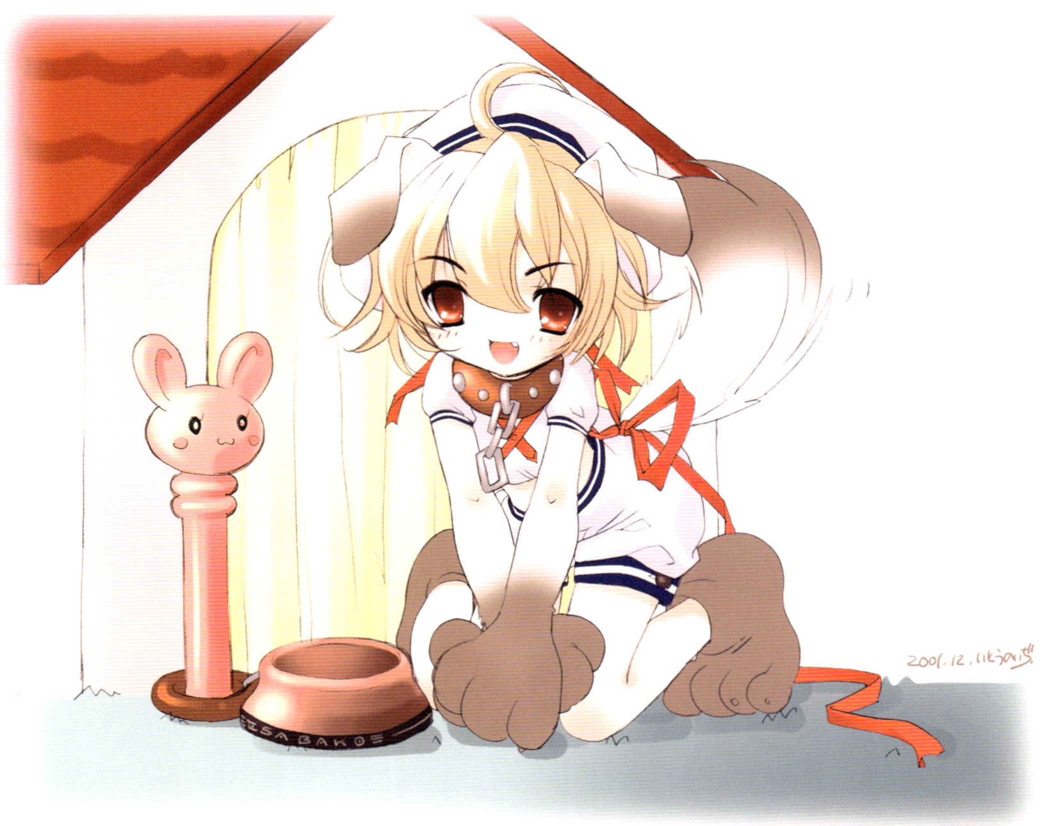

オリジナル／2001年12月

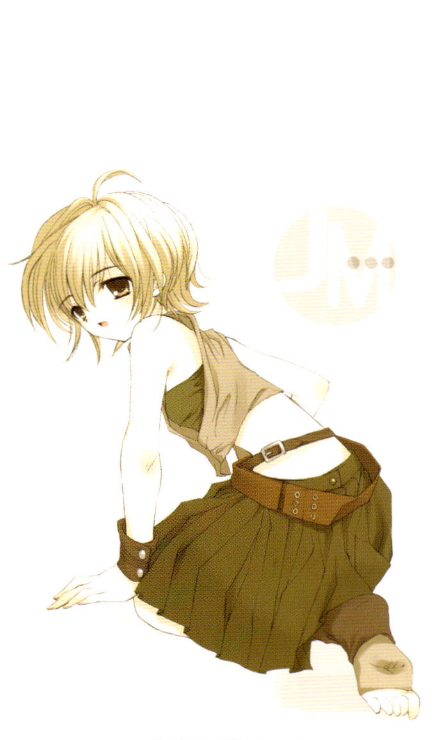
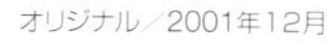

オリジナル／2001年12月

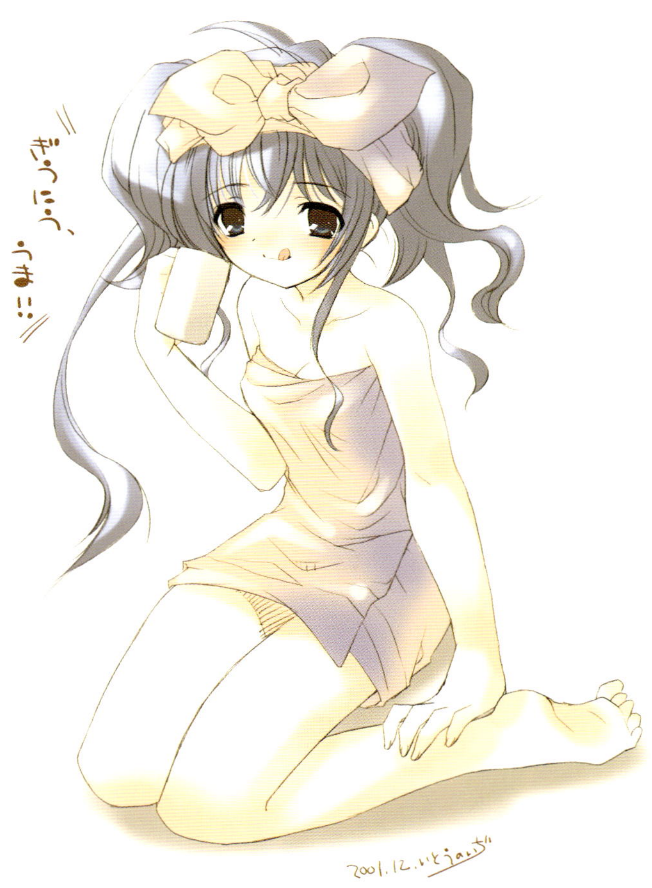

オリジナル／2001年12月

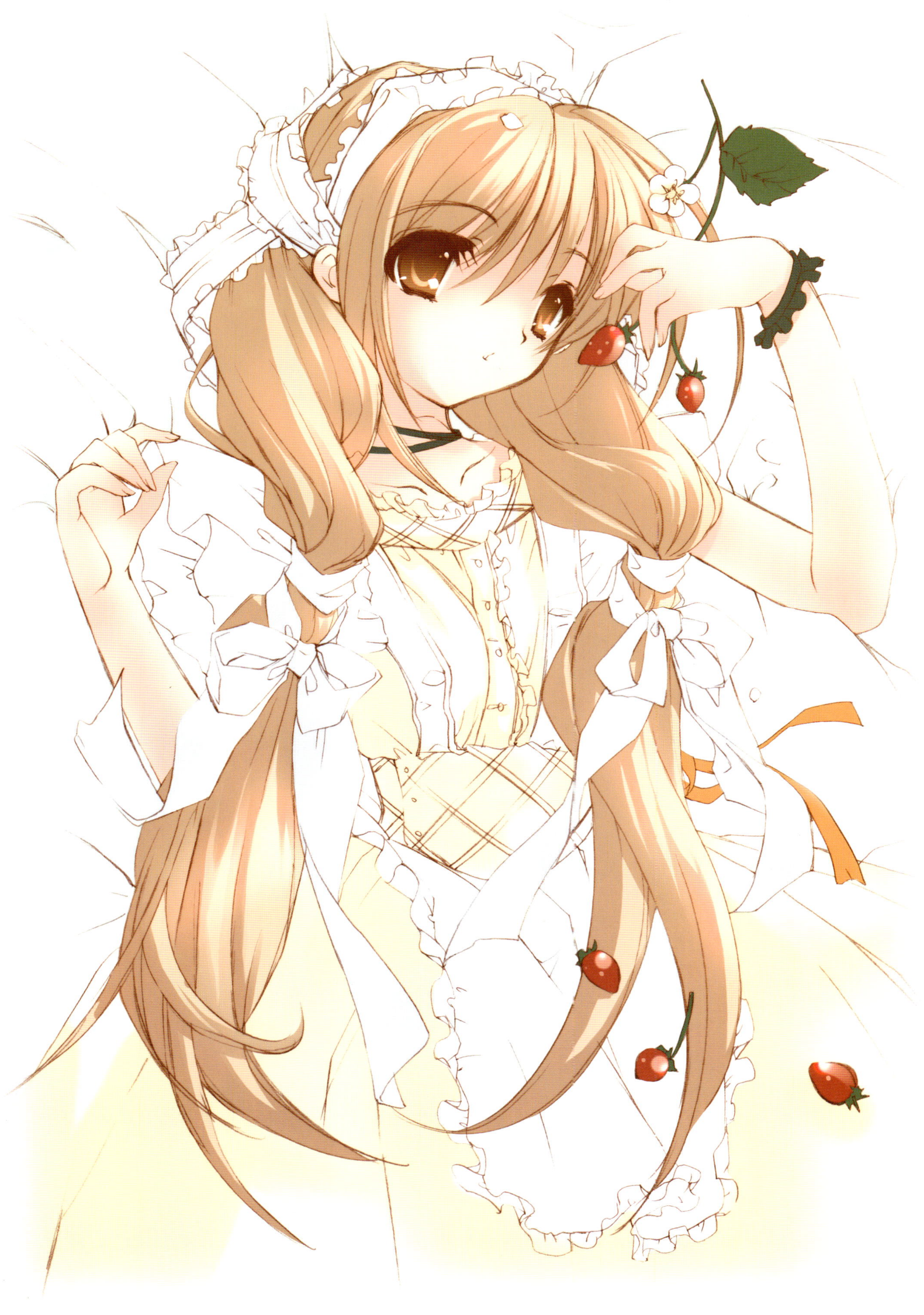

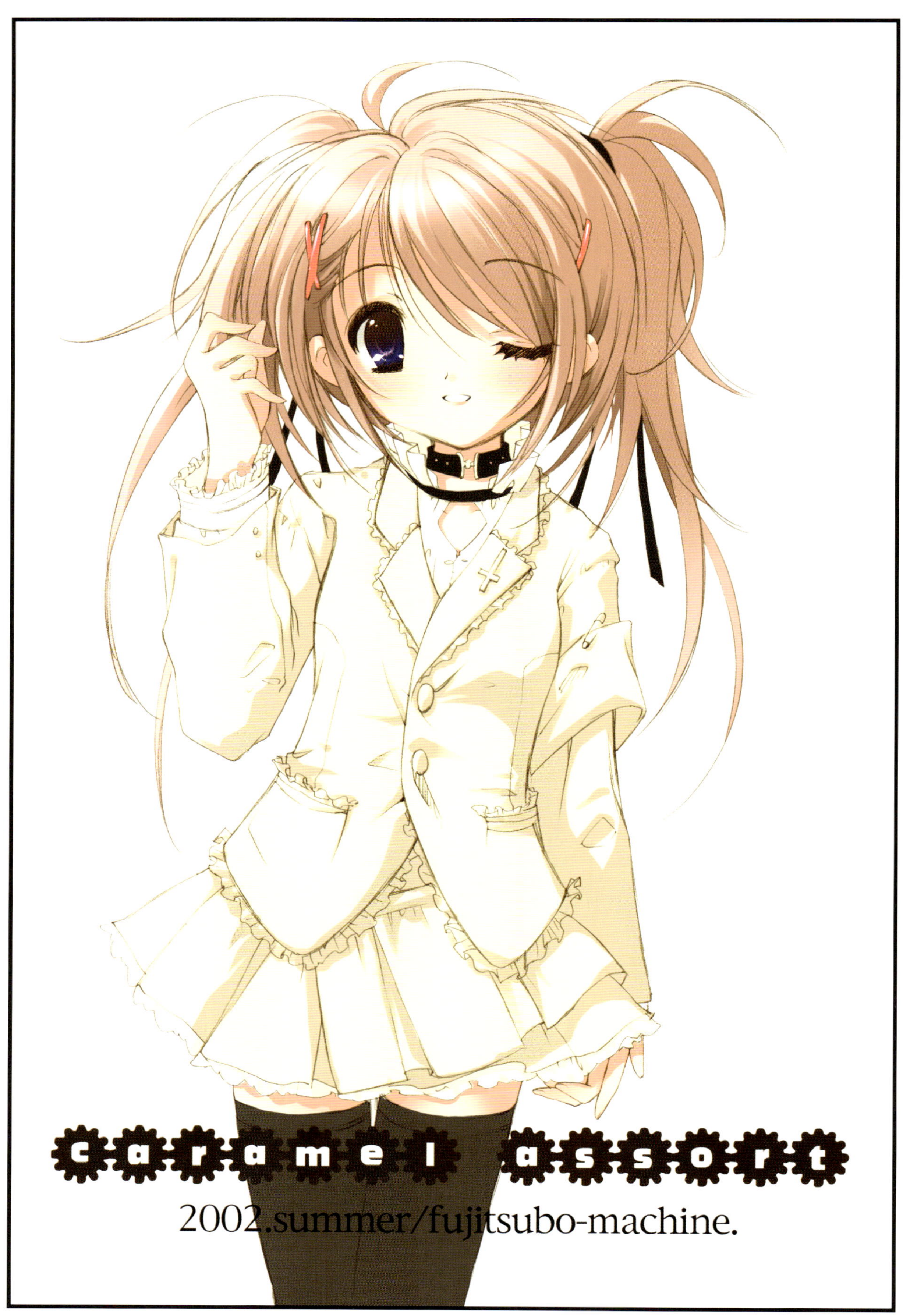

個人誌「caramel assort」表紙／2002年8月

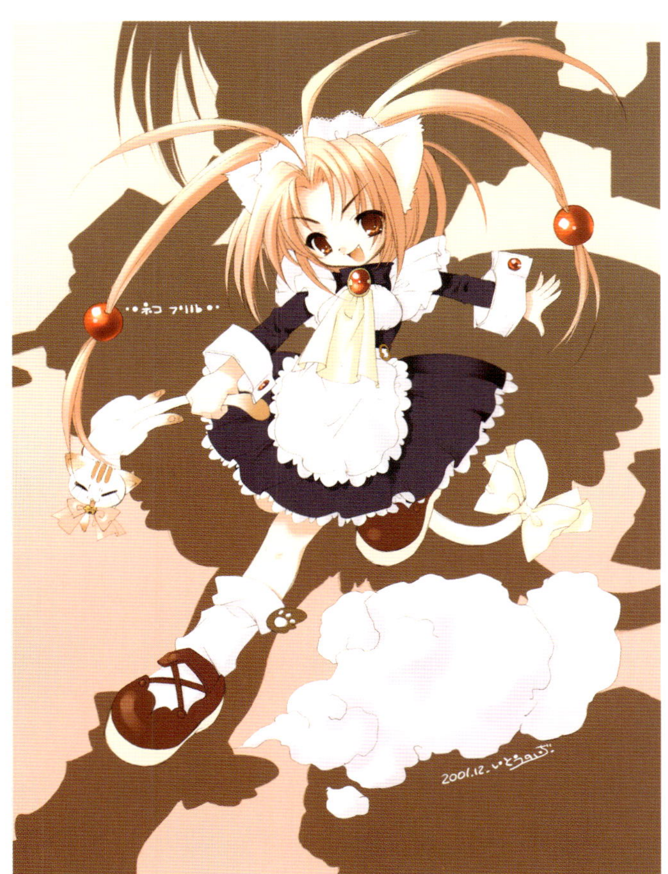

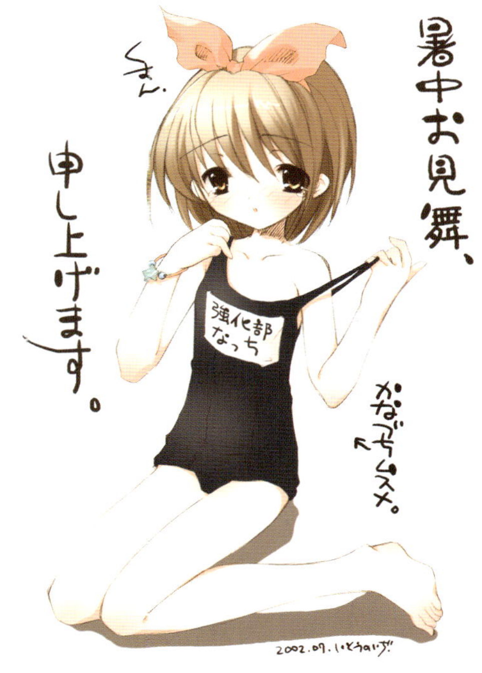

オリジナル／2002年7月

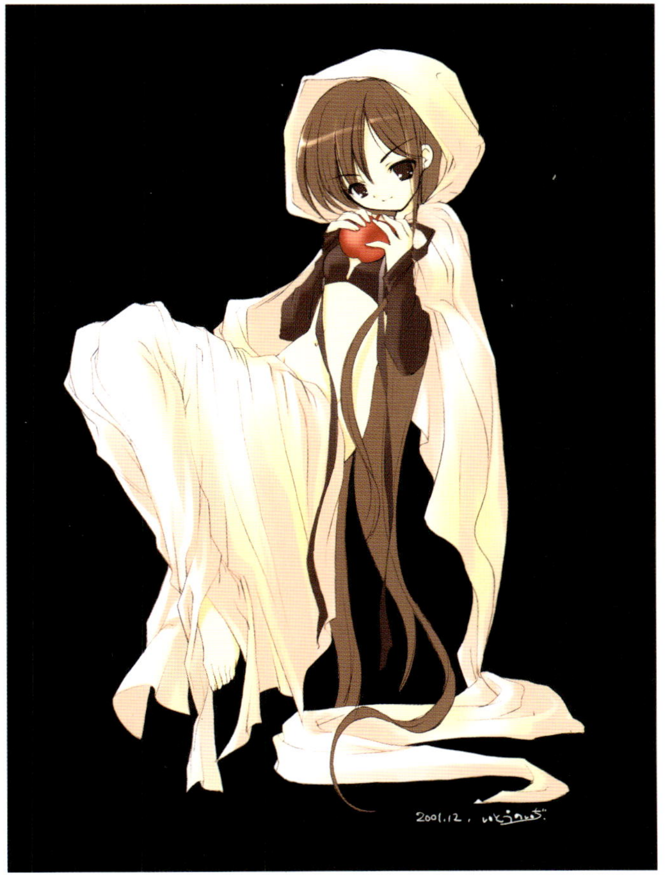

オリジナル／2001年12月

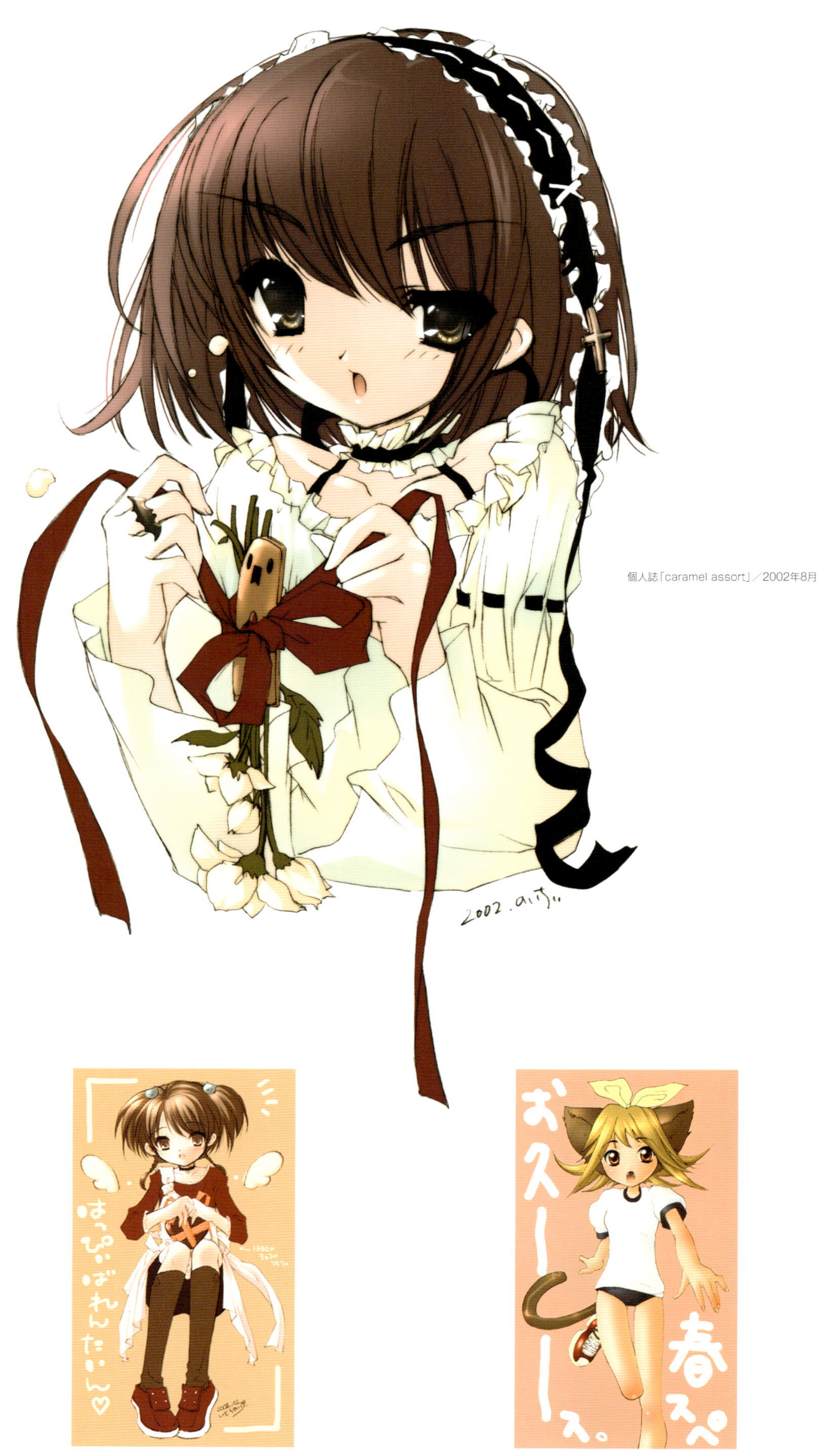

個人誌「caramel assort」／2002年8月

オリジナル／2002年2月

オリジナル／2001年4月

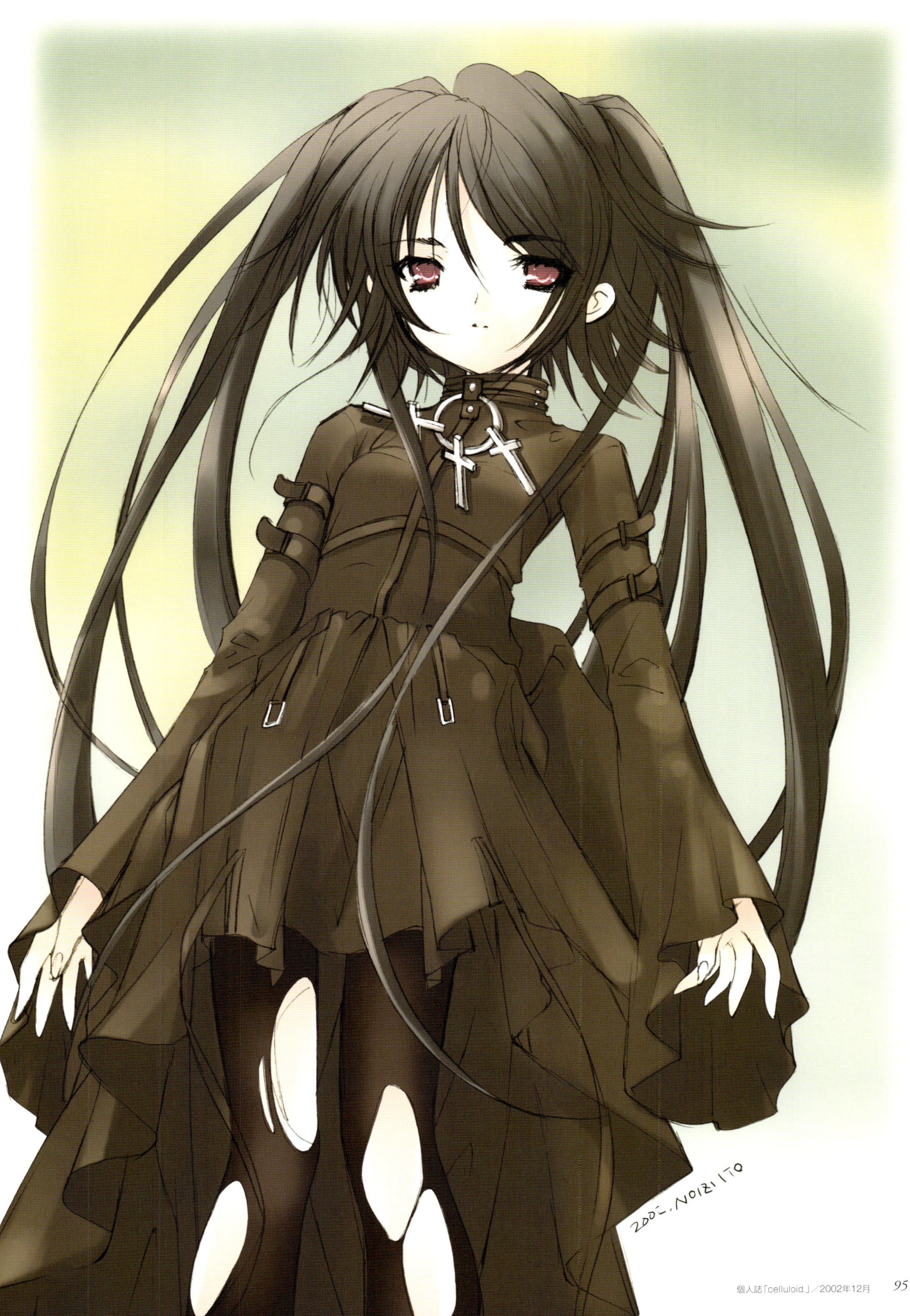
2002, NOIZI ITO

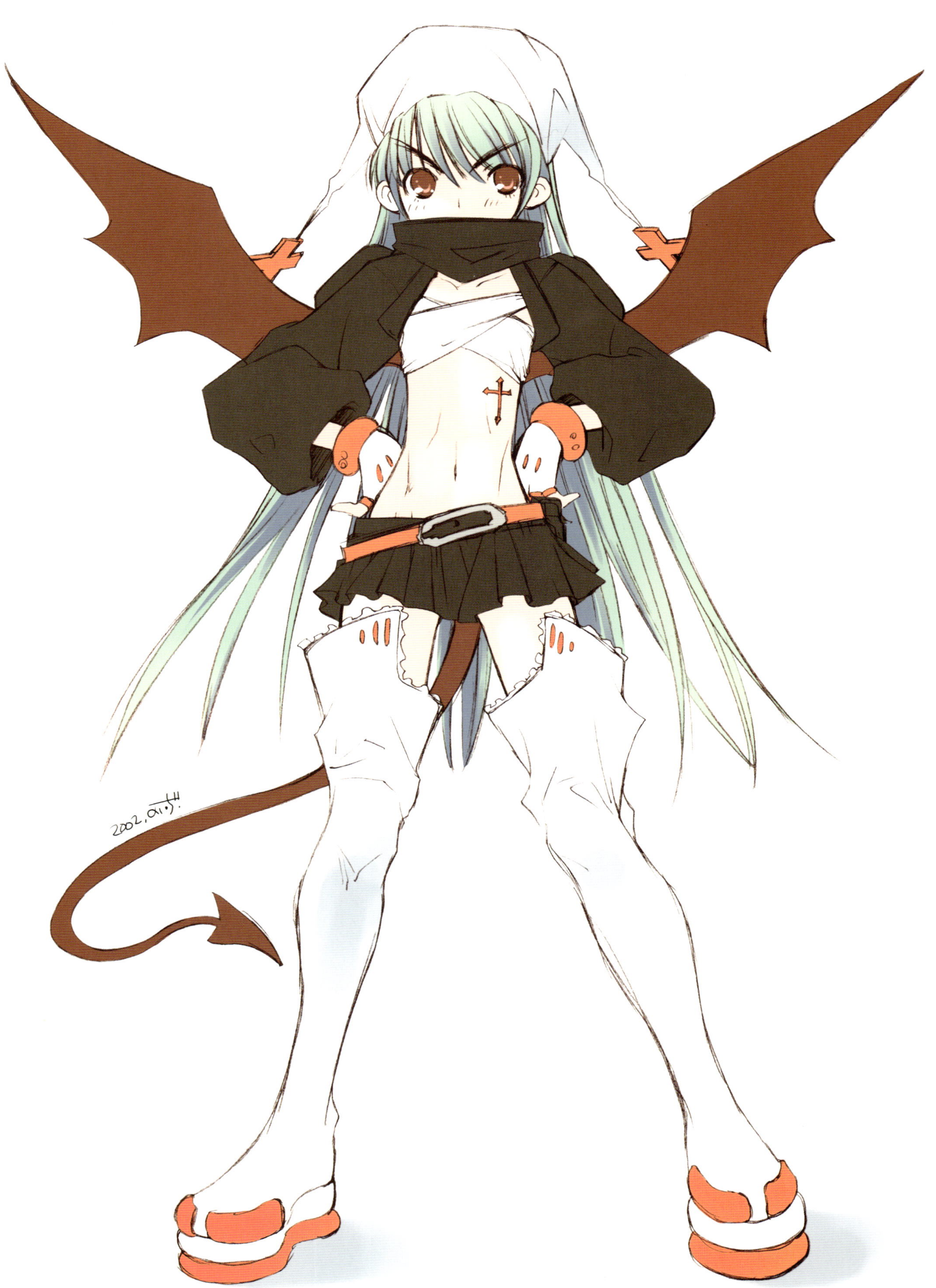

 個人誌「celluloid.」／2002年12月

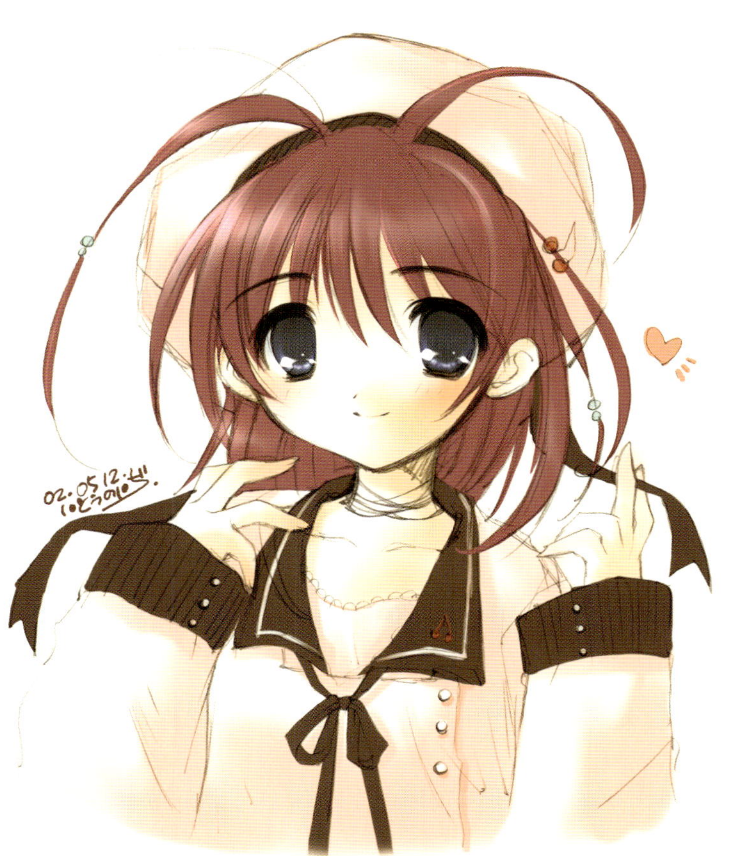

オリジナル／2002年5月

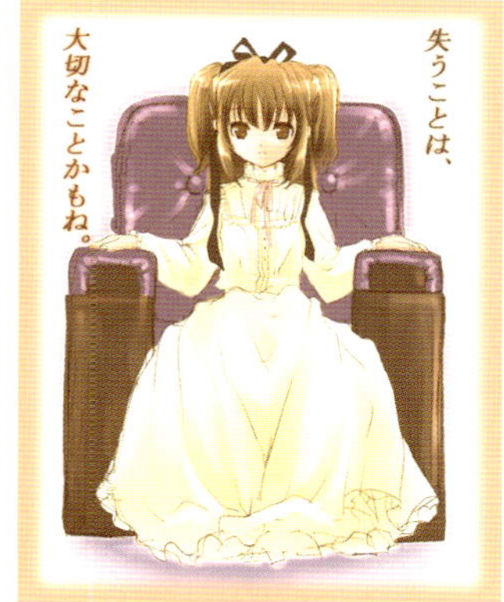

オリジナル／2001年10月

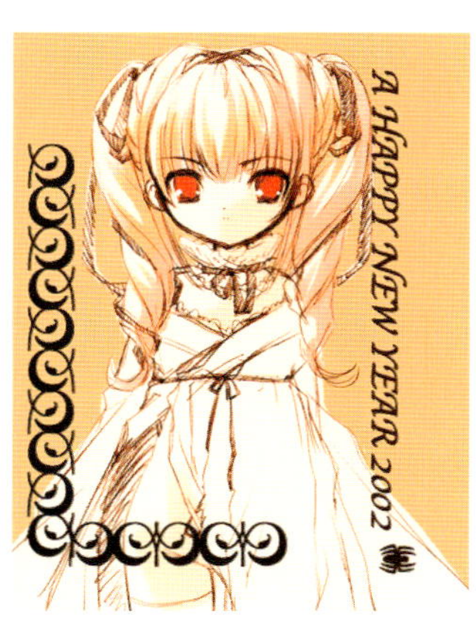

オリジナル／2002年1月

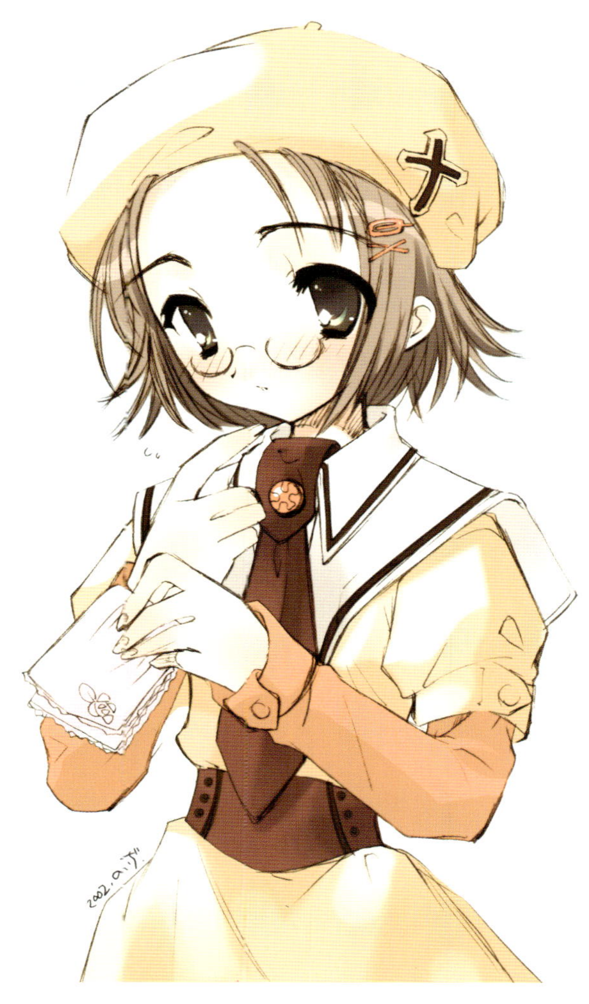

個人誌「celluloid.」／2002年12月

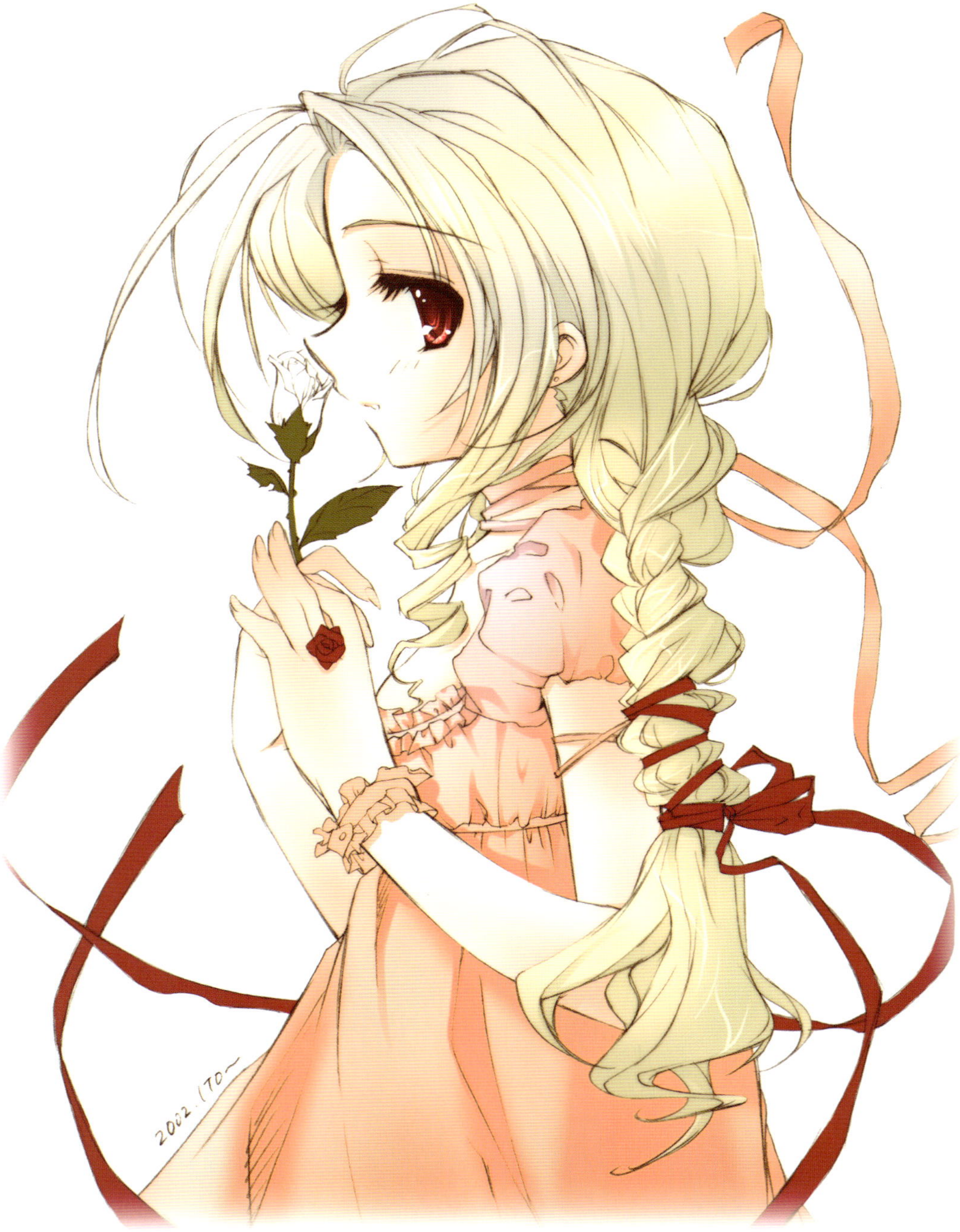

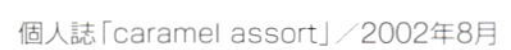

個人誌「caramel assort」／2002年8月

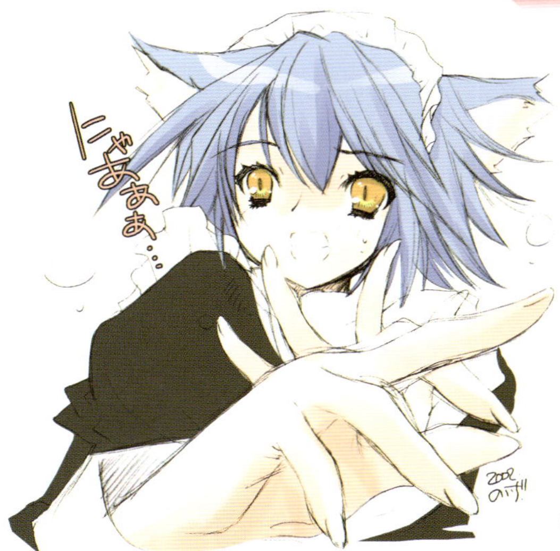

オリジナル／2002年12月

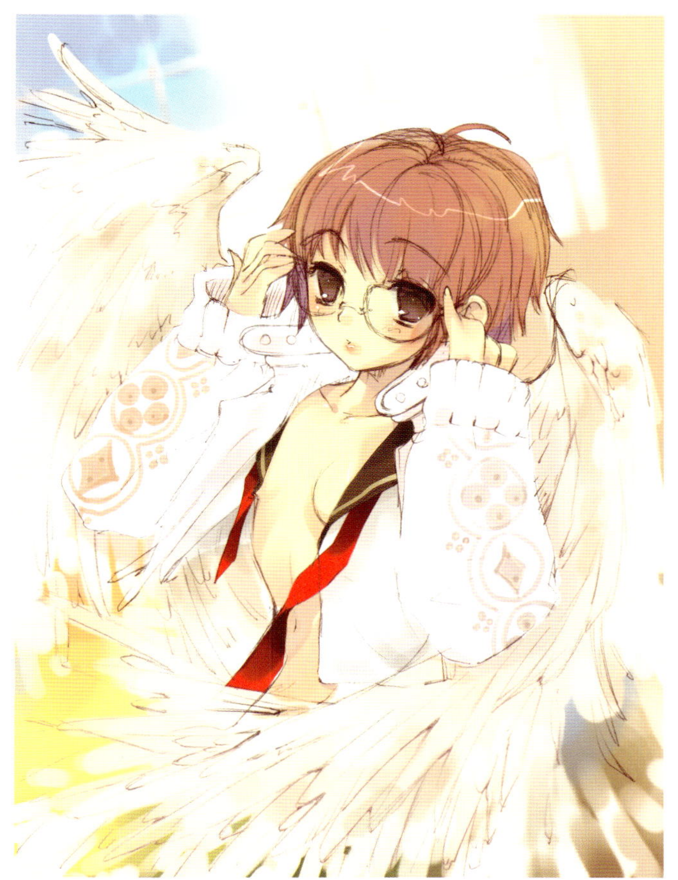

個人誌「FAVORITES」／2003年12月

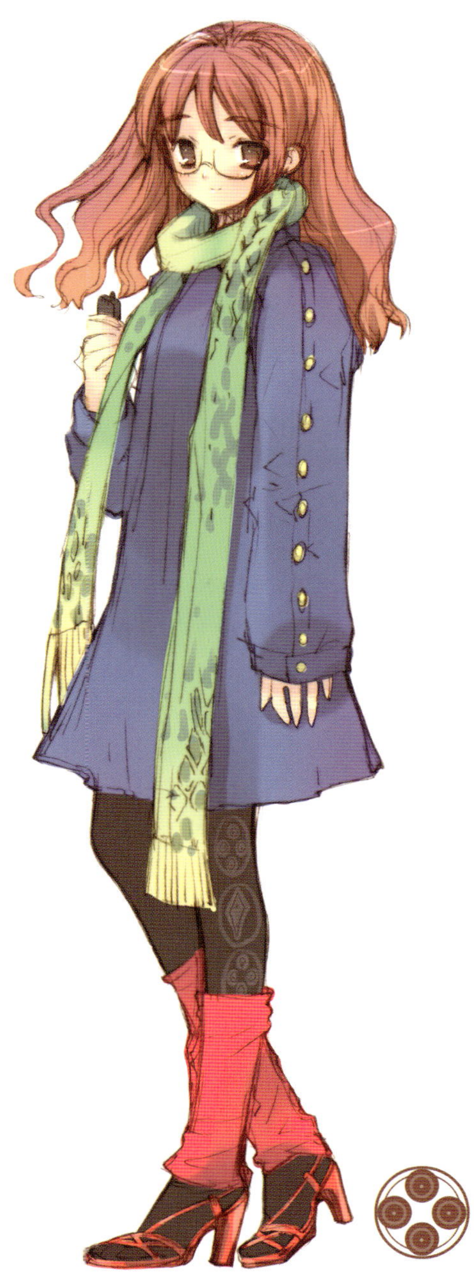

個人誌「FAVORITES」／2003年12月

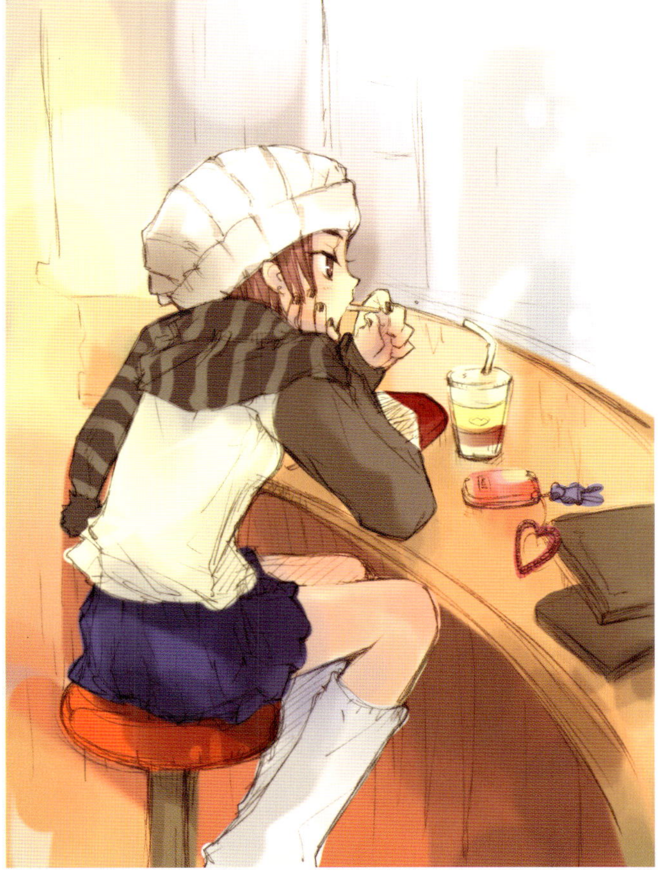

個人誌「FAVORITES」／2003年12月

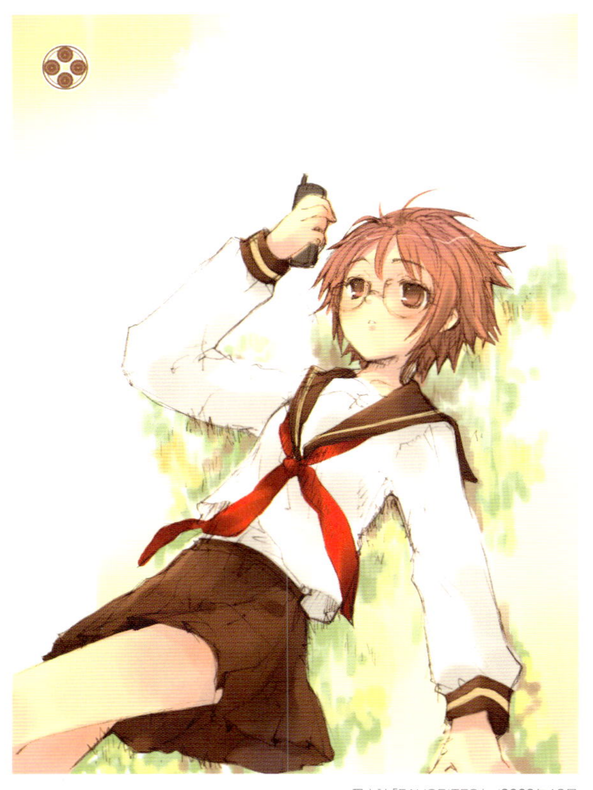

個人誌「FAVORITES」／2003年12月

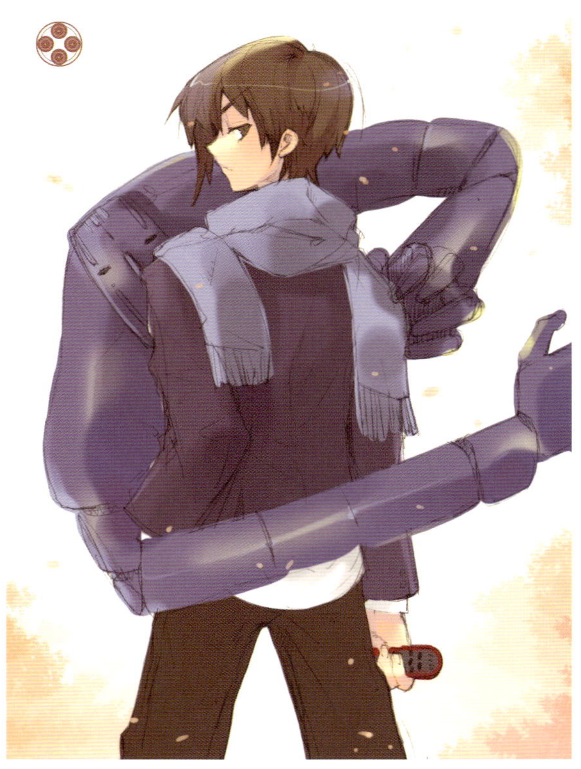

個人誌「FAVORITES」／2003年12月

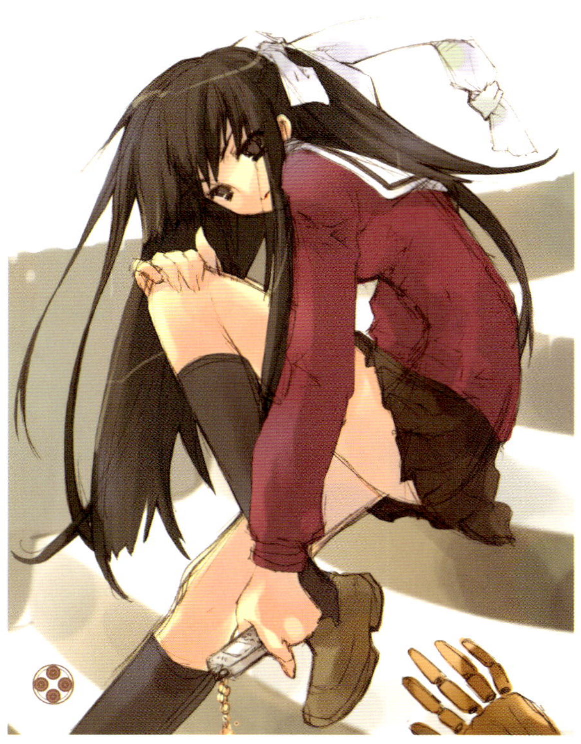

個人誌「FAVORITES」／2003年12月

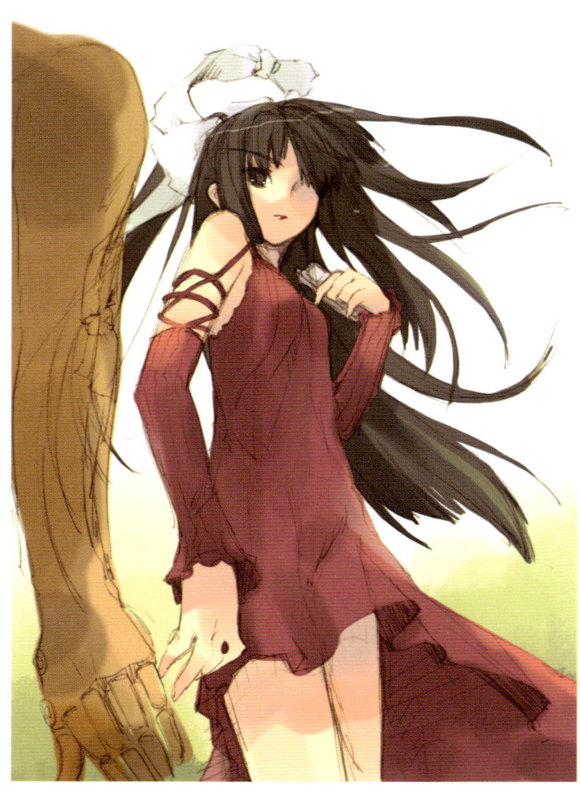

個人誌「FAVORITES」／2003年12月

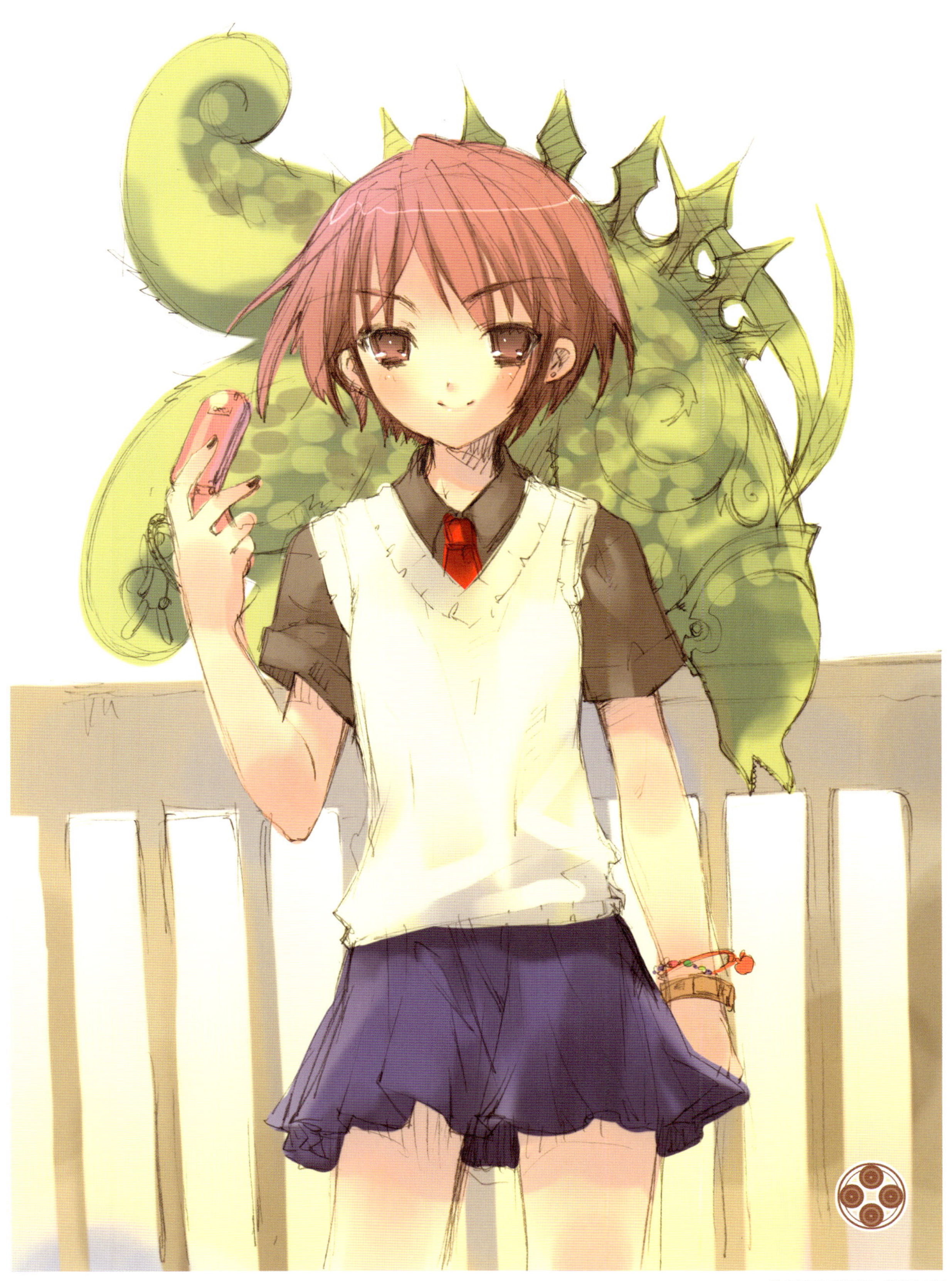

個人誌「FAVORITES」／2003年12月

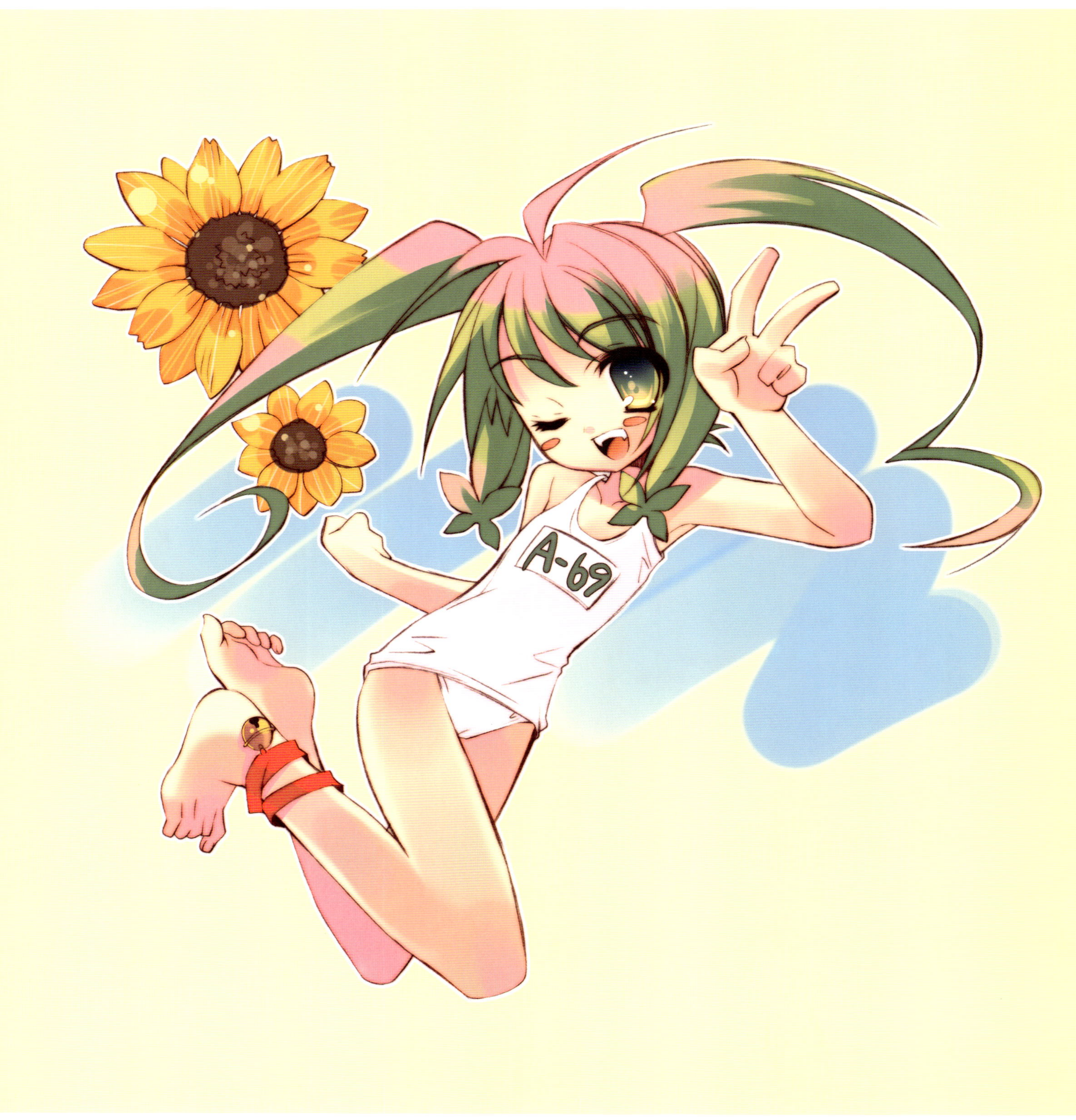

オリジナル団扇／2003年8月

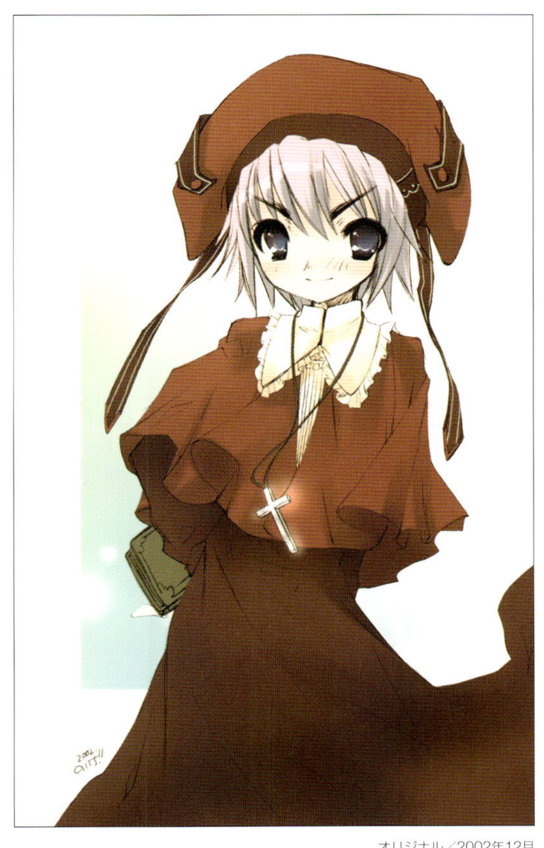
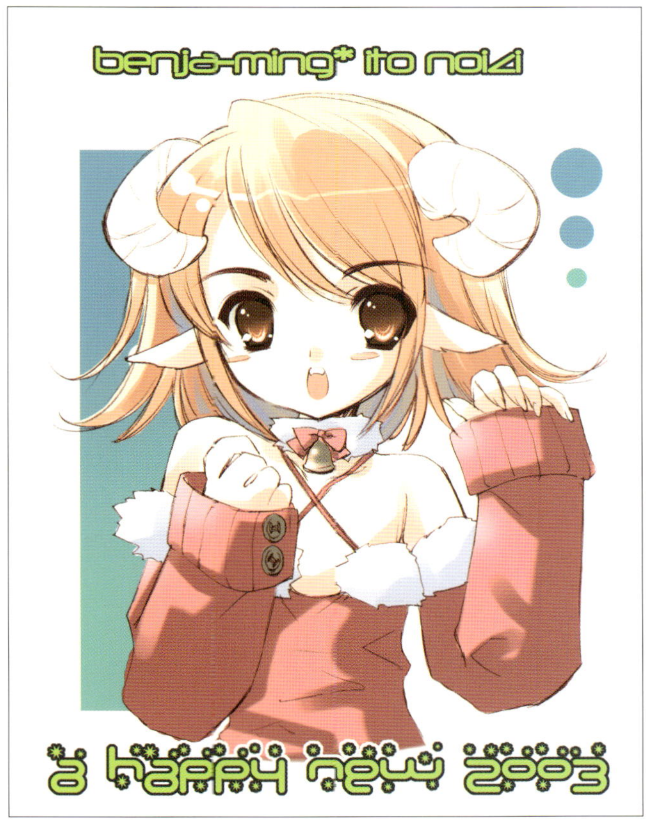

オリジナル／2002年12月

オリジナル／2003年1月

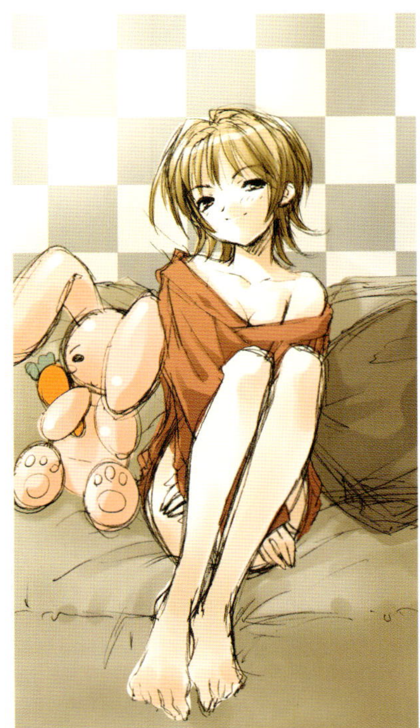

オリジナル／2002年10月

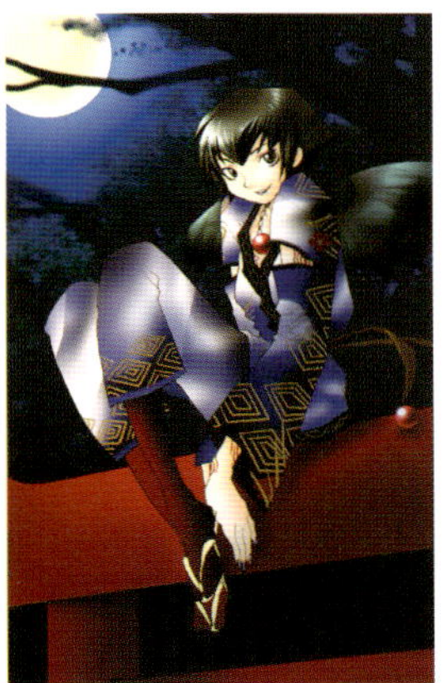

オリジナル／2001年10月

オリジナル／2002年6月

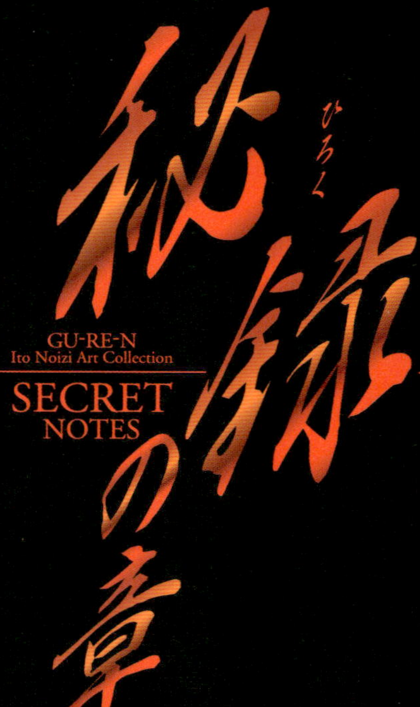
四
秘録の章
ひろく
GU-RE-N
Ito Noizi Art Collection
SECRET
NOTES

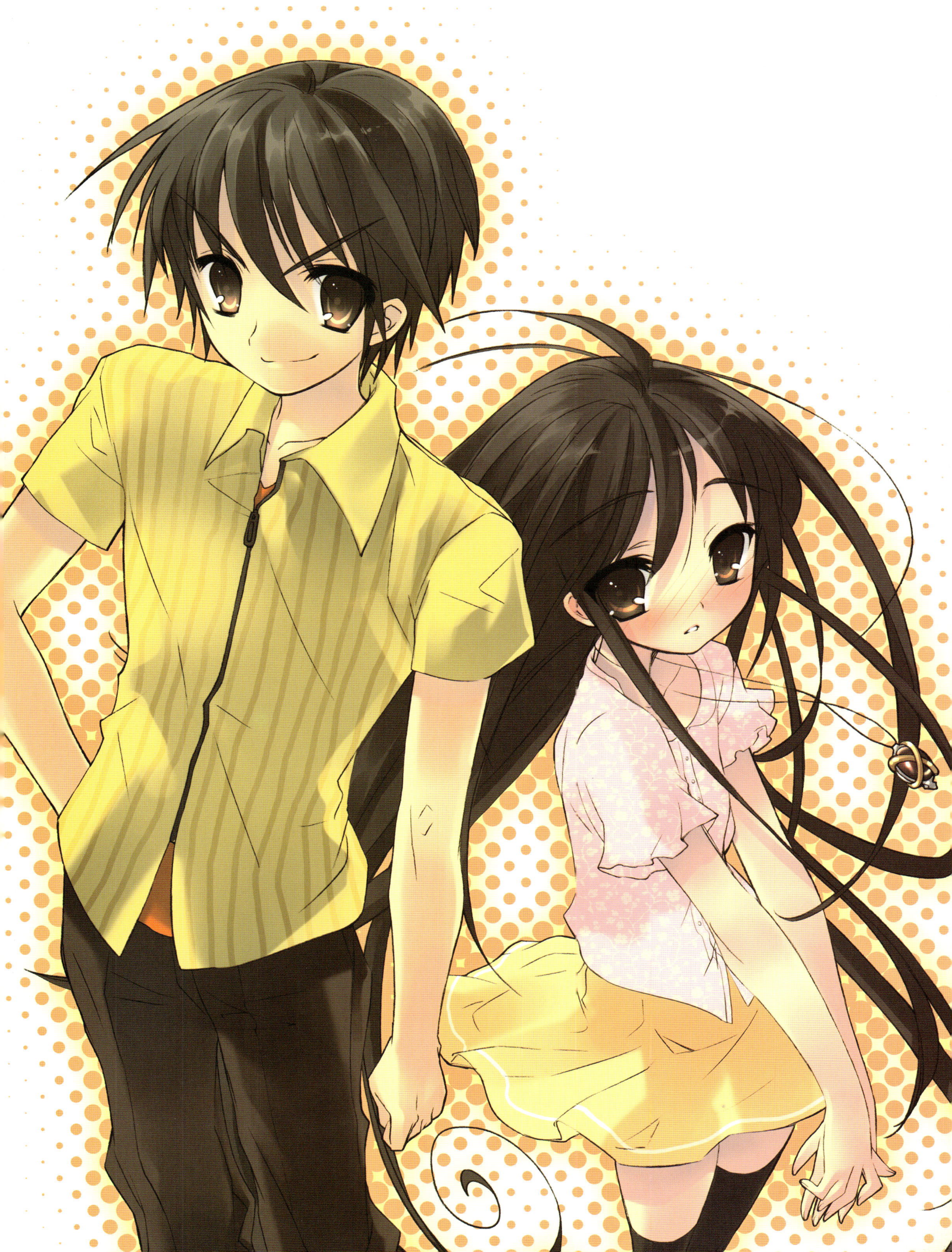

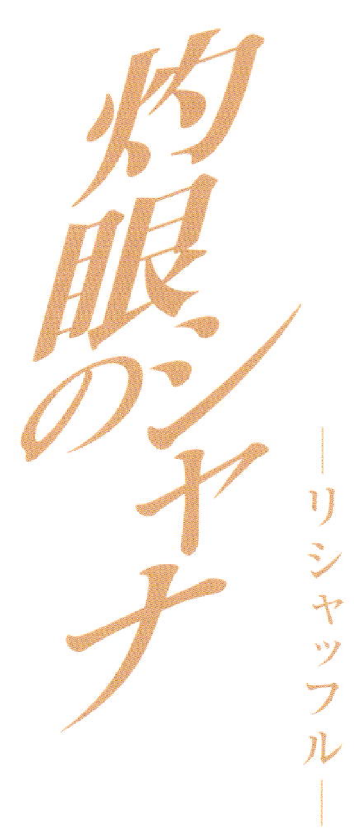

　澱んだ闇の中に、鮮烈な紅蓮が点っている。

　ときおり揺れて、同色の火の粉を舞い咲かせるそれは、流れるようなストレートの長髪。

　『炎髪』と称される、フレイムヘイズ『炎髪灼眼の討ち手』の証である。

　その名の由来たるもう一つの証、同じく紅蓮に煌く『灼眼』は、正座する手元、玩具の山を崩し、道具を取り、一瞬だけ吟味して、後ろへ放り捨てる、という流れ作業に向けられている。

　と、少し離れた暗がりから、

「ふいぃ、暑ぅ……シャナー？」

　一人の少年が声をかけた。

　坂井悠二。世の裏に跋扈する"紅世の徒"に存在を喰われた人間、その残り滓から作られた代替物"トーチ"にして、身の内に宝具を宿す"ミステス"である。

　もっとも今、汗染みたシャツの襟を掴みバタバタと換気する姿は、どこにでもいる、ごく普通の少年にしか見えない。

　そんな彼に、

「なに？」

　と短く答える『炎髪灼眼の討ち手』シャナは、涼しげ、とまではいかないものの、端然と座って作業を続けている。今日は半袖ブラウスにミニスカートという格好なので、膝を崩さない。

　少女の炎髪灼眼に照らされる周囲は全て、玩具の山。

　その中、動かない空気の蒸し暑さに、悠二は額の汗を拭う。

「部屋を涼しくする自在法とか、ないの？」

「私はクーラーじゃない」

　シャナは再び、素っ気無く答えた。実は彼女も面に表さないだけで、同様に暑さは感じてイライラしているのである。

「できないのかあ」

　という残念そうな少年の感想に、少しムッとなる。

「私は、そういう細かい自在法とか嫌いなの」

　好き嫌いの問題かなあ、と悠二は思うが、口論する気力もないので、そのまま黙った。

　彼らは今、闇の中に広がり積み重なる、玩具の山の中にいた。ここは、御崎市の中心に建つ廃ビル・旧依田デパートの閉め切られた一階層で、かつて二人と（シャナ9：悠二1くらいの比率で）戦った"紅世の王"がアジトとして使っていた場所である。

　その"王"——"狩人"フリアグネは世に知られた宝具の収集家で、持てる性癖の一端として人形や玩具を多数、というより無数、アジトに溜め込んでいた。

　二人は、十日ほど前に起きた騒動に際して、この場所があることをフレイムヘイズ『弔詞の詠み手』マージョリー・ドーから聞かされた。しばらく騒がしかった身辺も落ち着いた今ようやく、貴重な夏休みの一日を割いて、使える宝具がないか探すことにしたのだった。

　とはいえ、元デパートの一階層をほとんど埋め尽くすほどの量である。ここに踏み込んだ悠二がまず思い浮かべたのは、『砂漠で針を探す』という例えだった。

　そうでなくとも、宝具というのはどんな形をしているのか分からない。この世にあるための根源的な力たる"存在の力"を込めることで発動するかどうか、一つ一つ手にとって確かめていくしかなかった。おまけに、広いとはいえ真夏の、窓も塞がれた密閉空間での作業である。雰囲気も含めた場の暑苦しさに、ぼやきの一つも出ようというものだった。

（でもまあ、"徒"と戦うために、宝具は一つでも多いにこしたことはないし……）

　切迫した必要性から悠二は思い、また汗を拭う。

「早く佐藤たち、帰ってこないかなあ」

　二人のクラスメイトにして親しい友人、そしてマージョリーの子分という立場から"紅世"の事情を知る佐藤啓作と田中栄太は、ここで落ち合ってすぐ出て行った。廃ビルとなった依田デパートで唯一営業している地下の食品売り場まで、アイスクリームを買いに降りたのである。

「どうせ俺たちには宝具の見分けはつかないからなー」

「そーそー、姐さんが来るまで、俺たちにはやることないんだし」

　と彼らは言ったが、実は地下街の冷気に当たるのが目的であることは、そのわざとらしい口調で丸分かりだった。ちなみに、彼らの親分たるマージョリーは、寝坊したため遅れてくる、とのことである。

　超絶甘党のシャナは、そんな二人が持ってくるはずの大量のアイスクリーム（彼女は『持てるだけ』との注文とともに万札を渡している）のことを思い、

「うん」

　僅かに手を止めたが、またすぐ作業を再開する。怪獣のビニール人形を取って後ろに放り、サイコロ型のクッションを取って後ろに放り、手作り風な緑色のカップを取って後ろに放る。

　悠二も少女に倣い、再び自分の前へと目線を戻す。

　暗がりに積みあがる、玩具、玩具、玩具……床に胡坐をかいて座り込んでいるため、天井の他は自分たちを取り巻く玩具の外輪山しか見えない。

　この暗がりの中、光源たる少女と二人っきり……ではない。

「それにしても多いなあ。武器とか、一目で分かる物ならいいんだけど」

「戦闘用の宝具は、"狩人"自身が所持していたはずだ」

　シャナの胸元からもう一人、遠雷の轟くような重く低い声が響いた。フレイムヘイズと契約し異能の力を与える"紅世の王"——"天壌の劫火"アラストールのものである。

「貴様も見たであろう、攻防いずれも強力な宝具の数々を」

　悠二は、数ヶ月前に繰り広げられたフリアグネとの戦いを、用いられた宝具を思い出す。

　火除けの指輪、無数に分裂して破壊の怒涛となるカード、武器殺しの鎖と化すコイン、下僕たる怪物"燐子"を爆弾にするハンドベル、そしてフレイムヘイズ必殺の銃……他にも剣の形をしたものを、数多くの"燐子"が持っていた。

「武具に類する物は、彼奴とともに吹き飛ばした可能性が高い」

　シャナが、師にして友、父にして兄たる魔神の声に頷き、悠二へと灼眼を向ける。

「うん。でも『玻璃壇』はここに遺されたままだったから、悠二も見た、あの『オルゴール』のように、一見してそれと分からない物が、まだ遺されてるかもしれない」

　闇中煌く相貌に見惚れる悠二を、再びアラストールが声で叩く。

「これも鍛錬の一つと思え。手に取るだけではなく、"存在の力"を周囲に拡散させるのだ。物によっては反応があろう」

　シャナの言った宝具『オルゴール』は、たしかにその名前のまま、平凡な仕掛け木箱の形をしていた。山と積まれた玩具の中に絞れている可能性は大いにある。

（でも……反応、ねえ）

　悠二はもう一度、自分の周りに気を払う。

　シャナと出会ってからの数ヶ月、彼女とアラストールから、朝は体術、夜は"存在の力"の繰りについての鍛錬を受けてきたが、まだその扱いに熟練したとはとても言えない。つい先日も、その未熟さから加減を見誤り、危うく彼女の親代わりたるフレイムヘイズを殺しかけた。

（どんな物に、どの程度の力を注げばいいか、分からないんだけど）

　暗がりに聳える玩具の山は、なにかを秘めているようにも、いないようにも思える。

「力を入れすぎて、ドカン、と爆発するような宝具があったりして」

「うん、あるかも」

「……」

　ドヨンと沈む少年には構わず、シャナはまた、玩具を拾っては放る作業を再開する。

（でも、これがシャナなんだなあ）

　悠二は溜息を吐いて、今できる作業に取り掛かる。

　と、

「……ん?」

　その真ん前、玩具の山の中から、黒い棒のようなものが突き出ている。

（なんだろう）

　手を延ばして引っ張ると、簡単に抜けた。

　卒業証書を入れる筒にも似たそれは空で、両端にレンズが嵌めてあった。

（望遠鏡かな?）

　悠二は乏しい知識から見当をつけるが、太さは均一。試しに片端から向こうを覗いても、像が歪むくらいで、拡大はされない。遊びのつもりで、覗きながら体の向きを変えてみる。レンズ越しに、ポイポイと玩具を見ては放り捨てているシャナが見えた。呑気に呼びかける、

「シャナー」

途端、視界が暗転した。

突如訪れた暗闇の中、
「な、なに?」「シャナ!?」
シャナと悠二は驚いて声を上げ、黙った。
「……?」「……?」
数秒、さっき上げた声の在り得ない奇妙さに、黙る。
「悠二」「シャナ」
同時に声を出して、また黙った。
「……――」「……――」
その奇妙さの意味を理解するまで、また数秒。
「悠二!」
とシャナは悠二の声で怒り、
「わあっ!?」
悠二はシャナの声で縮こまった。
「へ、変な声出さないで!」
「そっちこそ、僕の声で女喋りは止めてくれよ!」
「ヘニャヘニャした声出してるのは悠二の方でしょ!」
「だからその喋りは……」
混乱から言い争うことの馬鹿らしさに気づいて、悠二は声を切った。
シャナも口をつぐんだことで、暗闇だけが二人の世界を満たす。
悠二はとりあえず、シャナがなにか対策を打つまで、迷惑をかけないようじっとしていることにした。いつの間にか正座している足の下には、ふかふかのクッションが敷いてあった。
（まさか）
思いつつ、膝の上に揃えた手を強く握り締める。ひどくか細い実感に、恐怖さえ覚えた。手の下は、長ズボンをはいていたはずなのに、なぜか膝が剥き出しで、腰から下がやけにスースーした。僅かに腰を折ると、肩にさらりと、しなやかな髪のかかる感触がある。
（まさか、そんな）
ガサガサと、シャナが気配を頼りに近づいて来ているらしいが、真っ暗でなにも見えない。
と、その闇の中から、いきなり腕をつかまれた。
「っわ!?」
さっきから自分が出していた、シャナのような少女の声で叫んでいた。
その掌の大きさと硬さに驚く間も僅か、強引に引き寄せられる。
「静かにして」

さっきから聞こえていた、シャナらしい少年の声が短く言った。
悠二は、シャナの握った場所から、僅かに"存在の力"が流れ出すのを感じる。夜の鍛錬で行っている、力の受け渡しと同じ感触だった。
それが今、紅蓮の灯火となって、二人の傍らに浮かび上がった。
ようやく暗闇が追い払われ、再びの光が二人を照らし出す。
「……」「……」
目の前に鏡がある。
と既に自分たちの置かれた状況を推測、理解しつつ、それでも二人はそう誤認した。
悠二の前には、悠二がいて、
シャナの前には、シャナがいて、
しかし、互いに、そうではなかった。
傍目には、全く当たり前の光景しかない。
悠二の前にはシャナがいる、それだけである。
シャナはなぜか瞳と髪を人間時の黒に戻してポカンと間抜けに口を開き、悠二は厳しく引き締まった表情で眉根を寄せている。やがて、確かめ合うように、
「シャナ?」
とシャナの顔で悠二が訊き、
「悠二?」
と悠二の顔でシャナが答えた。
状況を唯一、傍から眺めることのできるアラストールが、シャナの姿をした悠二の胸元から、苦く重く訊く。
「なにをした、坂井悠二」
「えっ、や、やっぱり、僕の、せい……?」
悠二は、シャナの顔でオロオロとみっともなく動揺の様を見せた。
自分がそんな態度を取ることに我慢できなくなったシャナは、悠二の顔で強く訊き直す。
「いいから、なにをしたか話して!」
自分に問い質された悠二は、言い訳する風に上目遣いで答える。
「なにって……さっき黒い望遠鏡みたいな筒を拾って、それを覗いただけ、なんだけど」
「アラストール?」
自分に向かって確とした表情で話しかける坂井悠二、という妙な光景への戸惑いとともに、アラストールは指摘する。
「む……黒い、望遠鏡のような筒……『リシャッフル』か。この馬鹿者めが」

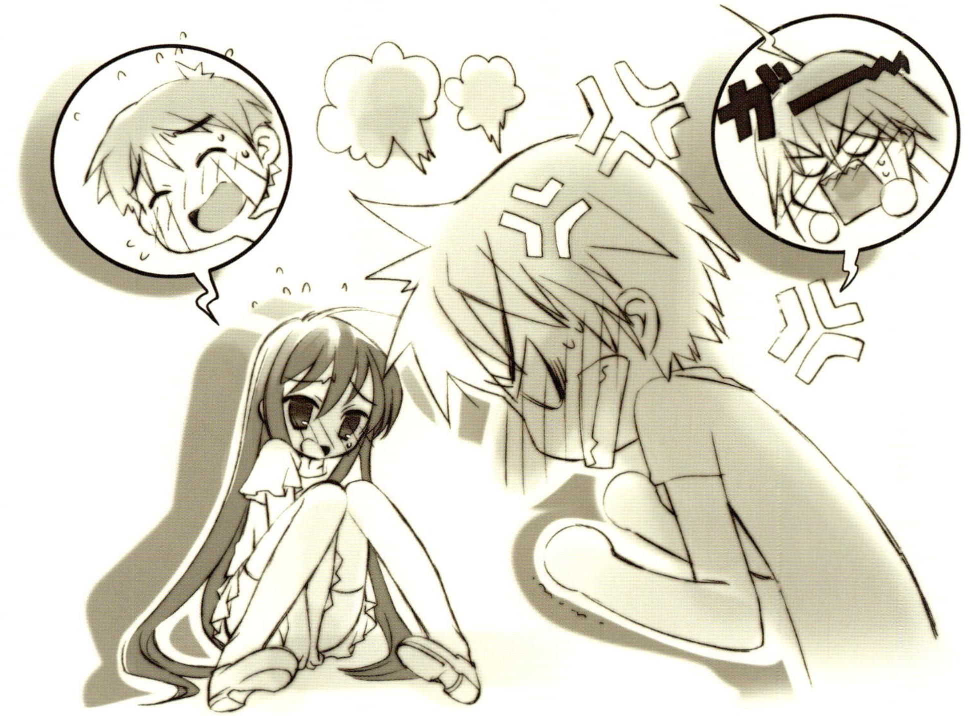

自分の真上の表情がションボリとなるのにまた戸惑うが、中身は悠二であると強く念じ、ことさらに声を強くする。

「つまり、見てのとおり、覗いた者と覗かれた者の意志総体を交換する宝具だ」

宣告に衝撃を受ける二人を安心させるため、すぐに言葉を継ぐ。

「しかし、案ずることはない。再び覗けば、元に戻るはずだ」

「なんだ、それなら話は簡た――」

悠二はほっと胸を撫で下ろしかけて、

「――んぎゅっ!?」

肩を思いきり引っ叩かれ、吹っ飛んだ。

「どこ触るつも、あっ!?」

言いかけて、シャナは驚いた。いつもより大きな悠二の手に、相応の"存在の力"による強化を施していたため、自分の小さな体に予想外の大打撃を加えてしまったのである。

シャナの体をした悠二は三メートルは飛んで、玩具の山にめり込んでいた。悠二の体だと間抜けな格好で済むが、今は、

「ば、馬鹿悠二！　なんて格好するのよ!?」

シャナは悠二の顔を真っ赤にして叫んだ。

「そ、そんな、こと言っても、シャナがうわっ!?」

自分の前に、はしたなく大股開きになって、短いスカートもまくれたシャナの下半身がある。というか、そんな格好をした自分を見下ろしていた。慌てて脚を閉じ、スカートの裾を押さえる。そうしてから、なんとなくもったいないと思

「ぐげっ!?」

「なな、なに、ど、どこ、どこ見てたのよ〜〜!!」

自分に首を絞められて殺されそうになる、という悠二の珍奇な体験は幸い、胸元からの、

「よせ、あー、シャナ」

というアラストールの声で中断された。

「――っぜは、ひ、し、死ぬ……ホントに死ぬ」

「勝手に私の体で変な格好するからよ!」

「……張り飛ばしたのはシャナだろ」

「うるさいうるさいうるさい!」

中身がシャナと分かっていても、目の前にある『真っ赤になって涙目で怒鳴る自分』という図はとても情けない、と悠二は思った。

「と、とにかくその『リシャッフル』とかいう宝具を探そうよ」

「……ふん」

やはり、『腕を組んでプイとそっぽを向く自分』も、変な感じである。なんにせよ、悪趣味な仮装はもう懲り懲りだった。自分の体が座っていた場所に転がっているはず

の黒い筒を……

「……ええ、と?」

　見つけられない。

（ぶっ飛ばされる前に座ってたのが、今、僕——じゃない、シャナのいる所で、玩具の山があそこにあって、窪地がこうで、つまり、あそこら辺に転がってるはず、なんだけど……?）

　浮かぶ灯火を背に、大まかな場所の見当をつけるが、それらしい物は見当たらない。

「シャナ」

　普段と違うひ弱なシャナの声、そうさせる中身に、少年はそこはかとない落胆を覚えた。

「僕と入れ替わったとき、手に持ってた物……『リシャッフル』なんだけど、どこにやった?」

「たしか、寸前まで宝具を確かめてたから、後ろに放り投げたと思う」

　シャナによる、自分の引き締まった格好いい声が、そこに追い討ちをかける。

「えーと、後ろ……」

　見れば、そこには当然のように玩具の山が。

「びっくりして、少し強めに投げたかも。時間をかけて慎重に探せば——

「いかん」

　と突然、アラストールが切迫した一言で、その方針を却下した。

「急ぐのだ。余人、特にフレイムヘイズらに、この状態のあることを知られてはならん」

　常には見られない彼の慌てように、悠二は不安感を抱いた。

「えっ、なにか知られるとまずいことでもあるのか?　宝具が働かなくなるとか?」

　シャナも表情を曇らせる。

「どういうこと、アラス——」

「おっ待たせー、アイスどっさり買ってきたぞー」

　暗闇に響いた佐藤の陽気な声が、質問を中途で打ち切らせた。

「ありゃ、やけに暗いな。帰ったのか?　おーい!」

　田中の不審げな声も聞こえる。

　体を入れ替えた少年と少女は、お互いをお互いの顔で見つめ合わせ、立ち上がった。

　悠二は、視界が妙に低く、大男のような自分が目の前にあるという変な世界の中、その不安を小さく潜めた声に表して訊く。

「どうしよう、シャナ」

　シャナも小声で返す。

「その顔で弱音を吐かないで」

「で、でも」

「……まず、『夜笠』を出して」

　悠二の顔をきつく顰めて、シャナは指示した。

「宝具を投げた辺にある玩具を全部、一旦『夜笠』の中にしまって、悠二の部屋で改めて探す。いいよね、アラストール?」

「うむ」

　言われた悠二は、シャナを見上げてあたふたする。

「ぼ、僕がフレイムヘイズの力を?」

「そう」

「でも、いきなりだし……シャナは使えないの?」

　自分の情けない姿にイライラしつつも、シャナは辛抱強く丁寧に答える。

「さっき、明かりを点ける前に試したけどダメだった。見かけが変わったんじゃない、お互いの体を、交換された意志総体が使ってるのよ。さあ、早く!」

「そんなこと言われても、どうやれば?」

「内に満ちる"存在の力"は感じてるでしょ……ええ、と」

　自分が普段、息をするように歩くように行っていることを言葉にするため、数秒考える。

「気分を爆発的に高めて、望む力を現すの」

「ちゅ、抽象的すぎるよ」

「弱音吐かないでって言ったでしょ。『炎髪灼眼の討ち手』の姿や強さを思い描いて……それを身の内に満ちる力で表現するの!」

　眼前に迫る、鏡でない自分の顔に、思わず悠二は後ろに仰け反る。

「わ、分かったから、その顔で女言葉を使わないでくれよ……ええ、と」

（シャナの姿と、力）

　いつも見ていた、紅蓮の煌きとともに凛々しく立つ少女の姿を——憧憬さえ感じさせる、あらゆる強さを現す『炎髪灼眼の討ち手』を——誰よりもはっきりと、思い浮かべる。

　そんな根拠のない自惚れとともに、小さく叫ぶ。

「こうか!」

　なにも起きなかった。

「……」「……」

　アラストールとシャナの沈黙が痛い。

　悠二はさっきまでの自惚れもどこへやら、意気の消沈を顔にまで表すが、

「もう一度」

猶予の少ない状況の中、シャナは容赦なく次の行動を求めた。

「よ、よし、今度こそ」

（シャナの、強くてかっこいい、姿——）

「——はあっ！」

「……」「もう一度」

「やっぱり、いきなりフレイムヘイズの力を使うなんてできないよ」

さっそく泣きの入った悠二を、

「やるのだ」「弱音は受けつけない」

二人は同時に、断固とした口調で叩く。

「……分かったよ」

渋々答えつつ、悠二は思いを巡らす。

（シャナの力、どんなだっけ、ええと、ああ、もう——）

しかし、必死に思い出そうとすればするほど、最初あれほどはっきり思い描いていたはずの姿は、上手くいかないもどかしさと自己嫌悪の彼方にぼやけてしまう。

そこに、

「見た目のイメージじゃない。感じた私に、力を重ねて」

シャナが、語感だけで指南した。

悠二は、それを繰り返す。

「感じた、シャナに」

幾多の戦いの中、掴んでいた『シャナの存在』……その鮮烈で明確な感覚に、

「力を、重ねる」

ボン、と炎髪灼眼が紅蓮の火の粉の放出とともに煌き、黒衣『夜笠』が鋭く広がった。

「——やった！」

「ん」

満足げな自分の笑顔に、悠二も少女の顔で弾けるような笑顔を返す。

と、ついでにその腰から、ガチャン、と『贄殿遮那』が落ちた。

「……それはいらないから」

「わ、分かってるよ」

悠二は『炎髪灼眼の討ち手』の姿としてワンセットに思い浮かべた大太刀を、気恥ずかしさの中で取り上げる。そんな彼の耳に、

「ん？　なんか聞こえたな」

「やっぱいるのか。なにしてるんだー、ドライアイス入ってても、溶けるもんは溶けるぞー？」

佐藤と田中が、つい叫んだ声か大太刀の落ちた音かを聞いたらしい。

二人が近づいてくることに焦りつつ、悠二はいつも少

女がやっているように、（割と憧れだった）身の丈ほどもある細身厚刃の大太刀を握り、（やたら重いのを我慢しながら）格好をつけて腰に収め——ようとして、

「——シャナ、収める鞘が見当たらないんだけど」

「抜き身でもらったから、元々鞘はないの。『夜笠』の内側に、アラストールの畳まれた翼を限定的に顕現させて、そこにねじ込んでしまう感じ」

「……全然分からない」

シャナは額に青筋を立て、それでも緊急の場ということから辛抱強く教える。

「その『夜笠』は、アラストールの翼の一部を顕現させたものなの。形は私の思ったとおりになってるけど、本当は大きな翼の皮膜の部分にあたる……見たんでしょ？」

「うん」

悠二は一度だけ見た"紅世"真正の炎の魔神、"天壌の劫火"アラストールの完全なる顕現の威容——高層ビルを上から覗き込むほどに巨大な存在——紅蓮に燃え上がる炎の内に黒い塊を秘めた体躯——視界一面を覆って広がる、黒い皮膜を持った翼——を思い浮かべた。

「翼の、皮膜？」

シャナは、格好よさ溢れる坂井悠二の姿で頷く。

「そう、それを畳んだところを想像して、その隙間に押し込むようにするの。できるだけ具体的に思い描けば、すんなりできるはず」

「ええ、と……」

あの魔神がせせこましく体を丸めて翼を畳むという、間抜けな姿を想像する。

それを感じてか、アラストールがことさらに低く険悪な声で、念を押す。

「しっかりと、思い描くのだ」

「わ、分かってるよ……やっ！」

悠二は言って、いつもシャナが見事に収めている姿をなぞるように、格好をつけながら『贄殿遮那』を左腰の脇に収めた。大きな場所に自然と吸い込まれてゆくような感覚があり、切っ先がコートの裾を突き抜けることもなく、長い刀身全てが懐の内に消える。

「やった、今度は一度ででき、っ痛だっ!?」

感嘆の声をあげる途中でいきなり頭をぶん殴られて、悠二は再びすっ転んだ。

シャナはその様子に、転んだ悠二の方ではなく、自分の拳を見る。

「あっ、まだ、強いか……」

「な、なに、するんだよ。うまくいったじゃ——」

「いってない。私の体を真っ二つにする気?」
「へ?」
　悠二は、自分の姿を偉そうに顎で指すという、微妙にムカつく仕草の意味するところを、とりあえず見た。見て、ぞっとなった。
「あっ――」
　黒衣『夜笠』の内懐、ブラウスの脇腹が、スッパリと一線切れている。どうやら収めるとき、刃を自分の腹に向けていたらしかった。
「格好つけるよりも、確実にやって。千草には、悠二が破ったって言うからね」
「そ、そんな……ん、あれ?」
　破った、というか斬ったのは確かに『シャナの体を持った悠二』だが、叱られるのは必然的に『悠二の体を持ったシャナ』になる。叱られる役はシャナの方にならないか。
　その妙な現象に、言ったシャナも気がついたらしい。顔をムッとさせて急かす。
「ほら、もうコツは分かったでしょ。さっさと周囲の玩具を『夜笠』の中にしまって」
「でも、どうすれば……?」
「さっきと同じように、『夜笠』の中にしまうこと、そのものをイメージすればいい。ある程度は吸い込んでくれる。早く、二人が来ちゃう」
　その危惧に答えるように、
「おーい、シャナちゃんの金で買ったんだぞ?」
「溶けたらさすがに食わんだろー?」
　ガシャガシャと玩具を踏みながら、佐藤と田中の気配が近づいてくる。
（僕のくせに、なにが『来ちゃう』だよ、まったく）
　心中でぼやきつつ、悠二はさっきの、物が大きな場所に吸い込まれる感覚を思い出す。それをできるだけ大きく、自分がいた場所に及ぼすように思い描く……
　カラン、とブロックが一つ転がり近づき、ふわり、とプラスチックのバットが宙を漂いやがてプラモデルの箱や釣竿、ボードゲームにラケット、周囲に積み重なっていた玩具の山がどんどん、雪崩を起こすようにシャナの体を持った悠二、その黒衣の内懐へと殺到する。
「うわ、わ……!?」
　その雪崩の行き着く先で一人、小さな体を立たせて受け止める悠二は、倒れもせず抵抗も感じない、しかし驚きと戸惑いを表して、黒衣の内に吸い込まれてゆく玩具を見やる。
「もう、いいわ」

「え、と、止まれ、わぷっ!?」
　悠二は収納を止めた途端、玩具の流れに押し流された。何度も転がって生き埋めになる。重さも苦しさも大して感じないが、
「……いきなり止めたらどうなるかくらい、分からないの?」
　自分の呆れた声が、ただ耳に痛い。なんとか身を起こして、せめての文句を言う、
「は、初めてだから、しようが、ないだろ」
　その上、未だ積み重なる玩具の山の上から、懐中電灯の光が二つ差した。
「あ、こんなとこに。なんで返事しないんだよ」
「シャナちゃん、なに埋まってんだ?」
　収納の騒音を聞きつけた佐藤と田中だった。二人とも、懐中電灯を持った手も含めて四つ、アイスを入れたものらしい大きなビニール袋を提げている。
　シャナは自分の体、その首にかけられたペンダントに短く問う。
「アラストール?」
　やはり黙っているべきなのか、という意味である。
　アラストールも短く答える。
「うむ」
「ほら、悠……シャナ、いつまで埋まってる……んだ」
　シャナは、できるだけ悠二っぽく見せよう、と下手な演技で悠二に言った。
（ああ、そうか）
　悠二もやり取りの意味を察して、シャナっぽいやりとりはこうか、と返す。
「えーと、んー、うるさいうるさいうるさい」
　ムカッ、とシャナが悠二の顔の奥で、その偏見に満ちた演技への怒りを湧き上がらせた。
　佐藤と田中は怪訝な面持ちで、そんな『シャナと悠二』を交互に見る。
「どうしたんだい、二人とも。あはははは」
　と変に力を抜いて、シャナは悠二の顔をヘラヘラと笑わせた。
（僕はそんな間抜けな笑い方しないぞ）
　今度は悠二が密かに怒って、玩具の中から立ち上がる。
「それより二人とも、早くアイスクリームちょうだい」
　シャナを演じる、という大義名分の下、悠二は過度に子供っぽい仕草で、二人に手を差し出す。微妙に気持ち悪い朗らかさに溢れた笑顔を浮かべて。
（ゆ・う・じ〜!）
　二人の手前、今度は殴るわけにもいかず、シャナはつかつかとその傍らに歩み寄る。

「な、なんかシャナちゃん、おかしくない?」

「そう? それよりアイスちょーだいっ!」

　悠二は田中の問いをはぐらかして、アイスを満載したビニール袋を二つ、取り上げる。

「坂井、今日のシャナちゃん、どーしたんだっ!?」

　近寄ってきた悠二に訊こうとした佐藤は、その顔に浮かぶ憤怒の表情に思わず飛び退いた。

　その隙に残りのビニール袋二つをもぎ取った、見かけだけの悠二は、自分の傍らに立つ。

「シャナ、あんまり食べ過ぎるとお腹を壊す、よっ」

「んぎゃっ!?」

「あっ、ごめん、足踏んじゃった。僕、よくボーっとしてるから」

　あははは、と再び変に力を抜いて笑う悠二と、

「べ、別にいいわよ。それより私、甘いものがないと死んじゃう、ンガング」

　アイスをいきなり、誰にも渡さない勢いでガツガツ貪り始めるシャナ、

　佐藤は、双方に漂う険悪さへの説明を求めようと、少女の胸元のペンダントに声をかけた。

「あの、アラストールさん……?」

「火急の要事を思い出した。帰るぞ二人とも」

　声をかけられた"紅世"の魔神は、いきなり説明責任を放棄して二人を促す。

「そうだね、早く帰らないと、あはは」

「それじゃあ、またね二人ともングガ」

　逃げるように、奇妙な二人は玩具の山を駆け上がっていく。

「な、なんて格好すん——してるんだよ!」

　つい脚を大きく開いてよじ登る姿勢になっていたシャナに言う悠二、

「しようがない、でしょ! まだ、いや、今はうまく動けなんだから!」

　やけに強い声色で怒鳴る悠二に拗ねるように叫び返すシャナ、

　二人が去ってから数秒、懐中電灯の明かりの中に残された佐藤と田中は、

「マージョリーさん、まだかな」

「アイス、全部取られた……」

　と、それぞれどうでもいいことを呟いた。

　彼らの秘密基地となっている旧依田デパートの出口、地下街の端から、地上への階段を二人はバタバタ足音を鳴らして上がる。上がりながら、

「なんでアイス、あんなに食べるのよ……ン、あぐ」

　と少年の声でシャナが恨めしそうに言って、残ったアイスを頬張り、

「シャナだったら当然、あーしてただろ?」

　と少女の声で悠二が拗ねるように言って、そらっとぼけた。

　二人の装いは、先刻と少し違っている。『贄殿遮那』収納時の失敗により、シャナの体はブラウスの脇腹を下着ごと斬られていれたので、上に悠二のシャツを羽織っていた。

「これじゃ暑いよ」

　と二枚重ねをぼやく悠二に、

「私の服を脱がせたりしたら、バラバラに切り刻むわよ」

　中に着ていたTシャツのみの格好となったシャナは、悠二の声で脅迫した。

（だから、今の状態だと、切り刻まれるのはシャナの方じゃないのかなあ）

　などと思いつつ、悠二はつい着せられたシャツについて、

「汗臭いなあ——ぁだっ!?」

　と余計な感想を漏らしたため、アイスの袋で横っ面を張り飛ばされた。

「悠二の汗でしょ!」

「そ、そりゃそうだけど……これじゃ、シャナの体の方が汗だくになるよ」

「汗なんかかかなきゃいい、あむ」

　シャナは素っ気無く言って、アイスを頬張る。

「そんな無茶な」

「元に戻ったときに変な臭いが移ってたら、また殴るからね、んむ」

　また頬張る。大きな口は食べやすい。

「清めの炎とか使えばいいじゃないか。だいたい、移してるのはシャナなんだし」

「うるさいうるさいうるさい。気分の問題なの!」

　叫ぶ間に、二人は地上に出た。

　やや曇天の下に広がるそこは、車の代わりに人ごみで溢れる大通りである。

　とある"紅世の王"の襲撃を受けて全壊した御崎市駅から続く大通りは、交通規制が敷かれ歩行者天国となっていた。夏の盛りにもかかわらず、どこから溢れ出るのか、歩く物売りやオープンカフェ、露店やストリートミュージシャンなどで大通りはごった返していた。

　その人ごみを掻き分け、急ぎ家に帰ろうとする二人に、

「あら、チビジャリと坊やじゃない」
「え？　あっ、ホントだ。シャナちゃーん、坂井くーん」
　傍らのオープンカフェから、声がかけられた。
　なんでこんなときに、と思いつつ二人が目を向ければ、なんとフレイムヘイズ『弔詞の詠み手』マージョリー・ドーとクラスメイトの緒方真竹が、一緒のテーブルについている。
「こんなところでなにしてんの？」
　呑気に訊く緒方に、シャナは曖昧に頷きつつ、大通りに店を広げるオープンカフェに歩み寄る。二人のいる、大きな日傘を中心に差したテーブルに手をついて、まず緒方を見た。手に提げたアイス入りビニール袋の重みで、テーブルと、その上に置かれていた空のコップが揺れる。
　シャナは、『この世の本当のこと』をなにも知らない緒方に、マージョリーが要らぬ知識を吹き込もうとしているのではないか、と疑ったのである。もしそうなら、フレイムヘイズとして厳しく強く糾弾してやろうと思う——その矢先、
「な、なに、坂井君？」
　緒方の不審げな声で、
「えっ？」
　シャナは、自分が今、悠二であることを、やっと思い出した。すぐ前で驚きに目を見張っている鋭い同業者に、今の状態を勘づかれるわけにはいかなかった。
（——「余人、特にフレイムヘイズらに、この状態のことを知られてはならん」——）
　本能のように胸元を見るが、そこに意見を求める相手はいない。彼は今、悠二の胸の上にいる。恐らくは、あの『リシャッフル』とかいう宝具の働きにとって、なにか不都合があるのだろう。そうでなくても『弔詞の詠み手』に、この珍妙な事態を知られて笑われるのは、誇りある『炎髪灼眼の討ち手』として、非常に、全く、甚だ、面白くない。
　緒方とマージョリーが訝しげな顔で、机に手をついた自分を見つめている。
（ど、どうやって誤魔化そう……えと、悠二は、こういうとき……）
　と心中惑うシャナのシャツの裾を、悠二が後ろから引っ張った。
「ダメだろ、もう……はは、珍しいね、二人とも。こんな所でなにしてるの？」
　と適当にとりなそうとする内に、
「……？」「……？」
（あっ——しまった！）
　彼はその、いつも自分の使う手法が、かえって相手を

驚かせていることに気づいた。
　シャナという少女が普通に世間話を始めた。
　普段の、無愛想で効率重視で余計なお喋りなどしない彼女を知っている者にとっての、この事態の異様さが自分でも分かって、悠二は激しい後悔に襲われる。
　ところが幸いなことに、
「……う、うん、さっき、ここでバッタリ会っちゃったの。前のときみたいに、少しだけ相談に乗ってもらってたんだ、へへー」
　素直な緒方は不審を追及する前に、まず訊かれたことに答えた。
「ふ、ふうん」
　悠二はとりあえず、その可愛らしい照れ笑いに、適当な相槌を打っておいた。前のとき、というのがなんのことなのか全く分からず、そもそもこの二人が知り合いであることにも驚いていたが、とりあえず今は、そのあたりを詳しく尋ねていられる状況ではない。
　思う間に、マージョリーの方が問いかけてきた。
「あんた、なんか今日、変じゃな——」
「それじゃ、ちょっと急いでるから！」
　シャナが持て余し気味な体を翻して、小さな悠二を乱暴に引っ張った。
「すっ、裾が伸びるよ！」
「なにしてんのよ、馬鹿！」
「自分がやったんだろ!?」
　どこかおかしなやり取りを置いて、二人は全く唐突に、人込みの中へと去った。
「どーしたの、あいつら」
「さあ……？」
　残された女性二人は、
「んで、エータをデートに誘う、って話だっけ？」
「あっ、はい。やっぱり二人っきりがいいでしょうか、それとも——」
　切り替えも早く、自分たちの話題に戻った。

　アイスというお菓子を、あくまで舐めずに齧る傍ら、シャナは言う。
「はむ、まったく、なんでこんな目に」
「ごめん……」
「その顔でしょぼくれないで、んむ」
「……」
　二人は言葉を切って、坂井家のある住宅地に続く、御崎大橋に向かう筋を曲がった。

やがてシャナは、二十本以上はあったアイスを全部平らげ、その袋を歩道脇のゴミ箱に放り捨てる。そのついでのように、あくまで小さく、人ごみの喧騒に紛らせて、咳いた。

「別に、怒ってるわけじゃ、ないけど」

「……ん」

悠二も小さく答えて、さっきとは違う沈黙の中、二人は並んで歩く。

その背後から、

「よっ、坂ぃ――」

悠二に声をかけたつもりの少年が、肩に置こうとした手を取られ、

「――っうおわあっ、だっ!?」

前方に投げ落とされた。

「シャナッ!?」

悠二は咄嗟のことでつい、声をあげていた。

「ん?」

シャナが、投げ落とした不審者を見れば、

「あたた……な、なんだよいきなり」

クラスメートの『メガネマン』こと池速人である。

悠二は思わず、打った尻を押さえる親友の前に屈み込んでいた。

「大丈夫か?」

「へっ!?　あ、ああ」

池は、いきなり少女の顔が近づいたことに驚き、思わず身を引いた。

悠二も自分たちの現状を思い出し、それらしい言葉で忠告する。

「えと、今ちょっと、悠二は機嫌が悪いから」

（シャナ!）

言う傍ら肘で突っついて、自分の体を持つシャナに、彼を助け起こすよう促す。

「ん、ええと、大丈夫か。ついうっかり、ごめん」

ムチャクチャな言葉の並びで言いつつ、シャナはクラスメートに手を差し伸べる。声色も、台本を棒読みするような平坦さ。どうも彼女には演技力というものが皆無であるらしかった。

「ああ……ホント、どっか悪いのか?」

流れすぎる雑踏の中、ようやく助けを受けて立った池は、しげしげと悠二の顔を眺める。

「どうしたの、池君――あっ?」

背後から声をかけ、また驚く気配に振り向いたシャナと悠二は同時に、あるいは今、最も会いたくなかった顔を人ごみの中に見つけていた。

池と同じくクラスメート、しかしそれ以外にもいろいろと複雑な関係を持つ少女、

吉田一美である。

悠二は思わず天を仰いで、自分たちの運命を呪った。

（なんでこういう日に限って、次々知り合いと会うんだ）

吉田は輝くような笑顔で悠二の姿をしたシャナに駆け寄り、ぺこりと頭を下げる。

「こんにちは、坂井君。前のファンシーパーク、楽しかったです」

「そ、そう……」

シャナは複雑な面持ちで、少女の、無邪気でありながら、どこか押しの強い笑顔に答えた。

吉田は次いで、シャナの姿をした悠二に顔を向け、変わらない笑顔で短く告げる。

「こんにちは、シャナちゃん」

「う、ん」

悠二は、なぜか彼女の短い言葉、変わらない笑顔に、緊張する自分を感じた。微妙なプレッシャーが、全身を強張らせる。

（よ、吉田さんって、こんなに恐かったっけ……?）

普段、彼女の好意に甘えている少年は、初めてその違う一面、勝負する女性の部分に相対していた。そこから逃れるように、自分の顔に戸惑いを揺らす少女を問い詰める。

「池は声かけただけなのに、なんでいきなり投げ飛ばしたりしたん――したの」

シャナはムッとなって、不本意とばかり反論した。

「声だけじゃない。後ろから肩を掴もうとしたから投げた」

「今がどういう場合か、分かってるでしょ?」

「ちゃんとダメージは最小限にした。さっきまでの行動で、力の加減が分かったから」

「そういうことじゃなくて」

言い争う二人を、投げられた当人である池が、いつものように仲裁する。

「いいよ、シャナちゃん。別に怪我したわけじゃないんだし」

「ほら、池速人もいいって」

「まあ、そうだけど……」

腕を組んで開き直る偉そうな自分に、悠二は呆れの溜息をつく。

吉田はそんな確信と強さに満ち溢れた少年の姿に思わず胸を高鳴らせた。

（なんだか今日の坂井君、かっこいい……?）

しかしその、彼らしからぬ態度だけではない、なにか、

どこかに、違和感も覚えていた。

「にしても、坂井の機嫌がこんなに悪いなんて珍しいな。いつもと逆みたいだよ」

苦笑する池、偶然の図星に、二人はギョッとなった。彼は緒方と同じく"紅世"に関連する事柄を何も知らないのだが……やはりメガネマンは鋭い男だった。

誤魔化すために、悠二は話題を変える。さっき不審がられた反省から、言葉少なに。

「二人は、一緒だったの?」

吉田は素直に頷いた。

「うん。昨日、家の近くの本屋さんでたまたま会ったときに、いい参考書がないかって話になって。駅前の大きな本屋さんを回ってたの」

池も肩をすくめて補足する。

「佐藤と田中に宿題教えてやるって約束してたから、あいつらも誘ったんだけど……こういうときに限って留守なんだよな。おかげで僕は、吉田さんと二人っきりでデート気分さ」

「えっ!?　い、池君!」

唐突で予想外な彼の発言に、吉田は驚き慌てた。

池は非難を避けるように、中身がシャナである悠二の後ろに隠れて茶化す。

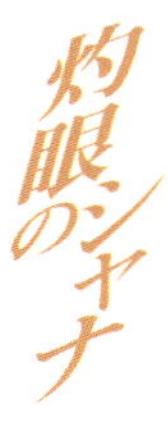

「はは、ジョークジョーク。そんなむきになって否定すると余計怪しまれるよ」

「もう」

膨れる吉田の可愛さに、悠二は自分の姿を忘れて、ついクスリと笑った。

そんなライバルの様子に、吉田はさらに膨れる。

同じく笑っていた池は、不意にポツリと、

「実は結構、本気なんだけどな」

隠れた悠二の耳元で呟いた。

「っ!?」

それを聞いたのは、以前彼に、その想いのあることを告げられた少年ではなかった。

聞いて、衝撃を受けたのは、なにも知らなかった少女——自分以外の、自分を介さない人の間にも、自分と同じ想いの綾が交錯していることに初めて気づかされた、少女だった。

急用があるから、と吉田と池の元から逃げ出して、悠二とシャナはようやく一息ついた。

「やれやれ、会うときには会うもんだなあ……」

悠二は小さな体から、疲労そのもののような声を吐き出した。

うん、とシャナは頷く仕草だけで答える。

悠二には、吉田や池と別れてからの彼女がどこか沈んでいるように、なにか考え事をして、他のことに構う余裕がなくなっているように見えた。

(別に、なにかしたわけじゃないと思うけど……)

だいたい、こんな格好じゃなにをしようもない、と自分の姿を見下ろす。慌てて逃げ出したこと、人ごみを歩いていること、薄曇りとはいえ真夏の野外であることなどから、いい加減汗だくである。

(スカートってのは涼しくていいけど、かわりにパンツがぴったり過ぎるんだよなあ)

などと少々下品なことを考えたりする。

(フレイムヘイズも汗をかく、か……涙だって出るんだし、当然といえば当然かな)

その、心中徒然に浮かびあがった単語から、ふと想起する。

「今日、これだけ会えば、もう大丈夫だよね」

「……え?」

シャナが、頭一つ上から訊いてくる。見上げると、どことなく顔色が悪かった。

「もう知り合いには会わないだろう、ってこと」

「ヴィルヘルミナのこと?　今日は駅前の被害状況を調査する、って言ってたから、この辺りのどこかにはいると思うけど」

少女は少年の目、高い視線から、背後の駅前まで伸びている大通りを一望する。

この街にいる三人目のフレイムヘイズ、『万条の仕手』ヴィルヘルミナ・カルメルは、シャナを『炎髪灼眼の討ち手』とすべく育て上げた人物であり、現在、シャナが滞在する平井家唯一の同居人でもある(トーチとなっていた家族たちは、消滅してしまった)。

彼女は、この街に残された戦いの痕跡を『人間が納得できる、もっともらしい嘘』によって隠蔽するため、フレイムヘイズの情報交換・支援施設たる外界宿から派遣されてきた。きたのだが、先のような間柄から、娘として溺愛する少女との生活の方を、主に堪能している。

もちろん、そんなわけで、彼女と悠二の相性は最悪である。つい先日など、悠二は本当に殺されかけた。今ではシャナによる実力行使他の説得によって、その心配はなくなっていたが、未だ彼女が悠二を警戒・敵視していることに変わりはない。

そんな彼女に今の状態で会うのは、かなり危険なことと言えた。

　もっとも、大通りと歩行者天国、建物や地下街を出たり入ったり、二人の周りは見渡す限りの人、人、人で、この中の一人に行き逢う偶然が起きるとは、さすがに考えにくかった。
　ずっと黙っていたアラストールが念を押す。
「もし出会ったとしても決して現状を悟られてはならんぞ。いいな、決してだ」
「そうまで隠さなきゃならない秘密が、あの『リシャッフル』にあ」
　シャナの声で言う自分、という立場になんとなく慣れつつあった悠二は、固まった。
「どうしたの、悠」
　シャナも固まった。
　二人が見る、ファーストフードショップのガラス。
　その透けて見える店内で、一人の女性が、丁度こちら向きに座ってハンバーガーを食べていた。
「……」「……」「……」
　三者の目線は、すでに合っている。
　その女性、ヴィルヘルミナ・カルメルは、情感に乏しい表情の中、小さな口に残りのハンバーガーを詰め込み、数回モギュモギュさせてから飲み込んだ。固まる二人を他所に、落ち着いた挙措で傍らにあるカップの蓋を外し、これを飲み干すと、おもむろに立ち上がる。床に置いてあった大きな登山用のザックを軽々と背負い、出口に向かう。
　二人の前方で自動ドアが開き、純白のヘッドドレスとエプロン、丈長のワンピースに編上げの革靴、背には巨大なザックという、貫禄溢れるメイドが、路上に姿を現す。周囲の雑踏が、その奇天烈な姿に思わず道を開けるため、彼女はすぐ、二人の前に立つことができた。
「……今日は"狩人"の隠れ家で、宝具の探索をするはずでは?」
　宿題を放っぽって外に遊びに出た子供を見つけた母親のような、詰問の口調である。
「そ、それは——」
「あなたには訊いていないのであります」
　言いかけたシャナを悠二と思い、一言で制する。
　彼女に殺されかけた当人である悠二は、その彼女の愛する少女の格好をしている、という状況の恐ろしさに震え出しそうな体を必死で押さえ、縮こまった下から、なんとか答える。
「いや、これは別に、サボっている、わけじゃなくて」
「馬鹿!」
　シャナとしては、緊張しすぎて口調が元に戻ってる、と

　注意したつもりだったのだが、もちろんヴィルヘルミナの方はそう取らない。『愛する少女を罵った身の程知らずな"ミステス"』に対する怒りが、ビシッ、と青筋として現れる。
　その様子に、アラストールが慌てて助け舟を出す。
「ちと急ぎの用があるのだ、行くぞ二人とも」
「う、うん、分かった」
　悠二はぎこちなく言い、
「じゃあ、後でね、ヴィルヘルミナ」
　シャナは気の急くまま、つい常のように彼女をファーストネームで呼び捨てにしていた。
　怒れるヴィルヘルミナ、
「——ッ!!」
　その先鞭として、目にも留まらぬ速さで少年の側頭めがけ走った白いリボンが、
　ボン!
　と破裂にも似た音を残して、防がれた。
　悠二の体を持ったシャナが、ボクシングにおけるガードの姿勢を片腕で取るように、顔の横に腕を立てていた。その前腕部に広がる打撃の余韻に、少年の顔を顰めさせる。
　周囲の人々は、突然の破裂音がどこで起きたのか分からず、上空や周囲を見回す。
　ヴィルヘルミナの振るった神速のリボンは、防がれるや彼女の後ろ腰、エプロンの結び目に戻っているので、常人にはなにが起こったのか理解できない。
「……!?」
　罰として与えたはずの一撃を防がれたヴィルヘルミナは、驚きとともに少年を見た。
　悠二の中でシャナに、自分の迂闊さに歯噛みする。
(しまった、焦ってたから、つい反射で……)
　リボンの一撃に込められた力は、まともに打たれても転ぶ程度のものでしかなかった。それを下手に防いだことで、かえって彼女の怒りを煽る結果となっている。非常に、まずい。
　同じく次の脅威を感じた悠二に、できるだけシャナっぽい制止を試みる。
「ヴィルヘルミナ、もう、いいでしょ」
　しかし、強情な彼女はそれには答えず、もう一撃。
　ババン!
　とさっきより一段大きな音が響いた。
「ガ、ガス爆発か?」「誰か悪ふざけで風船割ってんじゃない」「銃とかじゃないよね」
　周囲の雑踏はざわめき言い合いつつ、脚を速めて入れ替わってゆく。
　その中に取り残され、道の真ん中に立つ三人だけが、

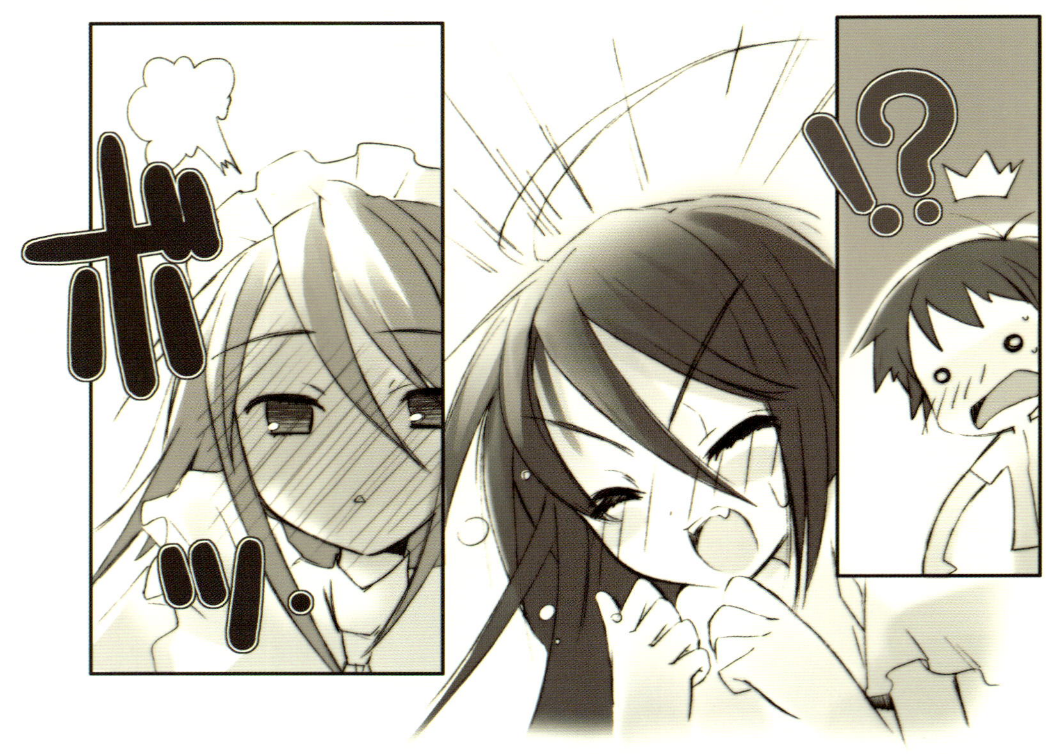

事態の真実を知っている。

　ヴィルヘルミナのリボン、今度は左右からの見えない二連撃だった。

　シャナは再び悠二の体で、腰を低く沈めた、両腕によるガードの姿勢を取っている。

（今度は、吹っ飛ばすほどの力だった）

　次はさらに強い一撃で来るだろう。もう素直に攻撃を受け続けるわけにはいかない。

（こんなこと、してる暇はないのにぃ……！）

　どうしてヴィルヘルミナはこんなに負けず嫌いで意地っ張りなの、とシャナは自分のことを棚に上げて呆れ、なにより焦る。

　そんな緊急事態に、悠二は少女の姿でオロオロし、なんとか静寂を避ける方法を模索する。危難に際して鋭く切れる、と定評のある彼の頭は、このとき働いたのか働かなかったのか。

　とにかくいきなり、シャナの声で叫んでいた。

「ヴィルヘルミナ、大好き！」

　人々が足を止め、周囲の時間が止まったような静寂があり……そして、声を受けた養育係の女性は殺気を霧散させ、耳まで真っ赤に染めて固まった。この隙に、

「逃げるよ！」

　悠二は高い場所にある自分の手を取って、咄嗟に駆け出した。

「あっ!?　……な、なんてこと、言うのよ」

　羞恥に頬を染める自分、という嫌な絵面を見ないよう先に走りつつ、悠二は答える。

「嘘じゃないだろ。前の仕返しのつもりで、逆のことを言ってやったのさ」

「そりゃ、たしかに嘘じゃ、ないけど……」

　ムニュムニュと口の中だけで文句を言うシャナを引いて、悠二は走り続けた。

　程なく、様々無駄尽くしな波乱を越えた二人は、坂井家の門前にたどり着いた。

　疲労の極みにあった悠二は、ほっと安堵の吐息を漏らす。

「や、やっと、帰ってきた……」

　大きくなった体でいつもの大股早足に歩いてきたシャナを、逆に縮んだ体で追いかけていた悠二は、ヘトヘトになっていたのである。そんな彼の情けない姿を、

「容易に疲労するのは、まだ"存在の力"を上手く使えていないからよ」
　シャナは一言の元に斬り捨て、また早足で玄関に向かう。
「それが分かってるんなら、もう少しゆっくり歩いてくれても……」
「辛さを感じないと、それを改善する意欲は湧かないでしょ。この体だって、さっきみたいにヴィルヘルミナの攻撃を防ぐくらいは十分できる。人間として顕現する以上の力が、常に有り余ってるんだから。あとはそれをどう使うかよ」
　また早口で言い捨てると、すぐさま扉を開ける。
「ただいま!」
（なんだか、本当に急いでる?）
　叫んで、靴を脱ぎ捨てる様も、妙に乱暴である。彼女の早足が、いつもの大股な歩き方と歩幅以外……焦りもあったのではないか、と悠二はようやくの疑念を抱いた。
（そんなに早く元に戻りたいのかな……まあ、気持ちは分かるけど）
　思って、自分のものではない体を見下ろす。当たり前のように動かしていたもの、その全ての尺度が狂うという違和感には、やはり慣れることができなかった。なにより、少女の体を勝手に動かしている、という事実には、微妙な後ろめたさがあって落ち着かない。
　と、困ったような顔で物思いに耽る彼を、少女が取り替えた彼の声で叩いた。
「なにしてるの、早く!」
「なにをそんなに慌ててるんだ?」
「いいから」
　シャナは余裕のない声で会話をすぐに切った。やはり、相当に焦っているらしい。
　悠二の疑念が不安に変わる。後を追って我が家の戸口を潜った。
（まさか、あの宝具、なにか副作用でもあるんじゃ）
　思い、玄関を上がった前、廊下の奥から、悠二の母・千草が顔を出した。
「あら、おかえりなさい。遅くなるんじゃなかったの?」
「予定が早まった」
　また短く言って、悠二を装ったシャナは廊下の中ほどにある階段を上がった。
（えーと、シャナは『ただいま』って言ったっけ?）
　考えつつ、階段を上がろうとした悠二は、千草に裾を引っ張られた。

「あ、シャナちゃん」
「なに、母──」
　さん、と言いかけ、慌てて口をつぐむ。
　行きと微妙に違う格好へと一旦目をやった千草は、しかし別のことを言った。
「汗びっしょりになってるじゃない。お風呂、沸かしてあるからすぐ入っちゃいなさい」
「え、でも」
　悠二は階段の上を見る。
（シャナはなんだか急いでるようだし、お風呂なんかに入ってる暇は──）
　とまで考えてから、
（──お、風、呂?）
　ようやく提案の意味、その行為がもたらす結果、というか映像に思い至って、思い浮かべそうになって慌てて打ち消して僅かに未練を持ってとにかく、足が震えるほどに動転した。
（お、おおおお風呂っ!?　お風呂って、まさか、まさかあの、お風呂!?）
「どうしたの、シャナちゃん?」
　首を傾げる母の提案を、しどろもどろに拒否する。
「いいけど、いや、いいといっても、決してそういうつもりじゃ、でも、今はちょっと、ダメかも」
「?」
「早く!　なにをグズグズして……」
　階段の上から怒鳴ったシャナは、千草に睨まれて声を切った。
「悠ちゃん、女の子になんて口をきくの?」
「あ、う……」
　今度ばかりは見当違いな弾劾の視線が、少女に突き刺さる。
「降りてらっしゃい。ちゃんとシャナちゃんに謝らないと」
「でも」
「でもじゃありません」
　有無を言わせない、大好きな女性の命令だったが、今は譲れない。
「ごめん、お願いだから、早く──!」
「……?」
　二人の様子がおかしいことに、ようやく千草も気づいた。
　目の前の可愛らしい少女は、珍しく締まりのない笑みに顔を緩ませているし、階段の上にいる息子も、いつになく強い口調で、相当に切羽詰まった強張りを見せている。
「……あとで話、ちゃんと聞かせてくれる?」

　千草は言って、上と下からそれぞれ、ガクガクと大振りな肯定の頷きを得る。
　許可を得た、と理解したシャナは鋭く叫ぶ。
「早く！」
　その声に、悠二は不安の動悸が高まるのを感じた。
（や、やっぱり、あの宝具はなにか危険な物だったのか！？）
　呑気でいい気な妄想に呆けていた馬鹿な自分を心中で引っ叩くと、
「それじゃ」
　母に言い置いて階段を駆け上がり、シャナとともに自分の部屋に飛び込む。
「シャ、シャナ！　どうしたんだよ、その顔色！？」
　扉を閉めて向き直った彼は、蒼白を通り過ぎ、ほとんど真っ白になった苦悶の表情を、そこに見出した。重傷を負っても、自分がこんな顔をするかどうか。
「早く戻さないと！　なんで言ってくれなかったんだよ、アラストール！？」
　猛烈な後悔に襲われた悠二は、常は畏敬の念をもって接している魔神を思わず怒鳴りつけていた。
　しかし、アラストールの声はなぜか不審気である。
「……いや、それは……？」
　その頼りなさに、悠二は焦燥感を覚える。
　彼でさえ知らない事象なら、なおさら危険だった。もし『リシャッフル』という宝具の用途が、"徒"同士の意志総体を交換することのみに限定されていたとしたら。もしフレイムヘイズや"ミステス"が、その適用外なのだとしたら。もし適用外の交換を行った場合、片方が大ダメージを受けたり、最悪の場合、死んでしまったりするのだとしたら。
（僕は、なんてことを）
　自分の失策で、今もなんともない自分だけが生き残って、シャナが死ぬ。
　そんな、これまで一度たりと考えたこともなかった、かけがえのないものの喪失への恐怖、あまりに愚かな自分への怒り、冷たさと熱さが胸の中に湧き起こり、荒れ狂った。
「アラストール、あの宝具をもう一度使えば、元の状態に戻れるんだよ！？」
「う、うむ」
　やや曖昧な返事を受けて、それでも悠二は今できることを必死に行う。
「今すぐ中のものを取り出して探すから――シャナ、待ってて！」

　ゴウッ、と燃えるような煌きとともに、炎髪灼眼、そして黒衣『夜笠』が一度で現れた。すぐさま収納時の吸い込むような感触、その逆を思い浮かべ、焦りの中で事象を現出させる。
「っ出ろ！！」
「あ、馬鹿っ！？」
　シャナの叫びが中途で切れるほどの膨大な質量の怒涛が、瞬間的に部屋の中に溢れた。
「悠二！！」
　物がのしかかってくる悪寒の中、シャナは怒涛に呑まれる自分の体、そこにいる少年へと飛びついていた。上下左右もこんがらがる翻弄から、四方八方から襲いかかってくる重量から、胸の内にある小さな存在を、必死に守る。
　やがて、静寂が訪れ……シャナは目を開いた。
　重みに擦れ合う物と物、それだけが見える。
「っ悠二！？」
　ハッとなって、腕の中を見る。眼下、ちょうど自分が上から覆い被さる形で、少女の体が抱かれていた。衝撃で気絶しているらしい。精根抜けるような、心からの安堵が全身に広がる。
「ふう――」
　悠二の体による吐息が、目をつむる自分の顔にかかるのを、また悠二の頬に感じる。
　それほどの近さで、互いの顔が向き合っていた。
　ふと、気づいた。
「……」
　ほんの数センチ、顔を前に傾けさえすれば、唇と唇が、触れ合う。
（今、悠二は私の思いのままに動く）
　自分がこうしてほしい、と思ったことを全て、自分の意志で実現できる。どこまでも熱く甘く恐い、状況からの誘惑とも取れる、自身抱く願望とも思える、行為への欲求が湧く。
「……悠二」
　目覚めるのを恐れるように、小さく呼びかけるが、答えはない。
　動悸が胸を破るほど高まり、顔が燃えるように熱くなってゆく。
　僅か数ミリ、今までで最も近い距離まで、唇の距離が、詰まる。
　そのとき、
「悠ちゃん、シャナちゃん、今の物音はなあに？」
「ッ！！」

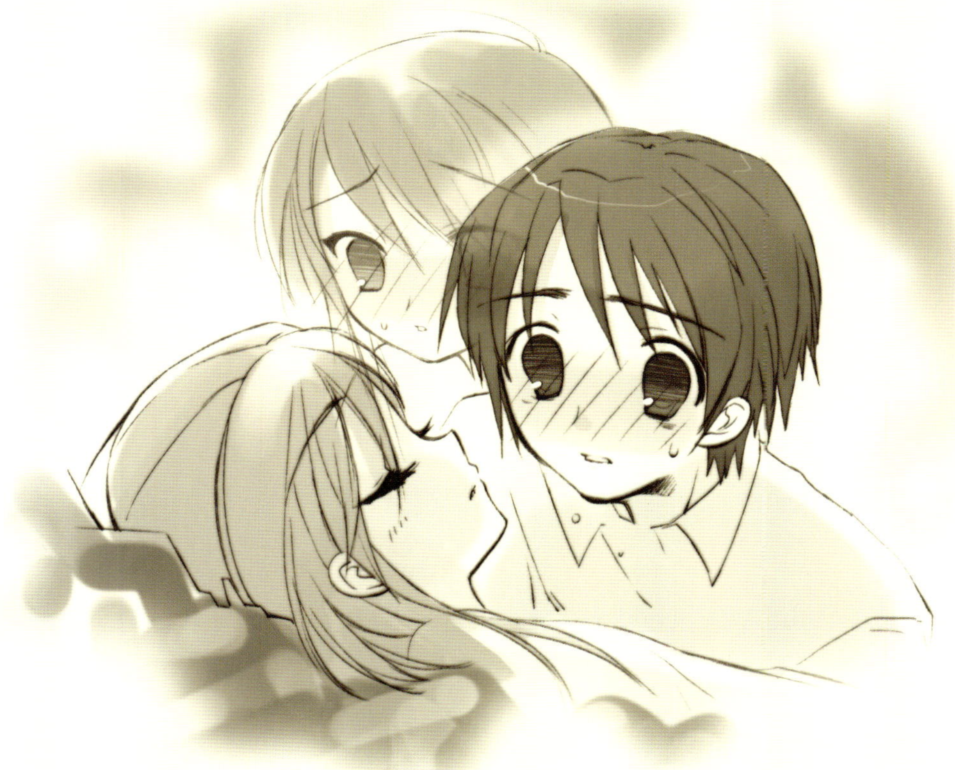

千草の一声で、その倒錯した想いが吹き払われた。

（――私の、バカ）

思い、抱えている自分の顔をした少年を見つめる。

（二人で誓わなきゃ、意味がないじゃない）

「悠ちゃん、シャナちゃん？」

千草が階段を上がってくる気配に、慌てず騒がず、シャナは抱えた悠二の手を握る。握って願い、その一言を、唱える。

「封絶」

ボン、と紅蓮の炎が上へと通り過ぎ、坂井家を丸ごと包む陽炎のドームが形成された。

世界の流れから内部を断絶することで隔離・隠蔽を行う、因果孤立空間『封絶』である。"紅世"に関わる者以外、この中では動けない。それは、人間の残り滓であるトーチも同じ。

ただし、悠二は例外だった。彼は、そのトーチたる身の内に、時の事象に干渉する"紅世"秘宝中の秘宝『零時迷子』を宿す"ミステス"なのである。

（やっぱり、悠二は、動ける）

シャナは思い――この世界でも変わらず、今の自分、目の前の彼が、一緒に歩いてゆけることを改めて確認するかのように――静かに強く、呼びかける。

「悠二、起きて」

そして少年は、少女に答えた。

「……ん……なにが、どう……？」

薄く灼眼を開け、乱れた炎髪を僅かに揺すって、不意に、

「シャナ！」

叫びとともにさっきは詰められなかった距離が一気に詰まり、

ゴン、と額と額がぶつかった。

「っ！　あ痛つつっ……シャナ、大丈夫なの？　ごめん、僕」

「……いい。今は少し収まったから」

「えっ？」

訝る悠二に、それ以上の説明を求めさせないため、強く指示する。

「それより、早くこれ、しまって。身動きも取れない」

「あ、ああ、うん」

鼻も擦れ合う間近に、自分のものとはいえ男の顔があることに、悠二はようやく気づいて慌てた。その中身がシャナであるとわかっていても、やはり居心地は良いものではない。

「よし、もう一度、『夜笠』にしまうよ」

「うん」

纏った黒衣の内懐に、再び限定的な顕現が起こる。ズズズ、と予兆のような地響きがあり、そしてまた突然、周囲の物が吸い込まれ始めた。

その風もない収容へと向かう雪崩を、シャナはじっと

見つめ、
「──ッ!!」
　突如、その中に腕を突き入れた。
　バシッ、と何かを掴む音がするのと、全ての収容が終わるのとが、ほぼ同時。
　綺麗さっぱり物がなくなり、重量と体積に、物が押し潰されたり襖が破れたりガラスに輝が入ったりしているだけの、元の部屋の光景が戻ってきた。
「あーあ……」
　それら、自分の過失による結果を灼眼で見やる悠二の前に、シャナは掴んだ物を差し出す。
「これ?」
　両側にレンズの付いた、卒業証書の入れ物のような、黒い筒。
「っそれだ!　シャナ、早く、早く戻らないと!」
「うん、覚悟してね」
「へ?」
　シャナは、悠二の顔を悪戯っぽく笑わせると、筒を覗き込んだ。
　向こう側に、他人のように慌てたり、戸惑ったりしている自分が見えた。
　それがいきなり、瞬きする間か、その途中かで、筒を覗き込む悠二に変わっていた。
「……」「……」
　『シャナと悠二』は、それぞれ自分を見下ろし、触り、相手を見る。
「戻った?」
　シャナが、シャナの声と姿で訊き、
「うん、戻った」
　悠二が、悠二の声と姿で頷き返──そうとして、
「っう、あ!?」
　腹を押さえて蹲った。
「どうした」
　成り行きを静観していたアラストールが、ようやくと口を開く。
　悠二はそっちに答える余裕もなく、シャナに困惑と切迫の入り混じった視線を向ける。
「ちょっ、シャナ、これ……」
「早く行った方がいいわよ」
　澄ました顔で、晴れやかにすっきりと、シャナはそっぽを向いた。
「そうならそうと、言って、くれ、れば……ううっ!」
　悠二はたまらず立ち上がり、部屋を飛び出す。
「ど、どいて母さん!」

　封絶の中で静止する母に叫ぶ間も惜しんで、少年は階段を駆け下りていった。
「ふ、ふふ、あはは!」
　シャナはゴロゴロと床に転がって大笑いした。自分の声が気持ちいい。
「まさか……あのアイスクリイムか」
　いつものように胸元から掛かる声が頼もしい。
「うん。悠二の体ってヤワだね。棒アイスの二十や三十でお腹グルグルいっちゃってさ」
「まったく、要らぬ心配をかけさせる……ヴィルヘルミナ・カルメルに、少しきつく説教をしてもらわねばならぬな」
　安堵と怒りを混ぜて、アラストールは言った。
「はは、やめて、今日私に、してやられて、機嫌悪いに、決まってるんだから、あはは」
　笑い転げるシャナは、ベッドの下に行き当たった。そこで急に笑うのを止め、ずっと抱いていた疑問を、胸元の魔神にぶつける。
「……もう、聞かせてくれてもいいでしょう?　どうして、これで体が入れ替わってるのが他人に知られるとまずかったの?」
　身を起こして、握っていた黒い筒を、迂闊に覗き込まないよう横向けにして前にかざす。
「あまり使いたい手でもないけど、武器になるんじゃないかな。強大な“紅世の王”が現れたりしたときに、入れ替わって不意を突いたりできるし……あ、でも“狩人”は使わなかったから、やっぱり入れ替わることには、なにか危険性があるのね?」
　アラストールはしばらく黙っていたが、やがて嫌々の風も隠さず、口を開く。
「聞いたら、破壊すると約束しろ」
「……うん……?」
　どうしてそこまで念を押すのか、と不審に思うが、ともあれ約束として頷く。提案も座興程度のことで、本気ではなかった。
「一度しか言わぬ」
　と前置きしてから、アラストールはようやく答えを示す。
「あれは、互いの心の間に壁があると、効果が発現せぬのだ」
「?」
「おまえたちがそこまでの間柄だと、余人に示すわけにはいかぬ」
「?　……」
「無論のこと、我も自ら口にしたくなどない」
「…………」

「ましてや、ヴィルヘルミナ・カルメルには、絶対に言えぬ」
「……──」
「その知友たる『弔詞の詠み手』、その子分たちに知られるわけにも、な」
「──っあ!?」
　解説の中で、ようやくその言葉の意味に気がついたシャナは、耳まで真っ赤になった。
「あ、でも、あれは、違う」
「言い訳は聞かぬ」
　あっさりと、アラストールは反論を封じる。
「現象として発現した以上は、事実なのだからな。いささか以上に、認め難いことだが」
「そんな、違うの、アラストール、あの」
　シャナはもう、なにを言い訳しているのか、なにを弁解しているのか分からない。
「封絶をかけたままだぞ。言い訳は、奥方にするがいい」
「う〜〜」
　二の句を継げず、シャナは言われるまま、封絶を解いた。
「どうしたの……あら」
　千草が、いつの間にか開いていた扉から部屋の中を覗きこんで、その惨状を目にした。
　机の上の物が倒れ、雑誌類は散らばり、襖は歪み、ガラスに罅も入っている。封絶を張ったのは部屋に物が溢れた後だったため、破損を修復することができなかったのである。
　これらに対するシャナの言い訳は、短い。
「ケンカしたの」
　その意味を問い質そうとした千草は、床に座る少女の手元を見て、驚きの声を上げる。
「あっ、シャナちゃん。手、怪我してない?」
「え?」
　言われて初めて、シャナは自分が『リシャッフル』を握り潰していたことに気がついた。図らずもアラストールとの約束を守っていた、その証を見つめる。
　筒は握った形のままに細く潰され、両側のレンズは砕けて、もう何も映さない。
　その様に僅かな感慨を抱きつつ、頷く。
「うん、大丈夫」
　千草が前に座って、掌を開けさせた。
「どうしてこんなになるまでケンカを?　悠ちゃんが悪いの?　それともシャナちゃん?」
「ん……」
　事の経緯、驚き、苦心、戸惑い、そして──
「悠二」

──思えば、やっぱり答えは分かりきっていた。
「悠二が、ぜんぶ悪い」
　シャナは、その拗ねたような断言を、アラストールが密かに笑ったように思った。

　ちなみに、余談。
　悠二の二度に渡る防御を実力と勘違いしたヴィルヘルミナは後日、彼に会うや不意打ちのリボンを放ち……一撃昏倒の結果を得て、拍子抜けすることになる。
　またこの日の夜、シャナは平井家に帰るなり、甘いものがたくさん含まれた晩御飯(出来合いのものばかりだったが)の山に出迎えられ、大喜びすることになる。
　いずれも、余談である。

終わり

作 品 解 説

カバー　◎『灼眼のシャナ』描き下ろし
全身入れようかバストアップにしようか悩んだ結果、こんな感じになりました。オニユリの花言葉を調べたところ参考文献によって異なりますが、大体「誇り」とか「強さ」とか「華麗」というニュアンスが含まれており、まさにシャナにぴったりだったので描きました。

—遮那の章—

P.003　◎『灼眼のシャナ』描き下ろし
敵・味方、そして凛々しいシャナと普通少年悠二をかっこよくまとめようと描いたイラストです。メリヒムを描く機会というのは滅多にないと思うので、ここぞとばかりに。

P.004　◎『灼眼のシャナ』カバー＆口絵
仕事頂いて初めて描いたシャナ。それだけに、とても感慨深い絵です。華奢な女の子がドン刀担いででるっていうシチュエーションはものすごく好きです。あとメロンパン（笑）。

P.005　◎『灼眼のシャナ』口絵＆本文挿絵
「シャナ」に登場するキャラクターたちは、あまり悩むことなく結構すんなりと生まれてきたので「こういう時はこの表情」というのが非常に描きやすいです。ママは身内でも人気高しです。

P.006　◎『灼眼のシャナ』口絵＆本文挿絵
手に取った読者の方が思わず焦ってしまうような口絵を目指して。うそですみません、やはりドキドキシーンは描いてて顔がにやけます。

P.007　◎『灼眼のシャナ』口絵＆本文挿絵
フリアグネさまラヴィ！キャラデザ、思いきり趣味に走らせてもらいました。シャナ着替えシーン、結構気に入ってます。

P.008　◎『灼眼のシャナ』本文挿絵＆Drama Disk ポスター
ラストの悠二に手を差しのべるシーンはすごく構図に悩んだ覚えがあります。シャナの表情にも気をつけました。

P.009　◎『灼眼のシャナ』描き下ろし
ヒロイン勢ぞろいです。味方限定。中でも三人はそれぞれに合ったイメージカラーの薔薇をポイントにつけました。シチュエーション的にはパーティとかそんな感じです。

P.010　◎『灼眼のシャナII』カバー＆口絵
II巻表紙のポイントはやっぱりメロンパンでしょうか。帯に隠れてしまったのはちょっと予想外のアクシデント。ぱんつは絶妙に見えていないのです。

P.011　◎『灼眼のシャナII』口絵
ラミーさんとマー様はお気に入りです。どちらも「格好よく描く」のに悪戦苦闘しました。吉田さんと悠二のデートシーンはやっぱりにやけながら描きました。初々しくていいですね〜。

P.012　◎『灼眼のシャナII』口絵＆Drama Disk ポスター
シャナと悠二の身長差を意識して描きました。シャナの小ささや華奢さ、悠二の（まだ未熟だけど）男性らしさを感じていただければ嬉しいです。男は女を守らなければいけないのです。

P.013　◎『灼眼のシャナ』描き下ろし
和みながら描きました。戦闘などの緊迫したシーンを描いてると、こういう日常の柔らかいシーンがふと描きたくなるのです。いつも強い少女であるシャナの、休息の時間。

P.014　◎『灼眼のシャナII』本文挿絵
マージョリーのスーツ、今思えばちょっと可愛らしすぎたかも。セクシースリットは必須ですが、「トーガ」ははじめ高橋さんから「ト●ロ」みたいな感じと聞いて激しく戸惑いました（笑）。そんな可愛い生き物でいいの!? って。

P.015　◎『灼眼のシャナII』本文挿絵
「千草に着せてもらった（しかもシャナのために調達した）ワンピース」というところにトキメキを感じました。このシーン、原稿を読んですぐに思わずラフ描いて編集さんに送ったところ気に入っていただいて、無理矢理挿絵指定に組み込んでもらった一枚なのですω

P.016　◎『灼眼のシャナIII』＆『灼眼のシャナIV』カバー
P.017　上下巻ということだったので、二冊が繋がった表紙に挑戦してみました。本編の流れに合わせて、「日常」である黒髪シャナと「戦闘」である炎髪シャナを対に描きました。

P.018　◎『灼眼のシャナIII』口絵＆Drama Disk ポスター
P.019　愛染の兄妹はすごく楽しんで描きました。2人の衣装を考えるのが楽しかったです。シュドナイについてはまた後ほど（笑）。

P.020　◎『灼眼のシャナIII』口絵
季節が夏だったので「爽やかな絵を描こう」と思い立ち、こんなイラストに。二人がくわえてるのは一つのアイスを二つに分けて食べられるというアレです。小学生の頃ほぼいつも家の冷蔵庫にお得用がストックされてた想い出。

P.021　◎『灼眼のシャナIII』本文挿絵＆口絵
この回の挿絵は仲間うちでエロいエロいと言われました。この場合「エロい」んじゃなくて「えっち」が的確だと思います！　どうですかね……。

P.022　◎『灼眼のシャナIV』口絵
戦う女の子たち。なんだかこうしてみるとマー姉さんが女教師みたいです。

P.023　◎『灼眼のシャナIV』口絵
悪い人たち大集合なイメージで。ヘカテーのカラーリングは印刷時に出すのが難しい色なのでハラハラしましたが、結構思い通りに色が出てくれてて印刷技師さんに感謝！

P.024　◎『灼眼のシャナ』Drama Disk ポスター
このコはいつも帽子と長いマントにくるまってるイメージですが、中はこんな感じになっています。珍しくお御足を晒されておいでです。巫女っぽく見えるでしょうか？

P.025　◎『灼眼のシャナIV』本文挿絵＆カバー裏
贄殿遮那はいつも描く時緊張します。この作品の仕事をさせてもらうようになって結構数を描いてきたと思うんですが、未だ渋い日本刀を描けずにヤキモキしています。コレだけに限らずですが、カッコ良く描けるよう精進します。

P.026　◎『灼眼のシャナIV』本文挿絵＆口絵
今回のSDイラストは千草とシャナの生け花教室。生け花というより生き花って感じですね。こんなでも動かない千草ママ、ステキです。

P.027　◎「電撃萌王 vol.12」
クリスマス時期に掲載されたイラストなので、シャナから特別メロンパンのプレゼント。戦闘モードなので雪上のお尻は冷たくないのです。

P.028　◎『灼眼のシャナV』カバー
もう、ミキティ（担当編集）ったらエロいんだから（笑）！包帯シャナです。凛々しさを強調して描きました。

P.029　◎『灼眼のシャナV』口絵
ヴィルヘルミナ大好きです。メイド服描くのが楽しいのもあるんですが、このキャラクターにツボ入りまくりました。ヴィルはマネキンのような人形フェイスをイメージしていつも描いています。

P.030　◎『灼眼のシャナV』口絵＆本文挿絵
もうこの話に出てくる人たち、個人的にすごい好き！「シャナ」のキャラは皆好きなんですが、V巻の面子は特に好きです。本編で「強者」と認めたシャナをかついで天目一個が走るシーンは、牛若丸と弁慶のイメージで私の頭に浮かびます。

P.031　◎『灼眼のシャナⅤ』口絵＆本文挿絵
「虹の翼」メリヒムは、私好みのプラチナシルバーヘアのお兄さんになりました（そんなのばっかり）。作者の高橋さんがいいって言ってくれたからいいんですよっ！メリヒムとシャナのラストシーンもグッときました。

P.032　◎『灼眼のシャナ』Drama Disk ポスター
ヴィルさんのプロポーションはグラマーとスレンダーの中間くらいのイメージで描いています。ずどん！って仁王立ちになってる絵が多いんですが、大女というよりはすらりとした長身、という感じです。

P.033　◎『灼眼のシャナⅤ』口絵
先代炎髪灼眼、大人の魅力を意識してデザインしました。指輪のカタチをしたアラストールのコキュートスは、こんなんどうでしょうって提案したらOK頂いたので描きました。

P.034　◎『灼眼のシャナⅤ』本文挿絵
まさかシャナのチャイナドレスが描けるなんて思ってもみなかった（笑）。コスチュームの種類が多いのは私としては嬉しいので楽しんで描きましたよ〜。

P.035　◎「電撃hp Volume.28」表紙
バレンタインに合わせて、チョコ持たせてます。マフラーというアイテムが好きなようで、よくそういったイラストを描いてます。

P.036　◎『灼眼のシャナⅥ』カバー
見返りシャナ。表紙になる絵で横顔＋背中向けてるっていうのは私にとってかなり挑戦したなーと思うんですが、結構いい反応いただき嬉しい限りです。

P.037　◎『灼眼のシャナⅥ』口絵
このあたりから吉田さんのプロポーションに特に気をつけるようになりました。脱いだらすごいということなので〜シャナはぺった（ry

P.038　◎『灼眼のシャナⅥ』口絵＆Drama Disk ポスター
カムシンと吉田さんのツーショットを見てると、ちょっと頼りない姉と冷静沈着な弟、みたいな図式が脳内に……。そういえば吉田さん、リアル弟がいるんですね。

P.039　◎『灼眼のシャナⅥ』口絵＆Drama Disk ポスター
この巻でシャナや悠二はもちろん吉田さんまでも関係者になってしまうのですが、まさに「吉田さんメインヒロイン」なお話です（笑）。なので、沢山の吉田さんを描く事ができました。田中とオガちゃんの絡みもいい感じでした。

P.040　◎『灼眼のシャナⅥ』本文挿絵＆Drama Disk ポスター
なんだかスクール水着ばっかりですね……（汗）。「シャナ」では滅多に描けないかもしれないので、描き溜めしておこうとばかりに描きまくってた気が。

P.041　◎『灼眼のシャナⅥ』本文挿絵＆Drama Disk ポスター
一番描いてて印象深かったのはシャナの泣き顔。どんどん女の子らしくなっていくシャナを、強くそして脆く描き分けるのが難しかったです。

P.042　◎『灼眼のシャナ』Drama Disk パッケージ
ちょっとシャナの足が長くなってしまった一枚。強いヒロインと守られるヒーロー（笑）。この構図は単純ながらも的を射てて好きかもです。

P.043　◎『灼眼のシャナ』Drama Disk 小冊子
ドラマディスクでは、本編で端折られていた千草vsアラストールの戦い（？）が見れて嬉しかったです〜。ドーナツ屋のシーンはお腹減ってる時に描いたので、ものすごくひもじかったのを覚えています（笑）。

P.044　◎『灼眼のシャナ』Drama Disk 小冊子＆ホームページオリジナル
ここでもやっぱり勇ましいシャナさん。刀の文字は、普段はアングルや距離的に見えないのですが、アップになった時などにつけようと思っていたり。下のシャナはHP用に落書きしたもの。ちょっとアダルティなつもりです。

P.045　◎「電撃hp Volume.23」巻頭三つ折りポスター
今回は普通の少女的私服を。やっぱり色んな衣装着せるのが好きみたいです。

P.046　◎「電撃ゔんこ」掲載『しゃくがんのしゃな』
全員集合の図。シャナのビキニの紐が見えづらく、ちょっと色っぽいことになってます。あとシュドナイのマニアックロ●コン疑惑を生んでしまった……悪ふざけがすぎました、すいません高橋さん……。

P.047　◎「電撃の缶詰」表紙＆『しゃくがんのしゃな』本文挿絵
たいやきほおばってるのはかなり初期に描いたものです。やっぱり、通常時のシャナには何かをほおばらせてしまいます。

P.048　◎『灼眼のシャナ』通販限定抱き枕
いたいけな読者の皆さんにこの絵を見られると思うとちょっと戸惑いましたが、サービスということでお許しくださいっ！

P.049　◎「電撃hp Volume.28」ラジオドラマ告知
ラジオドラマ化おめでとうイラストですね。どこまでも尻に敷かれる主人公……（笑）。orzな体制がこんなに似合う主人公もアレな感じですね……ポップな雰囲気で描いたカットです。

―別派の章―

P.051　◎K-BOOKS プレゼントテレカ
お正月ということで着物を着た女の子。ちょっとだけパンク風味です。ウサギぬいぐるみとかそういうアイテムを無意味に縛りつけたい衝動に駆られ……。

P.052
P.053　◎GBA『ダンシングソード〜閃光〜』パッケージ
初めて格闘ゲームのキャラクターデザインをやらせていただいた作品です。いつもと違う「コンシューマ」という媒体で戸惑うこともありましたが、いい経験になったと思います。

P.054
P.055　◎GBA『ダンシングソード〜閃光〜』キャラクターデザイン
普段描いているイラストに一番近い頭身のキャラクター。ウサギのイメージでデザインしました。小さい身体に大きな武器っていう設定が好きです。実際のゲームのアクションも可愛らしく作って頂きました。

P.056
P.057　◎GBA『ダンシングソード〜閃光〜』キャラクターデザイン
この作品中の最もメインとなるポジションにあるキャラです。オフィシャルの設定が変わっていて、メインヒロインなのに狂気的なにおいのするヒールキャラクターだったので、そのあたりの表情作りなど楽しんで描かせてもらいました。

P.058
P.059　◎GBA『ダンシングソード〜閃光〜』キャラクターデザイン
金髪のお姉さん。デザインのポイントはお腹です。十字架の模様等、コンシューマゲームならではの海外向けの配慮（宗教的な問題とか）など、色んな決まり事があるんだなあと目からウロコが落ちました。

P.060
P.061　◎GBA『ダンシングソード〜閃光〜』キャラクターデザイン
はじめデザイン起こした時はもっと地味なキャラでした。肌が褐色だったり、もっとアラビアンな感じで描いてたのですが、二転三転して今のようなデザインに落ち着きました。ハートをあしらった武器には細かい設定があり、普段あまり使わない頭を使って解体図など描きました。

P.062
P.063　◎G3A『ダンシングソード〜閃光〜』キャラクターデザイン
一番デザインに悩んだキャラクターです。きらびやかな、踊り子のような衣装というのは当初から決まっていたものの、キャラクターを引き立たせる小物の使い方など、あれやこれやと考えて最終デザインに落ち着きました。

P.064　◎MCTCG『妖精伝承〜煌天の使徒〜』
神檀ということで、木の精霊です。多分同じ設定を頂いて、今描いたら全く違うものが出来てたと思います……。

作品解説

P.065　◎MCTCG『妖精伝承〜神剣を継ぐ者〜』
白雪姫をモチーフにしたキャラクターということで、最も有名なあの白雪姫のカラーリングを基礎に描きました。

P.066　◎MCTCG『妖精伝承〜黒翼の刻印〜』
大好きな悪魔娘で頂いた設定がとても可愛かったので、急なお仕事だったのですが二つ返事で引き受けてしまいました（笑）。ヴァンパイアで幼稚園児って……！(*´-`)

P.067　◎MCTCG『妖精伝承〜黒翼の刻印〜』
初めて描かせて頂いたトレーディングカードイラストのお仕事がこの絵だったと思います。昔の絵ということもありますが、もっとこういう色を使えば良かったなあとか色々思ってしまいます。

P.068　◎MCTCG『妖精伝承〜煌天の使徒〜』&「電撃大王」
上はトレカのイラストでマッドサイエンティスト娘パンダがお気に入りです。下は水着イラストを集めた冊子にかかせてもらったものです。この頃（今でも？）自分的ブームだったローレグビキニです。しかもスク水の日焼けあと。

P.069　◎「マジキュー・プレミアム SEPTEMBER 2003」
ブーツっていうアイテムは描くのも実物も好きです。秋をお題にしたイラストを、ということだったのでありふれてますが食べ物で。スタンダードなチョコポッキーに個人的にもハマっていたので、イラストの中にも取り入れてみました。

P.070　◎「電撃萌王 vol.6」
原画を担当しています、ユニゾンシフトの「こもれびに揺れる魂のこえ」のイラストです。作品のテーマが癒しとフリフリ少女趣味だったのでこういった可愛らしい服に挑戦してみたものの、手描きのレース部分に泣かされました。今ならもっと楽に描ける方法が解るのに、当時は知らず必死に描いてました。

P.071　◎「電撃萌王 vol.4」
制服特集ということで、かなりテンション高めで描きました。女子高とかで女の子同士がじゃれあうあの光景です。スカートめくりをするかどうかは知りませんが……。見事萌え王の称号をいただきましたよ〜ぱんつ効果かw

P.072　◎「電撃萌王 vol.6」
「こもれび〜」から、もひとつスイちゃんを。グラビアみたいに、ということだったのでそれっぽいポーズをとらせました。

P.073　◎「電撃帝王 VOLUME 1」付録ポスター
メイドさんの内緒の休憩時間、というかんじで。ケーキとかお菓子を描く時、参考にインターネットで調べることが多いんですが……どんどん資料であるという目的を忘れて気づくと個人的理由で探していたりします。

P.074　◎『テイルズオブシンフォニア アンソロジー』カバー
初めてやらせてもらったアンソロジー表紙のお仕事です。オリジナルイラストも楽しいですが、既存のキャラクターを描くのはまた違った面白さがあります。

P.075　◎『テイルズオブシンフォニア 4コマ』カバー
こちらはそのアンソロジーと同時発売だった4コマ漫画本の表紙。内容にあわせてポップなSDキャラとかをちりばめて、楽しいイラストを目指しました。

P.076　◎「マジキュー・プレミアム」掲載『夢みるヴァンパイア』
P.077　初めて連載させていただいたオリジナル漫画です。編集さんには色々と無理きいてもらったり迷惑かけまくりでこの頃から困った人でした（汗）。機会があったら続きを描きたいと思っています。

P.078　◎「マジキュー・プレミアム」掲載『夢みるヴァンパイア』
漫画の登場人物たち。「ヴァンパイア」をモチーフにした映画や作品が好きです。メインヒロインはクリスマスをイメージした衣装にしてみました。

P.079　◎「電撃コミック ガオ!」撃漫プレミアムG vol.1
週末の過ごし方。またしてもぱんつ絵ですみません。太陽の光が差し込む部屋で、お気に入りのCDをまったり聞きながらまどろむ休日なんて最高だよきっと!て、学生の頃は結構そういう時間の過ごし方してたと思うんですが、社会人になったら……あれー?(;´｀)こんなはずでは。

P.080　◎メロンブックス 冬コミ販売テレカ
めろんちゃん&れもんちゃん。クリスマスイラストです〜。設定にある、頭の「へた」がカワイイ。

P.081　◎セルシス プレゼント色紙 &「Raspberry vol.12」
どちらもマスコットっぽく描きました。ラズベリーちゃんはまさしくマスコットキャラのコンペみたいなコーナーに描かせてもらったものですが〜。

P.082　◎個人誌「ⓒ-G.ART」
P.083　個人の同人誌にて趣味で描いたイラストです。ゲーム特集本にしようということでお気に入り作品のキャラクターを本能のおもむくままに描きました。どうも「対」になるイラストを描くのが好きみたいです。

P.084　◎「カラフルPUREGIRL」&各個人誌
版権のイラストを見たり描いたりするのは他の色んな作家さんの感性とかに触れている気がして楽しい。左上のイラストは私が初めてオリジナルのイラストを掲載してもらった作品です。なかなか感慨深い……。このころは同じようなクオリティでも今の3倍くらい時間がかかっていました。

P.085　◎「メガミマガジン」オリジナルピンナップポスター
元気な女の子を描くのは精神的なストレス発散になります。鬱蒼とした絵を描いてにやにやすることもありますが……(怖)。

P.086　◎個人誌「ⓒ-G.ART」
黄色と緑がおもったよりもキレイに印刷が出てくれて嬉しかった一枚。褐色の肌はこてこて塗るのがたのしいです。

P.087　◎個人誌「ⓒ-G.ART」
こちらも緑のイメージが強い作品なので、出来上がりがどんなふうになるのかドキドキの期間でした。アナログよりもPC塗りの期間が長く、モニタマジックに騙されることが多いのでかなり慎重になりました。……といいつつも相変わらず発色が難しい色を好んで使う傾向があります(汗)。

―創造の章―

P.089　◎個人誌「ⓒ-G.ART」
ゲームを模した女の子。昔見た本で、ある作家さんがやってらしたのを思い出し、描いてみました。

P.090　◎オリジナル
同人活動を始めてすぐくらいに描いた絵です。懐かしいなあ。

P.091　◎個人誌「caramel assort」
苺とカントリー風少女。もっとたくさん苺を敷き詰めれば良かった。

P.092　◎個人誌「caramel assort」表紙
かっちりしたスーツにフリルとかの遊びを入れて描く事が多いです。白をバックにキャラクターを描く事が多いので、それに映える色とか自然と模索してました。

P.093　◎オリジナル
オリジナルキャラを描く時、色んな設定が脳内に生まれてくるんですが、描き終わったらそれで満足してしまうのか、その設定を忘れてしまい、たまに描き文字とかの意味が自分でも解らなくなる時があります。

P.094　◎個人誌「caramel assort」&オリジナル
上は魔女っぽく。呪いの呪文でも唱えてるかんじでしょうか。下のイラストをみると、今も昔もピンクがすきなんだなあ自分、と……。

P.095 ◎個人誌「celluloid.」
これを載せた個人誌「セルロイド」は人形をイメージするイラストを描い
た本になります。このイラストの場合、「人形」といっても本来の「可愛
い」というポイントよりも、体温を感じさせない冷たさみたいなものを描き
たかった。

P.096 ◎個人誌「celluloid.」
私のすきな、悪魔っこ。コウモリの羽やこういった髪の色はきっと成長期に
好きだった作品から植えつけられたイメージなんだと思います。

P.097 ◎オリジナル＆個人誌「celluloid.」
この4枚、こうして並べて見るとベレー帽＋セーラーカラー絵と、おひめさ
ま風絵と共通したポイントがありますね。どちらも描いた時期がバラバラ
なのに……。

P.098 ◎個人誌「caramel assort」＆オリジナル
私は一応女の子（？）なんで、やっぱりこういうおひめさまみたいな落書き
が多いようです。あと最近では友達や周りに触発されて動物耳つきの女
の子もよく描きます。

P.099 ◎個人誌「FAVORITES」
がしがしと描いた鉛筆線に、これまたがしがしと色をつけていきました。線
も塗りもラフラフ～な絵を描く時って、なんだかトリップしたように楽しいで
す。完全に左脳しか働いてないような感覚です。

P.100 ◎個人誌「FAVORITES」
携帯電話を身体の一部として持つ人物達が登場するという、オリジナル
世界の妄想キャラを絵にしたものです。設定を作るのが好きなので、話を
考えるのでも、まず小物があってそこから妄想が広がる感じです。

P.101 ◎個人誌「FAVORITES」
夢の中に出てきた動物を組み込んでみたり。もっとグロい生物だったけど
……。

P.102 ◎オリジナル団扇
夏のイベントで販売した同人誌につけたおまけ団扇の絵柄です。白スク
ール水着なんて認めない、と言っていたわりには描いてるし。夏っ子なの
で向日葵と青い空は大好きです（ここには空はないけど）。

P.103 ◎オリジナル
ひとつひとつはその時描きたいと思った衝動のままに作った落書きばか
りだけど、こうして配置してもらうと彩りが綺麗に見えてくるのが不思議で
すね。でも、使ってる色がワンパターンなのがよく分かるという点も……。

―秘録の章―

P.105
P.109　◎『灼眼のシャナ』描き下ろし
P.118　滅多に見れない凛々しく自信に満ちた表情の悠二（じつは中身はシャ
P.121　ナ）と、しおらしく顔を赤らめるシャナ（じつは中身悠二）。心と身体が入れ
替わると言うネタはよくあるかもしれませんが、あえて「シャナ」の世界で見
たいと思いお願いしました。私の妄想を物語として具現化してくれた高
橋さんばんざい！ありがとうございます～！

いとうのいぢ　プロフィール
電撃文庫『灼眼のシャナ』イラストレーター。兵庫県出身、大阪在住。現在、ゲーム会社に務めながら、個人にてイラストレーターの仕事もこなす。趣味はショッピング。

いとうのいぢ画集
紅蓮

2005年 3 月20日　初版発行
2006年 4 月10日　6 版発行

著者	いとうのいぢ
装丁・デザイン	鎌部善彦
編集	三木一馬 南雲仁志
制作進行・営業・宣伝	二階堂 準 岩崎愛子 平井啓祐 小荒井孝典
印刷・製本	図書印刷株式会社
発行者	久木敏行
発行所	株式会社メディアワークス 〒101－8305 東京都千代田区神田駿河台1－8 東京YWCA会館 電話03－5281－5213（編集）
発売元	株式会社角川書店 〒102－8177 東京都千代田区富士見2－13－3 電話03－3238－8605（営業）
寄稿・協力・監修	高橋弥七郎
謝辞	エム・ティー・オー株式会社 株式会社SNKプレイモア 株式会社エンターブレイン 株式会社学習研究社 株式会社ケイ・ブックス 株式会社スタジオDNA 株式会社ソフバル 株式会社ナムコ 株式会社ニトロプラス 株式会社ビブロス 株式会社メロンブックス 株式会社モノクローマ サミー株式会社 ソフトバンク パブリッシング株式会社 （五十音順）

ISBN4-8402-2898-1 C0076

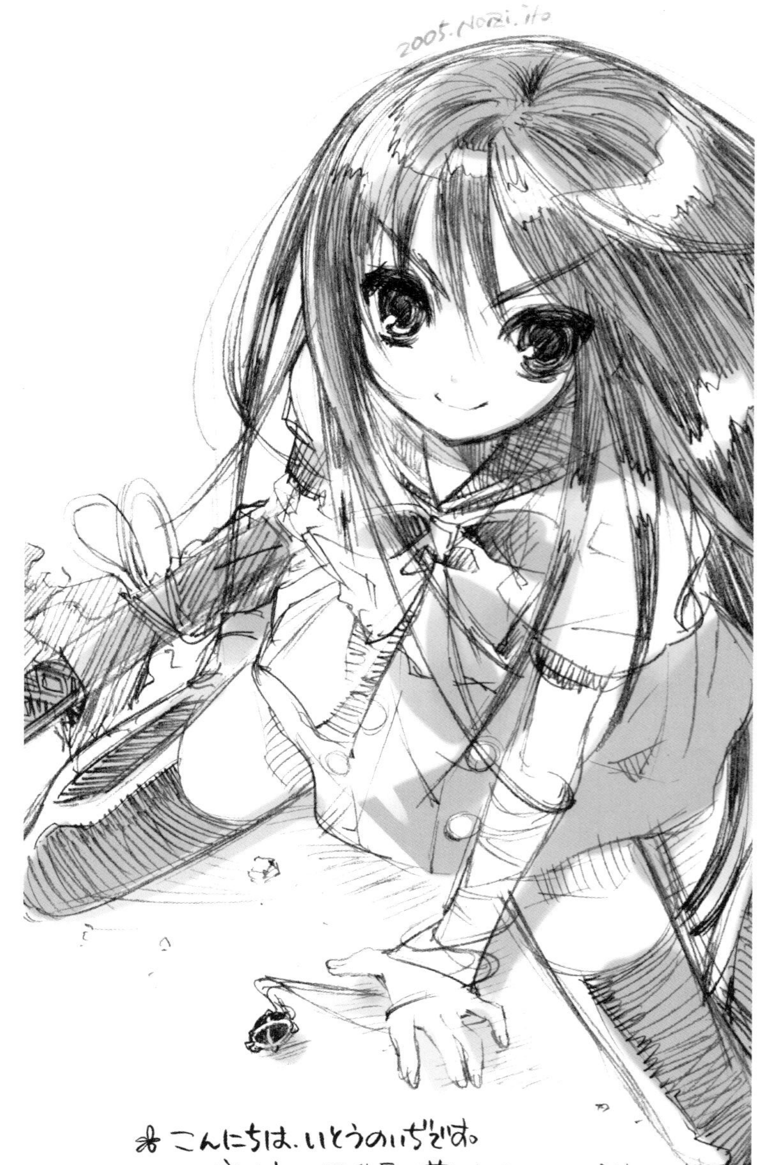